Evolutionary Game Theory for Social Scientist

社会科学者のための
進化ゲーム理論

基礎から応用まで

大浦宏邦　OURA Hirokuni

勁草書房

はしがき

　ゲーム理論が誕生してすでに60年以上がたつ．この間に経済学の他，政治学，社会学，生物学など幅広い分野でゲーム理論を用いた研究が行われるようになってきた．ゲーム理論は自分の行動が他人に影響を与える一方で，他人の行動が自分に影響を与える＜相互依存状況＞を分析対象とする理論体系で，市場競争や公共財供給などの経済現象，投票行動や政党間の競争といった政治現象，環境問題や規範の形成といった社会学的な現象など多様な社会現象の分析に用いることができる．「人々が協力によって獲得した果実を巡って，人々が競争する」という基本構造を我々の社会が持っている以上，社会科学にとってゲーム理論は必須といってもよいかもしれない．

　ところが従来のゲーム理論は，全知全能に近い高度な合理性や利得の計算能力を持つプレーヤーを仮定するため，そのような現実離れした仮定をおく理論の有効性に疑問を持つ人も少なくなかった．特に経済学以外の社会科学の分野ではゲーム理論を敬遠する人が多かったのが実情である．生物学もプレーヤーの合理性や計算能力を期待できない分野の一つであったが，この分野でもゲーム理論的な分析ができるようにメイナード＝スミスとプライスが考案した理論体系が進化ゲーム理論である．1973年のことであった．初めのうちは進化的に安定な戦略（ESS）のみが分析道具であったが，その後レプリケーターダイナミクスモデルが考案され，さらに各種の学習ダイナミクスモデルが1990年代に整備されると，社会科学的な現象の分析にも十分適用できる理論に発展してきた．

　このように，進化ゲーム理論は高度な合理性や計算能力の仮定を必要としない新しいゲーム理論として開発されてきた歴史をもっている．そのため，経済学ほどプレーヤーの合理性を期待しにくい政治学や社会学の分野でも，進化ゲーム理論を用いればゲーム理論的な分析を行うことが可能である．本書は，これらの分野を含めた社会科学一般の研究者や学生を念頭に進化ゲーム理論を解説することを目的としている．

はしがき

　本文で詳しく述べるように，進化ゲーム理論の本質は動学化されたゲーム理論である点にある．この場合の動学とは，戦略の分布や戦略の組み合わせの変化を考えることを意味するが，従来の非協力ゲーム理論はこの点，釣り合いの状態となる戦略の組み合わせ（ナッシュ均衡）を探す静学理論であった．ゲーム理論家が予測する釣り合いの状態をプレーヤーが発見してプレーするためには，プレーヤーもゲーム理論家と同等な合理性と計算能力を持つ必要がある．つまり高度な合理性と計算能力の仮定は，従来のゲーム理論が静学であるために必要な仮定であったのだ．

　進化ゲーム理論はこの点，プレーヤーの出生死滅や学習によって戦略の分布や組み合わせが変化していく場合を扱う動学理論である．変化の行き先としてある状態に落ち着く場合もあれば，落ち着かない場合もあるのだが，いずれにせよゲームが繰り返し行われる中で何が起こるかを進化ゲーム理論は予測することができる．このとき，プレーヤーは高度な合理性を持っていてもよいし，限られた合理性しか持たなくても，あるいは全く合理性を持たなくても動学分析を行うことが可能である．その意味で進化ゲーム理論は，プレーヤーの合理性が「あってもなくてもよい」理論体系だといえる．

　初期の進化ゲーム理論が生物学の分野で研究が進められたため，「進化ゲーム理論は，プレーヤーの合理性が全くない場合しか使えないので，社会科学の研究には向かない」という印象が持たれた時期もあるが，現在の進化ゲーム理論は合理性があってもなくてもよい理論であるため，幅広い社会現象の分析に使うことができる．本書で進化ゲーム理論の基本的な考え方を習得して，関心のある社会現象の分析に適用してみてほしい．

　進化ゲーム理論のテキストはウェイブルの *Evolutionary Game Theory* (Weibull 1995) をはじめとして何冊かあるが，動学を扱う関係で数学的な難易度がやや高いものが多い．これが社会科学系の人が進化ゲーム理論を学ぶ上で，一つの障害となっている．そこで本書では動学の基礎について丁寧に解説することを試みた．この点が本書の大きな特徴である．

　動学分析には微分方程式についての知識が必要になる．これは数学のテキストを紐解くと学ぶことができるが，解析的な解き方や特殊事例の解説など動学分析に直接必要ではない部分も数学のテキストにはたくさん含まれている．動学分析では微分方程式を解析的に解く必要はあまりなく，軌道の概形や落ち着

き先がわかれば十分な場合が多い．これは，二，三のコツをつかめばすぐにできるようになるので，本書ではこうした必要最低限の知識を丁寧に解説してから本論に入る構成をとることにした．

具体的な構成は以下の通りである．まず，第1章で動学としての進化ゲーム理論の特徴と社会科学の研究における意義を考察した後，第2章で動学の基礎として軌道の概形の求め方と局所安定性解析について細かく手順を踏んで解説した．このうち，定常点の安定性を調べる局所安定性解析はやや難易度が高いので，飛ばして先に進んでもさしあたりは差し支えない．第3章ではレプリケーターダイナミクスについて解説した．資源の争奪ゲームであるタカハトゲームを例にとって微分方程式を導入した後，一般の二戦略ゲーム，三戦略ゲームについて解説してある．三戦略ゲームは難易度が上がるため，「strict ナッシュ均衡は漸近安定」，「ナッシュ均衡でなければ不安定」という結果だけ確認してもらってもいいかもしれない．

第4章，第5章が学習ダイナミクスである．第4章では二戦略の対称ゲームについて模倣ダイナミクス，試行錯誤ダイナミクス，最適反応ダイナミクスを導入した．それぞれ，モデルの仮定から出発してダイナミクス方程式を導き，それを分析するという手順をとっている．途中の計算が煩雑になる場合もあるが，なるべくブラックボックスにはしないで仮定から結論までロジックが追えるように配慮した．既成のモデルを使うだけであれば，結論が分かれば十分だが，仮定を変えてモデルを手直ししたり，新しいモデルを立てたりするためには，モデルの中身についても知っておく必要があるためである．

また，この章では集団型の学習ダイナミクスモデルと非集団型の学習ダイナミクスモデルを明確に区別して説明してある．従来のテキストでは集団型と非集団型は暗黙に区別されているだけの場合が多く，「進化ゲーム理論はランダムマッチングを仮定するので，そうではない場合の分析には使えない」とする誤解を生む一因ともなっていた．実際には進化ゲーム理論には，同じメンバーが繰り返してゲームを行う場合を扱う非集団型の学習モデルがあるので，ランダムマッチングではない場合の分析も可能である．読者が関心を持つ社会現象に合ったモデルを選択して分析してみてほしい．

第5章では非対称ゲームの解説をおこなった．$n \times m$ 戦略の一般論になるのでやや難解かもしれないが，主な命題の結果は確認しておいてほしい．主な結論はここでも「strict ナッシュ均衡は漸近安定」，「ナッシュ均衡でなければ不

はしがき

安定」である．strict ではないナッシュ均衡の場合はダイナミクスを書き下して何が起こるかを調べる必要がある．また，strict ナッシュ均衡が複数ある場合も，ダイナミクスを書き下して調べればどの漸近安定状態が実現しやすいかを知ることができる．第5章の最後では，家事の分担ゲームと新規参入ゲームを例にとって，これらの知識を利用した具体的な分析方法を説明した．

第6章では今後の課題として，筆者が関心を持つ二つの問題について考察してある．一つは展開形ゲームの動学分析であり，特に手数が長い展開形ゲームを分析するときの困難と解決策について考えてみた．もう一つは協力の進化であり，不安定なはずのナッシュ均衡ではない状態（協力状態）が安定になる可能性について考察した．いずれの問題においても，実証研究と結びついた新しいタイプのモデル開発が必要とされていることが明らかとなるであろう．

第7章は数学的な補足である．微分の定義から，簡単な微分方程式の解き方や局所安定性解析まで解説してあるので，必要に応じて参照してほしい．

本書の内容は，進化ゲーム理論研究会における議論が下敷きになっている．進化ゲーム理論研究会では，ウェイブルやペイトン・ヤングなどのテキストの輪読と参加者の自由発表を毎週行い，進化ゲーム理論への理解を深めてきた．時には深夜まで及ぶ，真剣だが楽しい議論を通じて進化ゲーム理論の本質についての理解や，体系だったモデルの整備を進めることができた．研究会参加者各位に深く感謝したい．

勁草書房の徳田慎一郎氏には，本書執筆の機会をいただき，長期にわたる執筆期間中にお世話になった．この場を借りて感謝の意を表したい．また，大学関係者や家族をはじめ，多くの人に研究生活を支えていただいた．すべての人に感謝するとともに，本書をもってささやかなご恩返しとしたい．

2007年9月7日　台風一過の東京にて

大浦宏邦

社会科学者のための進化ゲーム理論
基礎から応用まで

目次

目次

はしがき

第1章　進化ゲーム理論とは何か …… 1

　1.1　携帯電話の普及モデル　1
　1.2　進化ゲーム理論の歴史　11
　1.3　社会科学と進化ゲーム理論　27

第2章　ダイナミクスの基礎 …… 43

　2.1　ダイナミクスと微分方程式　43
　2.2　1変数のダイナミクス　49
　2.3　2変数のダイナミクス　58
　2.4　局所安定性解析　69

第3章　レプリケーターダイナミクス …… 81

　3.1　タカハトゲーム　81
　3.2　2戦略のダイナミクス　90
　3.3　n戦略のダイナミクス　106

第4章　学習ダイナミクス …… 145

　4.1　レプリケーターダイナミクスと学習ダイナミクス　145
　4.2　模倣ダイナミクス　147
　4.3　試行錯誤ダイナミクス　165

4.4　最適反応ダイナミクス　184

第5章　非対称ゲームのダイナミクス　213

5.1　非対称ゲーム　213
5.2　非対称レプリケーターダイナミクス　215
5.3　非対称模倣ダイナミクス　235
5.4　非対称試行錯誤ダイナミクス　242
5.5　まとめと分析例　266

第6章　進化ゲーム理論のフロンティア　287

6.1　展開形ゲームと繰り返しゲーム　287
6.2　協力の進化　299

第7章　数学的な補足　315

7.1　微分　315
7.2　局所安定性解析　332

練習問題略解／文献案内／参考文献

索引

第1章 進化ゲーム理論とは何か

進化ゲーム理論は動学化されたゲーム理論である．本章では，まず1節で携帯電話の普及を例に取り進化ゲーム理論の概要を紹介する．「ゲーム理論」とは何か，「動学」とは何かについてのイメージをつかんでもらいたい．2節で進化ゲーム理論の歴史を紹介し，動学が必要とされてきた経緯を説明する．3節では社会科学における進化ゲーム理論の意義について考えることにしよう．

1.1 携帯電話の普及モデル

1.1.1 携帯電話の普及

携帯電話は90年代の後半から急速に普及し，2004年末の普及率は70.7%となっている（図1.1. 総務省のデータより）．若い層への普及率はさらに高く，筆者が大学の授業で調べたときにはほぼ全員が携帯電話を所持していた．10年前の普及率は3.5%であるから，短期間に急速に普及が進んだことがわかる．携帯電話はなぜこのように急速に普及したのであろうか．

試みに，学生になぜ携帯電話を使うのかを聞いてみると「便利だから」「暇つぶしになる」「楽しい」といった答えが返ってくる．遊びの約束をするときや待ち合わせのときに携帯があると便利だし，嬉しい事や嫌な事があると電話やメールですぐ伝えることができる．電車の中や授業中でも携帯があると退屈しないし写真の交換なども楽しい．これらから考えると，利便性や楽しさが向上したために携帯電話が普及したと推定することができるだろう．

実際に利便性の向上と携帯電話の普及との関連を見てみることにしよう．図1.2は携帯電話の重量，新規加入料，基本料金，通話料金と普及率の推移である．

第1章 進化ゲーム理論とは何か

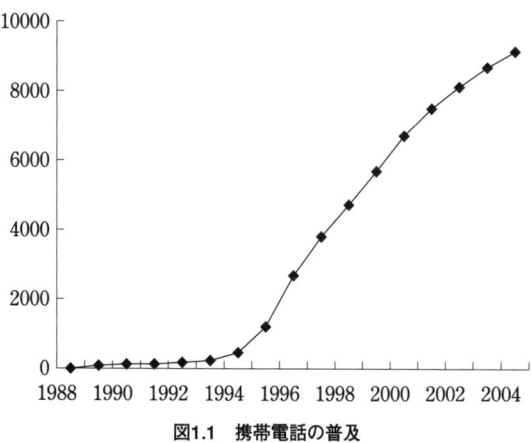

図1.1 携帯電話の普及

　携帯電話が最初に登場したのは1985年であるが，当時は重さが3 kgもある肩掛け式の「ショルダーフォン」というあまり便利とはいえない代物であった．1987年にNTTから重さ900gの「ハンディタイプ」の機種T2-502が出された．まだ現在のノートパソコン並の重さだが，持って歩ける重さになったといえる．この頃の契約数は24万台で普及率は0.2%であった．
　1991年に当時世界で最軽量の機種「ムーバ」が発売された．これは重さが220gで持って歩くのに差し支えない重さとなった．この年に契約数は急増し，年末には138万台（普及率1.1%）と88年の5倍近い数字となっている．
　しかし，このあとしばらくは伸び悩み93年末の普及率は1.7%にとどまっている．これは当時の端末がレンタルで加入時に10万円の保証金が必要であり，新規加入料や回線使用料を合わせると15万円もの初期費用が必要であったためである．端末が軽くなっても気軽に使用できる状況ではなかったのだ．
　94年になって端末の買い取り方式が始まり，レンタル時の保証金が不要になった．新規加入料も段階的に引き下げられ，月々の基本料金も94年の1万3千円から95年には8800円，96年には7800円と引き下げられていった．このころから，急速に携帯電話の普及が進むことになる．94年に3.5%であった普及率は95年に9.4%，96年に21.5%となり契約数は2691万台に達した．
　96年からは携帯電話の機能が増えはじめる．95年頃までは単に通話をするだ

1.1 携帯電話の普及モデル

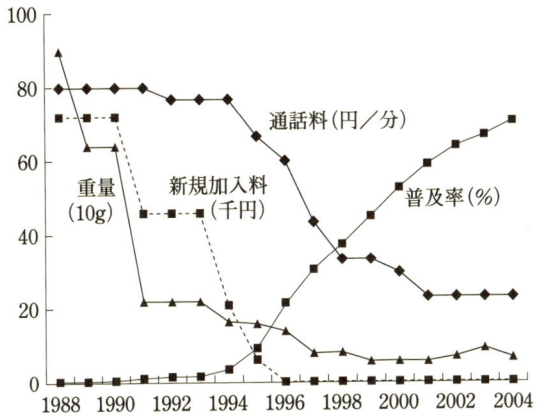

図1.2 端末重量，新規加入料，通話料と普及率

けであったが，96年にはショートメールのサービスが開始され，簡単なメールが送れるようになった．これは当時人気のあったポケベルからユーザーを奪う効果をもっていた．

99年にはドコモがiモードのサービスを開始した．01年にはカメラ付携帯が発売され，ゲームもできる機種が発売された．着メロの機能は96年頃からあったが，iモードの開始によって着メロのダウンロードが可能となり音楽プレーヤーとしての機能も持つようになった．この間，普及率は2000年に50％を越え，04年末には70％を越えることになる．

この経過から，軽量化と料金の低下が初期の普及を促進し，機能の増加がその後の普及の牽引力となったことがわかる．利便性の増加が携帯の普及をもたらしたという学生たちの予想は根拠があるといえるだろう．ここでは**図1.2**のように利便性を「重量」や「通話料金」といった指標を用いて**数量化**することで，利便性と普及の関係を鮮明に確認することができた．

もとより人間は利便性のみで動くわけではないが，利便性のよしあしが人間行動の大きな規定因であることも間違いない．本書で説明する進化ゲーム理論は人間が「利便性の高い行動を採ろうとする」傾向を持つときにどのようなことがおきるかを考える理論体系である．

3

1.1.2 固定電話との比較

前節では利便性の増加に伴って携帯電話が普及してきたことを見てきたが，次にもう少し詳しく固定電話と比べた時の携帯電話のメリット，デメリットについて考えてみよう．

固定電話しかなかった頃の生活は今となっては想像しにくくなったが，それはかなり不便なものであった．固定電話は自宅や職場に固定されているので，当然自宅や職場にいるときにしか使うことができない．かけるだけならば公衆電話からでもかけることができるが，受けるには固定電話のそばにいなければならなかった．

一方，携帯電話は圏外の場合や電車の中など以外では，どこでもかけたり受けたりすることができる．これは大きなメリットである．その代わり固定電話よりも基本料金や通話料金が高くなっている．

ところで，電話をかけるのは何か話したいこと（広い意味の用件）があるからだが，用件が発生した時にすぐに電話がかけられる状況にある確率は，固定電話のみを利用する場合よりも携帯電話を利用する場合の方がずっと高いだろう．また，電話をかけた時に相手が電話に出る確率は，相手が固定電話のみの場合に比べて，相手が携帯電話を持っている場合の方がやはりずっと高いだろう．

このことを次のようにモデル化してみよう．まず，用件が発生した時に，固定電話や公衆電話が近くにある確率を p_1 とする．次に，電話をかけた時に相手が固定電話の近くにいて電話に出られる確率を p_2 とする．自分と相手が固定電話のみのユーザーとすると，用件が発生した時に相手に用件を伝えられる確率は $p_1 p_2$ となる．

もし自分が携帯を持っていて相手が固定のみだとすると，電話が通じる確率は p_2 である（簡単のために自分が圏外や電車の中にいる確率は0とする）．逆に自分が携帯を持たず，相手のみが携帯を持っている場合にはこの確率は p_1 となる（相手が圏外の確率も0とする）．さらに，両方が携帯を持っていると確率1で電話がつながることになる．

この確率の高さが携帯電話所持のメリットであるが，一方で固定電話よりも料金が高いことが携帯電話所持のコストとなる．そこでこのコストを c とし，電話が通じることの利益を b とすると，双方が携帯を持っているときの総合的な便益は

$$b-c$$

となる．また，自分が携帯を持ち相手が持たない時の便益は

$$p_2 b - c$$

自分が携帯を持たず相手が携帯を持っているときの便益は

$$p_1 b$$

となる（自分は携帯を持たないためコスト c がかからない）．さらに双方が携帯を持たないときの自分の便益は

$$p_1 p_2 b$$

となる．

以上を次のような一覧表の形にまとめてみよう．

自分＼相手	持つ	持たない
持つ	$b-c$	$p_2 b - c$
持たない	$p_1 b$	$p_1 p_2 b$

この表から，相手が携帯を持っているかどうかで自分の便益が変わってくることが分かる．総じて相手が携帯を持っている方が自分にとっては都合が良い．

逆に自分が携帯を持っているとコスト c がかかるので，自分は携帯を持たずに相手に携帯を持ってもらうのが一番都合が良い，ということも起こり得る．

例えば

$$p_1 = 1/2 \quad p_2 = 1/2 \quad b = 8 \quad c = 5$$

としてみると便益の表は

自分＼相手	持つ	持たない
持つ	3	-1
持たない	4	2

（$c = 5$ のとき）

となる．このとき，相手が携帯を持ち，自分が持たない場合が自分にとって一番都合の良いケースとなることが分かる．相手にとっても条件が同じだとすると，お互いに相手に携帯電話を押し付けあうことが予想される．このような場合，結局お互いに携帯を持つようになるのだろうか，ならないのだろうか．

あるいは，コストがやや下がって $c=3$ の場合を考える（p_1, p_2, b は先ほどと同じとする）と便益の表は

自分＼相手	持つ	持たない
持つ	5	1
持たない	4	2

（$c=3$ のとき）

となる．このケースでは，相手が携帯を持っている時には自分も持った方が良いが，相手が持っていない時には自分も持たない方が便益が高くなる．この場合はお互いに携帯を持つようになるのだろうか，ならないのだろうか．

このように良く考えてみると，携帯が便利だから皆が持つようになる，というほど物事は簡単ではないことが分かってくる．たとえば $c=5$ の場合，両者が携帯を持つときの便益3は両者が持たないときの便益2よりも大きい．「携帯が便利だから持つ」というロジックでは，両者が携帯を持つことが予測されるが，自分が持たずに相手が持つときの便益4の方が更に大きいため，お互いに携帯の押し付け合いをして，携帯が普及しない可能性も考えられるのである．$c=3$ の場合も同様に両者が持つときの便益5は両者が持たないときの便益2よりも大きいが，それでも，相手が持っていないときは自分も持たないほうが得になるので普及が進まないかもしれない．

このような可能性が発見できたのは，利便性やコストを数学の言葉を用いてモデル化し，様々な場合の便益をきちんと一覧表の形にまとめて考察したからである．物事を数学の言葉を用いて表現することを **数理モデルを立てる** というが，ここでは数理モデルを立てることで携帯所持を巡る利害対立の存在を明確にすることができた．

この例に限らず，世の中には利害の対立が生じる場合が少なくない．こうした状況を便益の一覧表や場合分けの図を用いて表現し，人々の行動を予測したり，お勧めの行動を考えたりする数理モデルの体系を **ゲーム理論** という．

次にゲーム理論の一種である進化ゲーム理論を用いて，携帯電話の普及問題

について考えて見ることにしよう．

1.1.3 進化ゲーム理論による予測

進化ゲーム理論は人々が試行錯誤したり他人のすることを真似したりするときに，人々の全体の行動にどのような変化が生じるかを考える理論である．ここでは進化ゲーム理論とはどのようなものか，大体のイメージをつかんでもらうためにまず進化ゲーム理論を用いた分析の結果を見てもらうことにしよう（具体的な分析方法は第2章以下を参照）．

図1.3は $c=5$ の場合に携帯電話の普及率がどのように推移していくのかを予測したものである．これは最初の普及率をいくつか仮定して，そこから出発した場合にどのようになるかを予測したものであるが，どの初期値から出発しても最終的には携帯電話が普及しないことを示している．これはコストが高いときには一度何かのきっかけで携帯を持った人も段々使わなくなると予想されるためである．この場合にはキャンペーンなどの販売促進の手段を用いて一時的に普及率をあげることができても，結局は普及に結び付かないことになる．1994年以前の基本料金や通話料金が高かった時期はこのような状況であったのかもしれない．

図1.4は $c=3$ の場合の予測である．今度は初期普及率によってその後の推移が異なってくる．初期普及率がある程度低い場合はやはり携帯は普及しない

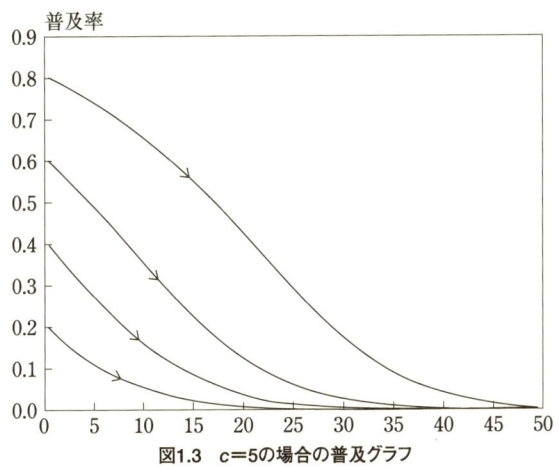

図1.3　$c=5$の場合の普及グラフ

第1章 進化ゲーム理論とは何か

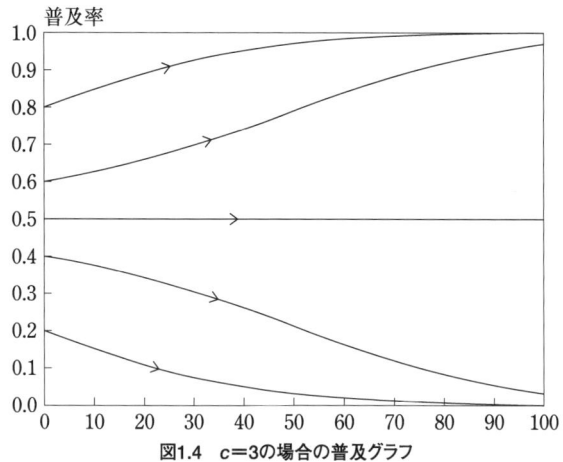

図1.4　$c=3$の場合の普及グラフ

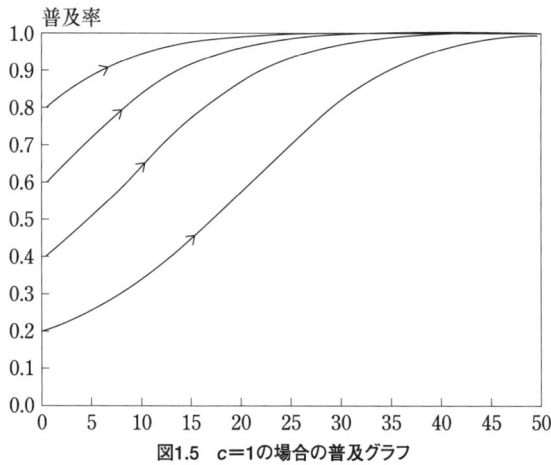

図1.5　$c=1$の場合の普及グラフ

が，ある程度以上の普及率から出発した場合はその後の普及が自然に進むことが予想される．

このような場合は，中途半端なキャンペーンは禁物で，ある程度の普及率に達する前にキャンペーンを打ち切るとそれまでの努力が無駄になってしまう．逆に，ある程度以上の普及率を実現できるとあとは自然に普及が進むことになる．

ｉモードの開発者の一人，夏野剛氏は著書『ｉモードストラトジー』の中でＩＴ技術は「予想を越えて普及するか，予想を越えて普及しないかどちらかになる」と述べて，実際には「予想を上回る普及」を実現したとしている．ｉモードの普及期は図1.4のような状況になっていたのかもしれない．

コストがもっと下がって例えば $c=1$ の場合には，図1.5のようになる．この場合，どの初期普及率から出発しても普及が進むことが予想される．この場合には特にキャンペーンなどを打たなくても自然に普及が進むであろう．1996年頃の普及の離陸期には，特に若い年齢層においてこのような状況が実現していたのかもしれない．

このようにコストによって大きく三つのケースがあり，場合によって普及に向けて打つべき手が異なることが分かる．進化ゲーム理論を用いて数理的な考察をすることによって，単に「コストが下がると普及が進む」と考える場合よりも，より詳細にどの程度下がれば普及が進むのか，どの場合にキャンペーンが必要なのか，どのような場合には必要がないのか，あるいはキャンペーンが無駄なのかを知ることができるのである．

1.1.4 進化ゲーム理論とは何か

前節で進化ゲーム理論を用いて携帯電話の普及プロセスを分析してみた．ここではこの例から進化ゲーム理論の特徴をまとめて見よう．

まず，そこでは利害の対立がある場合の人間の行動が分析の対象となっていた．一般に利害の対立がある場合，相手の行動（例えば携帯を持つ，持たない）によって自分の便益が変わってくる．このような状況を**ゲーム状況**というが，進化ゲーム理論はこのようなゲーム状況を考察の対象とする理論であった．

ゲーム状況は世の中のいろいろな場面で発生する．日常の買い物や人間関係の中にもゲーム状況は存在する．進学や就職，結婚相手の選択もゲーム状況である．会社の経営や政治や行政のシステム設計でもゲーム状況は発生するし，

第1章 進化ゲーム理論とは何か

国際関係はゲームそのものといってよい．進化ゲーム理論はこのようなゲーム状況における人々の行動を考察の対象としている．その意味でゲーム理論の一種としての特徴を持っているといえる．

一方，1.3節の分析では携帯電話の普及率の**変化**が考察の対象となっていた．このように物事の変化を扱うという点が進化ゲーム理論のもう一つの特徴となる．一般に物事がどのように変化するかという問題を扱う理論を**動学**といい，物事が変化をしない釣り合いの状態（静止状態）がどこにあるかを探す理論を**静学**という．進化ゲーム理論は前者の動学的なゲーム理論だと特徴づけることができる．

ちなみにゲーム理論の中でも非協力ゲームの理論は，**ナッシュ均衡**という釣り合いの概念を用いて分析を行う静学的な理論である．静学的な理論を用いると例えば携帯が普及した状態や普及しない状態が静止状態かどうかを判定することができる．

たとえば，図1.4の $c=3$ の場合について静学的な分析を行うと，普及率0％と普及率50％，そして普及率100％の三つの状態がナッシュ均衡であり静止状態であることが分かる．これはこれらの状態から出発すると普及率が変化しないことを意味しているが，図1.4から確かにその通りであることが分かる．

しかし，図1.4からは普及率50％の状態は静止状態ではあるが，ひどく不安定な静止状態であることも分かる．普及率が50％を切ると0％の静止状態に向かって普及率が落ち込んでしまうし，50％を上回ると今度は100％の静止状態に向けて普及が進んで行く．50％の状態はジャスト50％のときだけ静止する綱渡りのような静止状態なのだ．

これに対し，0％や100％の静止状態はそこから状態が多少ずれてもまた元の状態に戻るだけの復原力を持った静止状態である．この意味で0％や100％はより安定な静止状態であるといえる．

図1.4のような動学情報があると，これらの区別はすぐにつくが，静学だけではいずれも静止状態だということが分かるだけで，それ以上の状態の安定性についての情報を得ることはできない．このように動学を用いると静学だけの場合よりも多くの重要な情報を得ることができるのである．

ここまで，携帯電話の普及という事例を用いて，進化ゲーム理論について紹介してきた．進化ゲーム理論は一口で言えば動学的なゲーム理論ということができるが，このような理論はいかにして登場したのであろうか．次の節では進

化ゲーム理論の歴史について振り返りながら，どのような必要性によってこうした理論が作られて来たかを見て行くことにしよう．

1.2 進化ゲーム理論の歴史

進化ゲーム理論は，メイナード＝スミスとプライスが1973年に書いた「動物の闘争の論理」（"The Logic of Animal Conflict"）という論文に始まる．その後，80年代までに遺伝的なダイナミクスモデル（レプリケーターダイナミクス）の開発が進められ，その後，各種の学習型のダイナミクスについての研究が進められてきている．ここでは，ゲーム理論の歴史を振り返りながら進化ゲーム理論開発の経緯について概観することにしよう．

1.2.1 ゲーム理論のはじまり

ゲーム理論はフォンノイマンとモルゲンシュテルンが『経済行動とゲームの理論』（1944年）で定式化したのが始まりとされている．実際には若干の前史があるが，まとまった形で最初に示されたのが1944年のこの本である．

この本の中で著者たちは，これまでにない理論の構築を試みると述べている．経済学の伝統では，合理的な個人が自らの効用を最大化しようとして行動する場合を想定して理論構築を行うが，個人が一人しかいない場合にはこの分析は比較的容易である．しかし，二人以上の個人が同時に自らの効用を最大化しようとする場合はどうであろうか．彼らはこれを「二重の最大化問題」と呼んでいるが，二人の利害が対立している場合には，一人の場合とは本質的に異なった問題が発生する．

たとえば簡単な例として（実は簡単ではないのだが），1つのパンを何人かで分ける場合を考えてみよう．参加者が一人の場合は簡単である．彼あるいは彼女がパンの分け前が多いほど効用が高いと感じるならば，パンをすべて取ることによって効用は最大になる．

参加者が二人の場合は事情は変わってくる．一人の場合と同様にそれぞれがパンをすべて取ろうとしてもそれはできない相談である．半分ずつ分けるというのがありそうな解決だが，自分が先に発見したと主張したり，空腹なので全部ほしいと頼んだり，あるいは腕力に訴えて取ろうとしたりといった方法を用いることも可能である．これらの手段を自分からは使わないとしても相手が使

って来るかもしれないし，それに対してあっさりパンを渡すこともできるが，対抗手段を採ることも可能である．ちなみにこの中でも腕力に訴えて資源を奪い合う場合をモデル化したものが第3章で扱う「タカハトゲーム」であるが，このような場合に一体どうすれば自分の効用を最大にできるのであろうか．

一般に二人以上の利害に不一致があるときは，上の例のように各自の効用を最大にする方法を同時に実行することは不可能な場合が多い．このような場合に何がおこるのか．あるいはこの二人に効用最大化のための助言を与えるとすればどのような助言が可能なのだろうか．このような問題は通常の最大化の方法論では解けない問題で，フォンノイマンとモルゲンシュテルンはこの点について次のように書いている（Von Neuman and Morgenstern 1944 : 17）．

> 「この種の問題は古典数学ではまったく扱われていない．いささか大げさないい方になるが，これは条件付最大化問題でも，変分法の問題でも，また関数解析などの問題でもないのである．」

それまでの数学では，微分やそれを発展させた変分法や関数解析などの方法を用いて，ある決まった条件の下で効用を最大化する方法を求めることはできた．しかし，それは条件が一定という条件下での最大化であって，自分の採る手段に応じて相手が対応を変えてくるような場合の最大化問題はそれまで扱われていなかった．ところが，パンの取り合いのような状況では，相手の出方によってこちらの出方を変える必要があるし，こちらの出方によって相手も出方を変えてくるだろう．そのような場合に自分の効用を最大にする方法はそれまでの数学の中には存在しなかったのである．

かくして彼らはこのような利害の対立状況を分析するための新しい理論を構築することを決意する．そのための方法として，複雑な実際の社会状況ではなく，利害が対立する場合の単純な事例としてポーカーやチェスといったゲームに注目し，そこでの人間の行動や推奨される行動パターン（戦略）について研究することを試みたのである．

1.2.2　ゲームの3要素と利得行列

このようにして，ゲーム理論は文字通り「ゲームの理論」として発足することになった．ゲームにはプレーヤーがいてルールがあって勝敗が存在する．こ

れらの要素を抽象化して，現実の利害対立状況の分析にも用いることができるように工夫することを彼らは試みたのである．

その道具立ての説明に入る前に「利害対立状況」についてもう少し説明をしておこう．利害対立の例としてここまで携帯電話のコストの押し付け合いやパンの取り合いをあげて来たが，いずれの場合でも自分が利益を増やそうとすると相手の利益が減るし，相手が利益を増やそうとすると自分の利益が減るという構造が存在していた．

このように自分の行動が相手の利益に影響し，相手の行動が自分の利益に影響する状況のことを一般に **社会的相互依存状況** という．社会的相互依存状況のことを **ゲーム状況** ともいうが，このような状況では自分の行動の変化が相手の行動を変化させ，それがさらに自分の利益構造を変えてしまうという厄介なことが起こってくる．そのため，利益を増やそうとして打った手が逆に利益を減らしてしまう，などということも生じうる．一般に利害の対立状況は社会的な相互依存状況の一種であり，利益の相互依存性が分析を難しくする原因となっているのである．

ゲーム理論ではこの社会的相互依存状況を次の方法で定式化して分析することを試みる．

まず，相互依存状況に関わる関係者を **プレーヤー** と呼ぶことにする．プレーヤーが二人の場合が二人ゲームであるし，三人以上いる場合は人数に応じて三人ゲームとか四人ゲームとか n 人ゲームとか呼ばれる．プレーヤーは個人であることが多いが，団体や会社，国家をプレーヤーとみなして分析することもある．

プレーヤーには通常いくつかの行動の選択肢があるが，この行動の選択肢を **戦略** という．戦略とは物々しい言い回しだが，具体的には定価で売る，値下げする，右に行く，左に行く，携帯電話を持つ，持たないなどのプレーヤーの行動がそれぞれ戦略となる．パンの例でいうと全部取ろうとする，半分取ろうとする，全部譲る，などが戦略である．

それぞれのプレーヤーが何らかの戦略を採ると，何らかの結果が生じる．それはプレーヤーにとって良い結果のこともあれば，悪い結果のこともある．この結果に対するプレーヤーの評価を数値で表現したものが **利得** である．評価を数値化するときに，よい順番に順序をつけて数値化することもあるし，お金の増減や資源の量で数値化することもある．フォンノイマンとモルゲンシュテル

第1章 進化ゲーム理論とは何か

表1.1 パンの分割ゲームの利得表．A，Bがプレーヤー，0〜10が戦略
各セルの数値がA，Bの利得．

A＼B	0	2	4	6	8	10
0	0, 0	0, 2	0, 4	0, 6	0, 8	0, 10
2	2, 0	2, 2	2, 4	2, 6	2, 8	0, 0
4	4, 0	4, 2	4, 4	4, 6	0, 0	0, 0
6	6, 0	6, 2	6, 4	0, 0	0, 0	0, 0
8	8, 0	8, 2	0, 0	0, 0	0, 0	0, 0
10	10, 0	0, 0	0, 0	0, 0	0, 0	0, 0

ンは，くじ引きの考え方を使って物事の評価を数値化する方法を考案したが，この方法で数値化された評価を**フォンノイマン・モルゲンシュテルン効用**（あるいは単に効用）という．フォンノイマン・モルゲンシュテルン効用を使うと利得の期待値の計算ができて便利なので，この効用で利得を表現することも多い．

　プレーヤー，戦略，利得，を**ゲームの3要素**という．社会的な相互依存状況をゲームの3要素という形で定式化するのがゲーム理論の出発点である．

　ゲームの3要素を一覧表にしたものが**利得表**である（利得行列ともいうが，本書では利得表と呼ぶことにする）．1節で用いた，携帯所持に関する「便益の表」は利得表の例である．また，表1.1は1単位10円のパンを10単位分（100円分）取りあうときのパンの分割ゲームの利得表である．左上のA，Bがプレーヤー，左列と上行の「0」「2」…「8」「10」が戦略，セルの中の数値が利得である．左の数字がプレーヤーAの利得，右の数字がプレーヤーBの利得を表している．

　ここで，戦略は各プレーヤーが要求する取り分で，たとえば戦略「2」はパンを2単位分要求することを意味する．要求の合計が10以下の時は要求どおり獲得できるが，合計が10を越えると両者の取り分はないと仮定すると，**表1.1**の利得表が得られる．利得は獲得できたパンの量で表現されている．

　このように，利得表を書くことで相互依存状況の全体像を把握し，自分と相手の利害がどのように食い違っていて，自分の行動が相手の利得にどのような影響を及ぼすのか，さらに相手の反応が自分の利得にどう跳ね返ってくるのかといったことが考えやすくなる．ゲームの3要素をもちいた定式化がゲーム理論の出発点となる．

1.2.3 ゲームの解

ゲームの定式化ができると今度は**ゲームの解**を求めることになる．ところでゲームの解とは一体なんであろうか．

普通，解というと何らかの問題に対する答えを意味する．試験問題や方程式の答えは解であるし，環境問題や教育問題の解決策も解である．一般に何らかの問題の解決策となりうる事柄が問題の解となる．

同様にゲームの3要素を抽出した利得表について何らかの問題を設定し，それに対して何らかの解答を与えればそれがゲームの解ということになる．したがって，同じ利得表を前にしても設定する問題が異なると解も異なることがありうる．

では，フォンノイマンとモルゲンシュテルンはどのような問題を設定したのであろうか．前掲書によると，彼らはゲームの解を「各参加者に対して…（中略）…どう行動すべきかを指示する一組の指針」としている．ここでの指針は「《最適》あるいは《理性的》と呼ばれる一組の指針」だと想定されているので，彼らの考えるゲームの解とは，簡単にいうと「こうすれば利得を高くできますよ」というお勧めの戦略のことだと解釈できる．言い換えると彼らは，あるゲームに直面したプレーヤーに利得を高くする方法を助言するという問題を設定し，それに対する解答をゲームの解を考えたということができる．

このコンセプトにもとづいて彼らが提案した解が**ミニマックス解**であった．これは他のプレーヤーがどのような戦略をとっても最低限の利得を確保できる戦略のことで，「利得最大化」と呼ぶにはやや違和感はあるが，「損失の最小化」という点ではそれなりに「お勧めの戦略」である．

行動の指針としての解，というコンセプトは，利得最大化（損失最小化）という目的を達成するための手段を明確にするという意味で「目的→手段」系の解概念であるといえる．これはゲーム状況に直面している当事者に助言を与えるような場合には有用な解概念で，当事者が妥当な解決策だと思ってくれれば，有効に機能するはずである．この解概念の延長上に**協力ゲームの理論**が構築されることになる．

一方，ある利得表が与えられた時に「プレーヤーがどのような行動をとるかを予想する」という問題を考え，それに対する解答という形の解概念も考えられる．「仮定→結論」系の解概念といえるが，現実の社会現象や経済現象につ

いて説明を試みたり，予想を行なったりする上で有用かつ必要な解概念である．**非協力ゲームの理論** は，おおむねこの解概念を追求したものということが出来る．そのメルクマールがナッシュ均衡という解概念の成立であった．

1.2.4 ナッシュ均衡

1994年度のノーベル経済学賞を受賞したジョン・フォーブス・ナッシュが1951年の論文で定式化した解概念がナッシュ均衡である．

ナッシュ均衡は非協力ゲームの代表的な解概念であるが，これはプレーヤー全体が採る戦略の組み合わせ（**戦略プロファイル**という）がナッシュ均衡であるとかないとかいう形で定義されるものである．大ざっぱにいうと，各自の戦略が自分以外の他のメンバーの戦略に対して最適な戦略になっているような戦略プロファイルが**ナッシュ均衡**ということになる．

2人ゲームの場合についてもう少しきちんと述べることにしよう．プレーヤーAとプレーヤーBがそれぞれ戦略 s_a と戦略 s_b を取る時，戦略プロファイルは (s_a, s_b) であるという．プレーヤーAが戦略 s_a を採る時，プレーヤーBはいろいろな戦略を採ることができるが，そのうちプレーヤーBの利得がもっとも大きくなる戦略を戦略 s_a に対する**最適応手**という．最適応手は一つだけあるときもあれば，複数の戦略が最適応手になることもある．同様に，プレーヤーBが戦略 s_b を採る時，プレーヤーAの利得を最大にする戦略が s_b に対する最適応手である．

ここである戦略プロファイル (s_a^*, s_b^*) があって，s_a^* は s_b^* の最適応手であり，かつ，s_b^* は s_a^* の最適応手であるとき，戦略プロファイル (s_a^*, s_b^*) はナッシュ均衡となる．

これがナッシュ均衡の定義である．このときAは戦略 s_a^* から他の戦略に戦略を変えても利得を増やすことはできない（s_a^* は s_b^* の最適応手なので．ただし同じ利得の戦略が他にある可能性はある）．したがってAはわざわざ s_a^* から戦略を変える動機を持たないことになる．同様にBは戦略を s_b^* から他の戦略に変えても利得は増えないので戦略を s_b^* から変える動機を持たない．このように，どちらのプレーヤーも（戦略を変えても利得が増えないという意味で）戦略を変える動機を持たない状態がナッシュ均衡ということになる．別の言い方をすれば，お互いがお互いに対して最適な戦略を取り合っている状態がナッシュ均衡である．

先にあげたパンの分割ゲームの場合，例えば戦略プロファイル（6，4）は

Aが6を要求し，Bが4を要求することを意味するが，この戦略プロファイルはナッシュ均衡である．Bが4を要求するときはAは6を要求する場合が利得が最大で，他の戦略にすると利得が減ってしまう．つまり「4要求」に対する最適応手は「6要求」である．一方，Aが6を要求するときはBが4を要求する戦略が最適応手である．したがって，戦略プロファイル（6，4）はナッシュ均衡であることがわかる．

もし，何かの理由で戦略の組み合わせが（6，4）になったとすると，A，Bいずれもこの戦略から手を変える誘因を持たない．手を変えても利得は増えないし，この場合は変えると損をしてしまうためである．この意味で，戦略プロファイル（6，4）は安定なプロファイルであるといえる．

数学的にはナッシュ均衡は，最適応手を求める対応の不動点として定式化され，不動点定理によってどんなゲームにも存在することが証明されている．上ではプレーヤーが二人で戦略が二つのゲームの場合を例に取っているが，プレーヤーの人数が三人，四人，…と増えても，戦略が三つ，四つ，…と増えて複雑になっても，あるいはどんな利得構造を仮定したゲームを考えても，必ずナッシュ均衡は存在するのである．

数学的な定式化の明確さと存在の保証によって，ナッシュ均衡は非協力ゲームの基本的な解としてゲーム理論家に広く受け入れられてきた．

1.2.5　ナッシュ均衡のロジック

このようにナッシュ均衡の定義は明瞭であるが，それがどういう問題を考えた時の解答であるのかという点については必ずしも明瞭ではない．まず，これは「お勧めの戦略」なのであろうか，それとも「行動の予測」なのであろうか．

モートンとデービスのテキスト『ゲームの理論入門』ではナッシュ均衡は「取るべき行動」とされているので「お勧めの戦略」と考えているようである．一方，ギボンズのテキスト『経済学のためのゲーム理論入門』では「行動の予測」と明記してある．ゲーム理論家の間でも両方の考え方があるといえる．

「お勧めの戦略」の方も文字通り当事者に助言を与えるための研究というよりは，思考実験としての意味合いも多分に含んでいる．「合理的に振舞うにはどうすればいいのか」を考えることによって「合理的なプレーヤーはどう振舞うのか」を探ろうというのである．この意味では「お勧めの戦略」の研究は「行動の予測」とある程度オーバーラップしている．

行動の予測という点では，ナッシュ均衡という解概念には大きな制約がある．それは「何らかの事情である戦略プロファイルが実現していたら」ということを前提としている点である．イメージとしては，相撲の力士をある型に組ませた後で，行司が両者の背中をポンとたたいて取り組みをはじめるような感じの理論構成である（ちなみにモンゴル相撲は組んでから始めるらしい）．両者がぐっと力を入れたとき（利得の計算を始めたとき）に，両者が動かなければ（逸脱する動機を持たなければ）ナッシュ均衡，というわけである．なぜそのような型に組むのか，そのような型ではないときにはどうなるのか，などについてはとりあえず後回しにして，まず両者が動かなくなる型を探そう，というのがナッシュ均衡の発想である．この意味で，ナッシュ均衡は釣り合いの状態を考えることで得られる静学的な解であるということができる．

この静学解を支えるのが，プレーヤーの合理性の仮定である．ナッシュ均衡が安定するのは「そこから動いても得にならない」からである（ちなみに，そこから動くと損をする均衡を strict ナッシュ均衡という）．つまり「得にならないことはしない」ようなプレーヤー像の仮定が，ナッシュ均衡が安定になるためには必要である．もし，得でない行動も試してみようとするプレーヤーがいるとプレーヤー達の行動はナッシュ均衡からどんどん離れていってしまう可能性がある．

合理性という言葉は，ここでは複数の選択肢を頭の中で比較検討して，最も望ましいと思う選択肢を選ぶという心理的なプロセスのことを意味している．複数の選択肢を実際に試してみて，良かった行動を採用するという行動選択の方法もそれなりに合理的だが，色々な選択肢を試しているうちにナッシュ均衡からはずれてしまう可能性があるので，ナッシュ均衡を安定させる条件としては不十分である．本書では合理性という言葉を前者の「先読み合理性」の意味に限定して用いるが，この言葉を用いるとナッシュ均衡は「プレーヤーの合理性を仮定したときに安定な戦略プロファイルは何か，という問題に対する答えとして得られる静学解」だと理解することができる．

1.2.6 ナッシュ均衡の問題点

行動の予測という点で，ナッシュ均衡にはいくつかの問題点がある．まず比較的軽微な問題点としては，ナッシュ均衡が複数存在する場合があることがあげられる（ちなみに経済学者はこの点を主要な問題点と考える傾向があった）．先のパンの分割ゲームでも，ナッシュ均衡は実はたくさんある．先に紹介した（Aが6

要求，Bが4要求）以外にも，(Aが10要求，Bが0要求)，(8要求，2要求)，(4要求，6要求)，(2要求，8要求)，(0要求，10要求)はすべてナッシュ均衡である．行司がこれらのいずれの体勢に組ませて取り組みをはじめても，両者は動くことがない（確認してみてほしい）．

予測という点では，予測される状態が複数あることはあまり望ましいことではない．「明日の天気は，晴れ時々曇り，ところによって雨か雪」という天気予報はあまりありがたいものではないだろう．しかし，「どこかで降水の可能性がある」という点で，このような予報でもある程度の有用性はある．パンの分割の例では，可能な状態が25通りあるうち，5通りの状態に絞り込まれているわけであるし，それらはすべて「パンは残らず分割されるはずだ」という結果を示している点で，それなりに意味はある．自明だという説もあるが，別のゲームの場合には自明ではない予測を導けることもあるだろう．

もちろん，予測は一意であることに越したことはない．この観点から，ナッシュ均衡の精緻化であるとか均衡選択の研究とかが行なわれて来ているが，そのときに問題になるのは，そもそもナッシュ均衡は行動の予測といっていいのかどうか，というより大きな問題点である．ナッシュ均衡はモンゴル相撲のように行司が力士を組ませた状態を考察の対象とするが，日本の相撲のように立会いから勝負を開始したときにも，本当にその体勢になるのであろうか．なるとすればどのような場合なのであろうか．

少し思考実験をしてみよう．**表1.2**はチキンゲームと呼ばれるゲームの利得表である．

これはA，B二人が両側から突進し，避けた方が弱虫というルールで根性試しをするゲームである．このゲームのナッシュ均衡は，(A避ける，B直進)または(A直進，B避ける)である．「どちらかが避けるだろう」というのがナッシュ均衡の予測であるが，実際にゲームを行なったときに本当にそうなるのであろうか．

表1.2 チキンゲームの利得表

A＼B	避ける	直進
避ける	$-1, -1$	$-2, 5$
直進	$5, -2$	$-7, -7$

第1章　進化ゲーム理論とは何か

よーいドンでこのゲームを行なうものとして，読者にもどちらを選ぶか考えてもらいたい．どちらを選んだであろうか．5点を目指して「直進」を選ぶ人もかなりいることだろう．しかし，相手も同様に考えて「直進」を選ぶと（直進，直進）となりナッシュ均衡は実現しない．

また，-7点をきらって「避ける」を選ぶ人もいるかもしれない．しかし，相手も同様に考えるならばやはりナッシュ均衡は実現しない．一般にある人が確率pで「直進」を選ぶと仮定して，そういう人同士が対戦するとすると，ナッシュ均衡が実現する確率は$2p(1-p)$となる．ナッシュ均衡が実現しない確率は$p^2+(1-p)^2$であるから，実現する確率はしない確率よりも常に小さいか等しくなる（等号は$p=1/2$のとき）．この場合はナッシュ均衡が実現しない方が起こりやすいといえる．

このように，立会いからはっけよいで勝負をはじめたときにナッシュ均衡のどれかが実現するかどうかは自明ではないし，実現しないことも多い．これで果たして行動の予測といえるのか，もしいえるとすれば，それはどのような場合であるのか．

これはナッシュ均衡が静学解であることに由来する問題点である．静学の解はそこにいたる過程を問題にしないので，どのような場合にそれが成立するのかを明らかにすることはできない．この点については，立会いからのゲームの経過を記述する動学の理論が整備されれば，解答を与えることができると考えられる．

1.2.7　合理性の仮定

もうひとつ，問題点としてよく指摘されるのは合理性の仮定である．

フォン ノイマンとモルゲンシュテルンが「二重の最大化問題」を解こうとした時点では，利得の最大化を追求する合理的なプレーヤー像が想定されていたわけだが，ゲーム理論を現実の社会現象や経済現象の分析に用いようとする場合には，この仮定が現実にどの程度の妥当性を持つのかが問題となる．

たとえば，甲と乙の二つの選択肢があって，甲を取れば良い結果が予測され，乙をとれば悪い結果が予測されるときには，ほとんどの人は甲を選択するであろう．この意味で先読み合理性の仮定は妥当性があると考えられる．ゲーム理論家はこのように考えて，少なくとも合理性の仮定を置いた推論を行なうことは有意義だと考えてきた．

それはそれで適切な考え方であるが，状況が複雑になるとゲーム理論家の想定するような方法では意思決定をしない人が増えてくる．たとえば，結果に不確実性があり，ある確率で良い結果と悪い結果の両方が予測される場合，ゲーム理論家は人々が効用を数値化してそれに実現確率を掛けて合計して期待値を求め，それの大小で意思決定をすると想定する．

中にはそのような方法で意思決定する人もいるかもしれないが，実際に学生に意思決定をしてもらうと，一番良い状況に注目して意思決定をしたり，一番悪い状況をとにかく避けようとしたり，実現確率を無視して単に足して2で割った値を使ったり，とりあえず「勘」で選んだり，場合によって選び方を変えてみたり，様々な方法を用いる人が現れてくる．状況が複雑になるほど，ゲーム理論家が想定する意思決定の方法と実際の意思決定の方法は掛け離れてくるようである．

このような場合に，厳密な合理性を仮定した分析はどのような意味を持つのであろうか．近似値としておおむね役に立つという可能性もあるがほとんど役に立たない可能性もある．先に述べたように，ナッシュ均衡が「安定」となるのは，プレーヤーが得にならない行動を（決して！）しないという意味での合理性を持つと仮定しているからである．もし，利得の計算が難しいなどの理由で，プレーヤーが得にならない行動も採る場合があるとすると，その分ナッシュ均衡の安定性は揺らぐことなる．この揺らぎはプレーヤー達の行動に大きな影響を及ぼさないかもしれないし，結果が大きく違ってくるかもしれない．どちらであるかを知るには状態がナッシュ均衡からはずれたときに何が起こるかを扱う動学の理論が必要になってくる．

逆に動学の理論を使えば，合理性を仮定して得られる静学解が，それほど合理的ではないプレーヤーの行動の近似として，どの程度役に立つかを知ることができる．

1.2.8　進化ゲーム理論のはじまり

ここまで，ゲーム理論の歴史を振り返りつつ，主な解概念であるナッシュ均衡について考えてきた．ナッシュ均衡の問題点のうち，複数均衡の存在については精緻化による絞り込みの試みが行なわれ，完全 (perfect) 均衡，必須 (essential) 均衡などの概念や，展開形のゲームについてサブゲーム完全均衡や完全ベインジアン均衡などの概念が生み出されてきた．

また，この過程で合理性の仮定を緩めた場合の解概念についても考察された．完全均衡は，プレーヤーが時々「手が震えて」誤りを犯す場合があることを考慮して得られた解概念であるし，必須均衡は「大事ではない」場合に誤りが起こりやすいことを仮定して得られる解概念である．

一方，均衡でない状態から始まったときに何が起こるかわからないという静学の解であることによる問題点については，克服する試みはあまり行なわれてこなかった．動学化の必要性については一部で認識されていたようであるが，実際の突破口は生物学，特に動物行動学の分野からもたらされた．メイナード＝スミスとプライスによるタカハトゲームの研究である．この研究は，合理性の仮定を置かずに社会的相互依存状況における行動の分析が可能であることを示すとともに，ゲーム理論の動学化の端緒となるものであった．メイナード＝スミスはこの功績により，2001年度の京都賞を受賞している．

タカハトゲームは先のパンの分割ゲームの動物バージョンである．次に，この研究について見ていくことにしよう．

1.2.9 儀式的闘争とタカハトゲーム

タカハトゲームの名称からは，鷹と鳩が空中戦を繰り広げるゲームが想像されるかもしれないが，実際は資源分割における二つの戦略（タカ戦略とハト戦略）にちなんで名づけられたゲームである．

京都賞の受賞に際してメイナード＝スミスは来日して記念講演を行ない，タカハトゲーム開発の経緯について紹介している．彼は当時，動物の儀式的闘争の進化についての研究を行なっていた．儀式的闘争とは，鳴き声や飾りやダンスなどのディスプレー合戦で決着のつく＜闘争＞のことである．なわばりやメスなどの重要な資源をめぐる闘争が，物理的な闘争に発展することなく，ディスプレー合戦で決着がつくのは考えてみれば不思議なことである．負けたほうは，なぜたいした抵抗もせずに重要な資源をあっさりあきらめてしまうのであろうか．

資源をめぐる闘争における最適の行動は，相手の出方によって変わってくる．こちらが強気に出て相手があきらめてくれるならばそれで良いが，相手も強気で来た場合には本格的な喧嘩になり，怪我をする危険性がある．相手が強気ならばこちらは早目にあきらめる方が無難かもしれない．したがって，この状況はゲーム理論的な相互依存状況である．メイナード＝スミスはそう直感し，

1972年春から半年ほどをゲーム理論の研究にあてた．

その結果，確かにゲーム理論の道具立て（ゲームの3要素による定式化）は状況の記述に有効であるが，動物の行動の説明に先読み合理性を仮定することは適切ではない．サルやシカならばある程度行動の結果を予測して行動しているかもしれないが，カエルやクモが期待効用を計算して意思決定しているとは考えにくい．したがってゲーム理論の道具立てを利用しつつ，先読み合理性を仮定しない新しい理論の開発が必要である，という結論に彼は達することになった．

道具立ての利用という点では，＜プレーヤー＞と＜戦略＞の流用は容易である．資源を巡る闘争では，闘争に参加する個体がプレーヤーであり，行動の選択肢を戦略とすればよい．たとえばメイナード・スミスは闘争の戦略として，喧嘩を辞さない強気の戦略をタカ戦略，ディスプレーで威嚇するが実際の闘争は避ける弱気の戦略をハト戦略と名づけて，タカハトゲームを定式化している．

ゲームの3要素の残りの要素は＜利得＞である．メイナード＝スミスはタカハトゲームの利得をプレーヤーの「子供の数」（正確には子供の数の期待値）と考えることにした．それまでのゲーム理論ではフォンノイマン・モルゲンシュテルン効用を利得とすることが多かったので，「子供の数」を利得と考えるのは相当飛躍した発想であるが，その発想の背後には集団遺伝学の考え方をゲーム理論に応用しようとするメイナード＝スミスの目論見が存在していた．

1.2.10 メイナード＝スミスと集団遺伝学

集団遺伝学は，1930年代にフィッシャー，ホールディン，ライトの三人の数理生物学者が基礎を置いた学問である．R．A．フィッシャーは数理統計学の建設者としても著名で，フォンノイマンにも比肩しうる多才な人物であったが，ホールディン，ライトもすぐれた遺伝学者であり数理生物学者であった．メイナード＝スミスは第二次世界大戦中に航空機の翼の設計に従事していたが，大戦後大学に戻りホールディンのもとで生物学の研究をしている．したがって，メイナード＝スミスはホールディンの直接の弟子にあたる．

集団遺伝学は「集団中の遺伝子頻度の変化」を数理的に考察する学問である．ダーウィンは自然選択による進化という考えを打ち出し，その証拠を数多く集めたが，具体的な進化のメカニズムを提示するにはいたらなかった．1900年にメンデルの遺伝法則が再発見されて以来，進化を生物集団中における遺伝子の頻度の変化だとみなして，自然選択による遺伝子頻度の変化を考察する研究が

進められるようになった．この研究を主導したのがフィッシャー，ホールディン，ライトの三者であった．

ホールディンの直接の弟子であるメイナード＝スミスは，この集団遺伝学の考え方をゲーム理論の研究に援用することを思いついたのである．集団中の遺伝子頻度の代わりに，集団中の＜戦略の頻度＞を考え，その変化を考えてはどうだろうか．そして，その変化の行き先をゲームの解と考えてはどうだろうか．この秀逸なアイディアによって，ゲーム理論の動学化への道が開かれることになった．

1.2.11 ESSとレプリケーターダイナミクス

京都賞の受賞講演でメイナード＝スミスは「大胆な単純化を行なった」と述べている．まず彼は「戦略は親から子へ100％完全に遺伝する」という仮定を置いた．実際には，生育環境や学習の影響で親と子の戦略は完全には一致せず，統計的に相関を持つ程度であることが多いが，さしあたり「戦略の完全な継承」を仮定してモデルを立てることを試みたのである．

戦略が子供に継承されれば，子供の数の相対的に多い戦略は次の世代で人数が（したがって集団中の頻度が）増加し，子供の数の相対的に少ない戦略は次の世代で人数と頻度が減少することになる．ということは，「子供の数」をゲームの利得とみなせば，動物の行動についてもゲーム理論的な分析ができるのではないか．このような思考によって，進化ゲーム理論の原型が出来上がってきた．

メイナード＝スミスの行ったもう一つの単純化は，戦略の頻度変化をあらわす微分方程式を明示的に書き下す代わりに，「侵入可能性」という基準を立ててダイナミクスの行き先を推定したことである．こうして導かれた解が**進化的に安定な戦略**（Evolutionarily Stable Strategy：ESS）である．ESSについては第3章で紹介するが，「他のいかなる戦略も侵入できない戦略」という，動学が背後にありながらもそれ自体は静学的な概念であった．

この部分を補って，戦略の頻度変化を微分方程式の形で書き下したものがレプリケーターダイナミクスである．戦略の完全継承の仮定はまだ維持されているが，ここにいたって動学としての進化ゲーム理論が一応完成されたものと考えられる．

1.2.12 ESS の問題点

ESS は進化ゲーム理論の解だとされることも多いが，これは進化ゲーム理論開発の初期に定式化された概念であり，いくつかの問題点を持っている．

まず，ゲームによっては ESS が存在しない場合がある．ESS を「ゲーム結果の予測」と考えるならば「何が起こるか分からない」という予測結果は望ましいものではない．

このようなケースは複数の戦略が混合した状態が安定状態となったり（**多型安定**という），じゃんけんゲームのようにダイナミクスに落ち着き先がなく，状態が循環し続ける場合などに生じる．

このような場合が「解なし」とされるのは，ESS がダイナミクスの全体像を求める代わりに，ある戦略に対する侵入可能性という簡略な方法で定義された概念であるためである．現在ではレプリケーターダイナミクスの方程式から，ダイナミクスの全体像が分かるので，ダイナミクスの軌道そのものを解と考えれば ESS がない場合でも解を求めることができる．

もう一つの問題点は，ESS とレプリケーターダイナミクスの背後に置かれている，戦略の完全継承という仮定である．先にも述べたとおり，親から子へ戦略が完全に継承されることは動物の場合でも起こらないし，人間の場合にはなおさら起こらない．この仮定を緩めた場合にはどうなるのであろうか．特に，学習によって採用される戦略が変化する場合には，どのようなことがおこるのであろうか．

これらの問題に対する解答として，80年代の後半から戦略の学習をマイクロプロセスとするダイナミクスが研究されるようになってきた．

1.2.13 学習ダイナミクス

ここまでダイナミクスという言葉が度々登場しているが，ダイナミクスとは一口でいうと何らかの**状態の変化**の事である．レプリケーターダイナミクスでは集団中の戦略の頻度が次第に変化していく．

この場合，戦略頻度の変化を引き起こすメカニズムは世代の交代で，戦略によって子供の数が違うため，子供の多い戦略が増加し少ない戦略が減少していった．したがって，レプリケーターダイナミクスを動かす原動力は世代の交代であるが，1990年代以降は戦略の学習を状態変化の原動力とするダイナミクス

が盛んに研究されるようになってきている．このように学習によって生じるダイナミクスを**学習ダイナミクス**という．

想定される学習のプロセスは単純なものから複雑なものまでいろいろである．単純なものとしては，ある戦略を試してみて良ければ続けて採用し悪ければ変更する試行錯誤学習や，他の人の戦略を見て，うまくいっていればそれを真似するし，まずければ採用しない模倣学習があげられる．それぞれを仮定するダイナミクスを試行錯誤ダイナミクス，模倣ダイナミクスという．

もう少し手のこんだ学習を想定するものとしては，周りのプレーヤーの戦略を観察してそれに最適反応する最適反応ダイナミクスや，他のプレーヤーの過去の行動から将来の行動を予測して，それに最適反応しようとする仮想プレー (fictitious play) モデルがあげられる．

これらの学習ダイナミクスのモデルは，レプリケーターダイナミクスと同様にプレーヤーの集団を想定して，その中での戦略シェアの変化を考える**集団モデル**と，同じメンバーが何度も繰り返してゲームを行う中で，戦略プロファイルが次第に変化していく様子を考察する**非集団モデル**に分類できる．前者は，レプリケーターダイナミクスと同様な微分方程式で記述し分析されるが，後者ではある戦略をとる「傾向性」の変化を考えたり確率過程モデルを利用したりするなど様々な工夫が凝らされることになる．

これらの学習ダイナミクスの研究が進化ゲーム理論研究の最前線といってよい．学習ダイナミクスを進化ゲーム理論に含めない見解もあるが，これらもダイナミクスを明示的に扱う動学理論である点を重視して，ここでは進化ゲーム理論に含めて考えることにしよう．

以上，ゲーム理論の歴史と進化ゲーム理論の関係について概観してきたが，従来のゲーム理論が基本的に静学であったのに対して，進化ゲーム理論は基本的に動学として発展してきたことがわかる．その過程で，先読み合理性を仮定しないでゲーム理論的な分析を行うことも可能になってきた．進化ゲーム理論は動学を扱うことで分析の精度を向上させるとともに，先読み合理性を必ずしも必要としないことでゲーム理論が取り扱える問題の範囲を大きく拡大することに貢献してきている．次の節では，こうした進化ゲーム理論が社会科学の研究において持つ意義について考えてみよう．

1.3 社会科学と進化ゲーム理論

1節，2節で紹介したように，進化ゲーム理論は動学化されたゲーム理論である．ただ歴史的に生物学の分野で研究が始まったため，社会科学への適用はまだ日が浅い．1節では携帯電話の普及について進化ゲームを用いて考えてみたが，ここでは別の適用例を紹介しながら，進化ゲーム理論を社会科学の研究に利用することのメリットやデメリットについて考えてみよう．

1.3.1 家事の分担ゲーム

進化ゲーム理論を用いた分析のもう一つの例として家事分担問題への適用例を紹介する．

NHKが5年ごとに実施している世論調査（『現代日本人の意識調査』）によると，夫婦間の役割分担について「夫が仕事をし，妻が家事に専念する」という従来型の性別役割分担を支持する意見は次第に減少し，夫婦が対等の在り方が望ましいとする意見が次第に増加している．特に30代以下の女性では後者が7割，30代以下の男性でも5割近い支持を集めている（98年調査結果）．

一方，実際の家事の分担については，これもNHKが実施している生活時間調査（2000年）によると，既婚男性の1日の平均家事時間は1時間6分，既婚女性の1日の平均家事時間は5時間28分と大きな差があり，過去20年間に大きな変化は見られない．このように，意識のレベルでは夫婦の対等を良しとする意見が増加する一方で，行動のレベルでは家事を妻がする傾向は変化していない．なぜ意識の変化が行動の変化に結びつかないのであろうか．この問題をゲーム理論を用いて考えてみよう．

まず，利得表を考える．プレーヤーは夫と妻である．戦略は「家事をする」と「家事をしない」の二つを考える．家事をするにはコスト c がかかるが，家事をすると b の便益が発生するものとする．例えば，掃除をするには手間ひまがかかるが，掃除をすると部屋が綺麗になり，衛生的にも心理的にも便益が発生する．

ここで両者が「家事をする」を選択すると，家事のコストを折半できると仮定する．このとき，各自が負担するコストは $c/2$ となる．一方，家事の便益は半分になることはない．例えば，部屋が綺麗になる便益は双方が享受できるの

で、双方に b の便益が発生し、コストを差し引いた利得は双方 $b-c/2$ となる．

次に、一人が「家事をする」を選択し、もう一人が「家事をしない」を選択する場合を考える．この場合は「家事をする」プレーヤーが家事のコストを負担するので、このプレーヤーのコストが c，もう一人のコストは 0 である．一方，家事の便益（例えば部屋が綺麗になることの便益）は家事をしなかった方のプレーヤーも享受できるので、双方に b の便益が発生する．したがって、「家事をする」プレーヤーの利得は $b-c$，「家事をしない」プレーヤーの利得は b である．

双方が「家事をしない」を選択した場合は、家事のコストがない代わりに家事の便益も発生しない．この場合の双方の利得は 0 である．ちなみに、誰も家事をしなければ洗い物や洗濯物がたまり放題で、部屋も汚れ放題となるが、ここではこの状態を利得 0（利得測定の基準点）と考えることにする．この状態から掃除や洗濯がなされた場合の便益が b である．

以上をまとめると、表1.3の利得表を得ることができる．

$b<c$ の場合、つまり家事の便益が家事のコストを下回っている場合には、双方が「家事をしない」状態が、唯一のナッシュ均衡となる．また試行錯誤などの学習ダイナミクスを考えるとこの状態が唯一の漸近安定状態になる（漸近安定状態はそこから状態がずれてもまた元に戻るような状態．詳しくは第2章参照）．つまり、家事のコストが家事の便益を上回っている間は、家事はなされないと考えられる．洗い物や洗濯物がある程度たまって家事の便益が家事のコストを上回ることが家事がなされる必要条件となる．

では、$b>c$ の場合には何が起こるのであろうか．簡単のために $b=4$，$c=2$ として考えてみよう．

この場合の利得表は表1.4となる．このとき、ナッシュ均衡は（夫：家事する，妻：家事しない）と（夫：家事しない，妻：家事する）の純粋ナッシュ均衡と（夫：確率2/3で家事する，妻：確率2/3で家事する）の混合ナッシュ均衡の3通りである．こ

表1.3　家事分担ゲームの利得表

夫\妻	家事する	家事しない
家事する	$b-c/2$, $b-c/2$	$b-c$, b
家事しない	b, $b-c$	0, 0

表1.4　$b=4$，$c=2$のときの家事分担ゲーム家事分担ゲーム

夫＼妻	家事する	家事しない
家事する	3，3	2，4
家事しない	4，2	0，0

れらのナッシュ均衡から自分の戦略を変えても，それによって利得を増やすことはできない．

　一方，ある日（あるいはある週やある月）夫が家事をする確率をx，妻が家事をする確率をyとしてxやyが試行錯誤によって変化することを仮定した学習ダイナミクスを考えると，図1.6となる（詳しくは第5章5節参照）．

　これより，漸近安定状態は$(x, y)=(1, 0)$と$(0, 1)$の二つであることがわかる．$(1, 0)$は夫が確率1で家事を行い，妻が確率0で家事を行う状態，$(0, 1)$は夫が確率0で家事を行い，妻が確率1で家事を行う状態に相当する．これらが漸近安定状態であるということは，十分長い時間ののちには，どちらかの状態に収束する（落ち着く）ことを意味している．

　ここでどちらの状態に収束するかは，初期状態（この場合は結婚してすぐの状

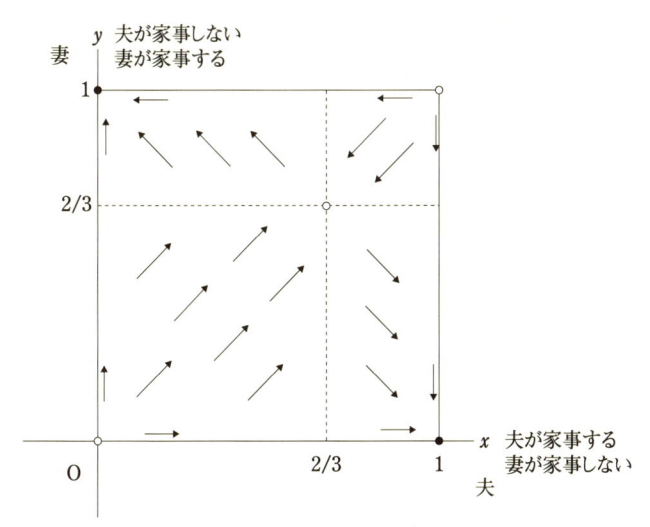

図1.6　家事分担ゲームの学習ダイナミクス

態)で x と y のどちらが大きいかに依存する.初期状態が $x>y$ の場合,つまり結婚当初,夫の方が家事をする確率が妻が家事をする確率より高い場合には,夫が確率1で家事を行なう状態に収束すると考えられる.逆に,初期状態で $x<y$,つまり妻が家事をする確率が夫が家事をする確率より高い場合には,妻が確率1で家事をする状態に収束すると考えられる.

1.3.2 モデルの含意

　ナッシュ均衡を用いた静学分析の結果は,釣り合いの状態が三つあることを示している.一方,学習ダイナミクスモデルを用いた動学分析の結果は,そのうち二つが漸近安定状態で,$(x, y) = (2/3, 2/3)$ が不安定であることを示している.また動学分析の結果は,初期状態で x と y のどちらが大きいかが,どちらの漸近安定状態に収束するかに影響すること,初期状態における x と y の違いが小さくてもダイナミクスの過程によってこの違いが拡大して,どちらか一方がもっぱら家事をする状態に収束することを示している.言わば「初めが肝心」であることが分かる.

　静学分析では釣り合いの状態が三つあることが分かるだけが,動学分析ではそのうちどれが安定でどれが不安定であるのか,どのような初期状態からどの安定状態に至るのかを知ることができた.このように動学の導入によって分析の精度が一段階向上していることが分かる.

　家事分担問題についての最初の問題意識は,男女の意識が接近して両者ともに「夫婦の対等」を好ましいとする人が増えているのに対し,実際の家事時間については女性がもっぱら家事をする状態がほとんど変化していないのはなぜか,というものであった.この問い自体あまり意識されることはないようだが,考えて見ると不思議なことである.これに対して,上の動学分析から得られる解答は,「確かに意識の差は縮まっているが,まだ違いは存在している.この違いが結婚当初の家事分担確率の違いに反映し,それがさらにダイナミクスの過程で拡大することによって,女性がもっぱら家事をする状態が維持されているのではないか」ということになる.

　実際には,もう一つの解答の可能性が存在する.上のモデルでは家事のコストが男女で同じと仮定して分析した.家事のコストを物理的なコストと考えると男女でそれほど差がないかもしれないが,機会コスト(その時間を他のこと,例えば仕事に使ったときの利得の損失)と考えると男性の方がコストが大きいかも

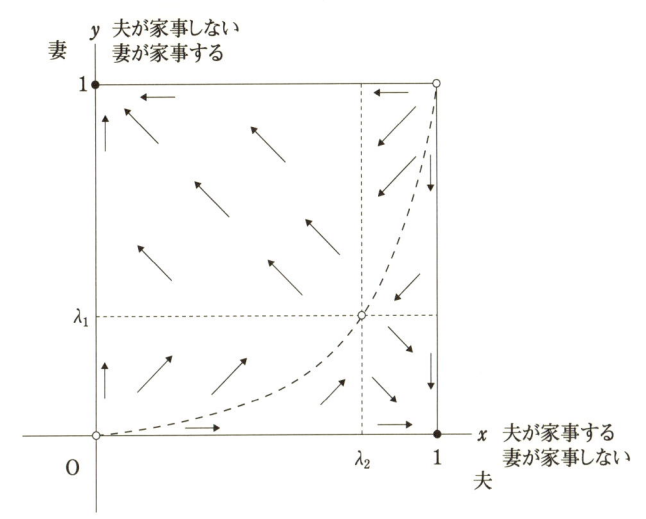

図1.7　男性の機会コストが大きいときの学習ダイナミクス

しれない．

　男性の家事コストが女性のコストの2倍の場合について学習ダイナミクスを考えると，図1.7のようになる．この場合，(0, 1)に収束する初期状態の範囲の方が，(1, 0)に収束する初期状態の範囲よりずっと広くなることがわかる．この場合は，初期状態で$x=y$であっても，ダイナミクスの収束先は(0, 1)であり，夫婦対等の意識を持って最初は平等に家事分担をしていた家庭であっても，次第に「妻がもっぱら家事をする家庭」になっていくことが予想される．図1.7では男性のコストが2倍の場合を考えているが，同様の現象はコストの差がもっと小さい場合でも発生する．

　これらの分析結果は，初期状態における小さな差異や機会費用の小さな差異がダイナミクスの過程で拡大されて，不平等な結果が生じる可能性を示している．これらの可能性を確認するには，実際に各家庭の結婚当初の家事分担比率がどうなっているのか，それが時間の経過とともにどのように変化するのか，またこれらの初期条件や変化のプロセスに価値観や雇用条件の違いがどのように影響しているのかを調べることが必要であろう．

1.3.3　進化ゲーム理論のメリット

　ここまで家事の分担という問題について，進化ゲーム理論を用いてアプローチしてみたが，このような社会学的な研究に進化ゲーム理論を用いることのメリットはどういう点にあるのであろうか．

　一般にメリットを考える際には，「何と比較してのメリットか」という比較の対象が必要である．比較の対象を明確にしてはじめてどんなメリットがあるかも明確になってくる．

　比較の対象としてここでは三つの対象をあげてみたい．一つ目は通常の社会学的分析で用いられる「自然言語による分析」である．この自然言語による分析に対しては進化ゲームが＜数理モデルであることのメリット＞を指摘することができる．詳しくは以下で説明するが，数理モデルの利用によって演繹力や予測力の向上，研究課題の明確化といったご利益が期待できる．

　二つ目の比較対象としてゲーム理論以外の数理モデルを取り上げる．多くの数理モデルが特定の対象ごとにモデルが立てられているのに対し，ゲーム理論は広範囲の社会現象にたいして適用できるように工夫されている．このことのメリットを考えてみよう．

　三つ目には静学型のゲーム理論を比較の対象として取り上げる．この場合は，進化ゲーム理論が動学モデルであることのメリットと，合理性の仮定を置いても置かなくても分析できることのメリットを指摘することができる．以上をまとめると，進化ゲーム理論は＜動学＞であることのメリット，＜ゲーム理論＞であることのメリット，＜数理モデル＞であることのメリットを併せ持つということができる．

　これらのメリットが具体的にはどのようなものであるのか，以下ではもう少し詳しく見ていくとともに，進化ゲームを用いることのデメリットや課題についても考えてみよう．

1.3.4　数理モデルのメリット

　経済学を除けば，社会学や政治学など社会科学の多くの領域ではもっぱら自然言語を用いて議論や研究がなされている．これは，これらの分野では数学的な定式化がしにくい対象を研究しているからであるが，これらの分野でもうまく数理モデルを立てることができるならば，多くのメリットが期待できる．

1.3 社会科学と進化ゲーム理論

まず，数理モデルの一般的な構成を確認しておこう．数理モデルは一般に，なんらかの仮定から出発して，足したり引いたり掛けたり割ったり展開したり因数分解したり微分したり積分したり……といった一連の**演算**を行って，なんらかの結果を導く，という構成をもっている．

この仮定をAとし結論をBとすると，数理モデルは一般に

$$A \quad \rightarrow \quad B$$
（仮定）　演算　（結論）

という構成を持っていると言える．

先ほどのモデルでは，例えば

- 家事の便益は家事のコストより大きい
- 家事確率はある種の学習によって変化する
- 初期条件で，妻の家事確率は夫の家事確率より大きい

が仮定Aに相当する．この仮定から出発して学習ダイナミクスを計算することで

- 妻がもっぱら家事をする家庭になる

という結論Bが導かれている．

実は自然言語による推論の場合も一般に，仮定→推論→結論という形を取る．したがって上の図式は数理モデルの専売特許ではない．数理モデルの特徴は，自然言語による「推論」を数学言語による「演算」に代えて，仮定から結論を演繹する能力を向上させている点にある．例えば試みに，仮定A（初期状態で妻の家事確率が夫より高い，家事確率は学習によって変化する，など）から結論B（妻がもっぱら家事をする）を自然言語を用いた推論で導くにはどうすればよいかを考えてみるとよいかもしれない．不可能ではないにせよ，かなり困難な作業になるであろう．

第1章　進化ゲーム理論とは何か

表1.5　数理モデルを用いることのメリット

a	仮定から結論を導く演繹力が向上する
b	仮定やメカニズムが明確になる
c	実証すべき課題が明確になる
d	予測や提言に利用できる

　その意味で，自然言語の代わりに数理モデルを用いることの基本的なメリットは表1.5のaに示すように「結論を導く演繹力が向上する」ことだということができる．このメリットから幾つかのメリットが派生する．例えば，演繹力の向上を実現するためには，仮定と，仮定から結論を導くメカニズムを数学的な言語（数式）を用いて表現する必要がある．この過程でbに示す「仮定やメカニズムの明確化」が自覚的になされることになる．

　数理モデルを立てるときに想定された仮定やメカニズムは現実にはどの程度妥当性があるのであろうか．夫や妻が家事をする確率は何らかの学習によって変化しているのであろうか，変化しているならばどのような学習によって変化しているのであろうか．初期状態での家事確率は夫と妻でどのように分布しどのように変化していくのであろうか．家事の物理的コストや機会費用はどのようになっているのであろうか．これらは，家事の分担がどのように変わっていったかについてヒアリングを実施したり，同じ家族に繰り返してアンケート調査を行ったりといった方法で実証的に明らかにしていくべき課題である．

　数理モデルを立てる（立てようとするだけでも実は有効であるが）ことによって，このような研究が必要であることが分かって来る．これがcに示す「実証すべき課題が明確になる」というご利益である．言い換えると数理モデルを立てる（立てようとする）ことによって，実証研究の指針を得ることができる．

1.3.5　予測と提言

　実証研究の結果，数理モデルで想定した因果メカニズムがある程度妥当性を持つと判明した暁には，その数理モデルは物事の予測を行なうための有効なツールとして活用できるようになる．また，何らかの観点で望ましいと考えられる状態を実現するためにはどうすればよいか，を提言するためのツールとしても利用できるようになる．

1.3 社会科学と進化ゲーム理論

例えば

$$A \quad \rightarrow \quad B$$
（仮定）　演算　（結論）

というモデルがある程度の実証的な妥当性を持つと分かれば，Aの代わりにA′やA″を代入したときにどのようなB′やB″が得られるかを知る事ができるようになる．仮定から出発して結論を求めるタイプの演算を**順演算**というが，このような順演算によって

$$A' \quad \rightarrow \quad ?$$

を知ることが数理モデルの**予測としての使い方**である．

　一方，ある結論になるためには，どのような仮定が必要かを求めるタイプの演算を**逆演算**という．数理モデルがきちんと立てられればあるB′を得るためにはどのようなA′が必要かを逆演算によって求めることも可能である．この場合は

$$? \quad \rightarrow \quad B'$$

の？の部分を逆算して求めることになる．B′が何らかの意味で望ましい状態であるならば，その望ましい状態を実現するにはどうすればよいかを知る事ができるので，これは**提案や提言としての使い方**ということができる．

　ただし，一般論として順演算は常に可能であるが逆演算はできない場合もある．−4を2乗することは可能でも，2乗して−4になる数を見つけることは実数の範囲では不可能である．同じようにB′を実現するAは存在しないという結論になることもありうる．その場合，B′は「絵にかいた餅」ということになるが，ある理想が画餅と分かることも（決して嬉しいことではないが）それはそれで有用な情報である．そのときは，実現可能なBの集合の中でもっともましなB*を考え，それを実現するA*を探る，というアプローチが現実的な代替案となるであろう．

　このように，しっかりした数理モデルが立てられるならば先のdに示す「予

測や提言への利用」というメリットも期待できる．このタイプのメリットを家事分担ゲームの場合についてもう少し具体的に考えてみよう．

先に紹介したモデルが妥当であることがある程度確認されたとするならば，いくつかの予測が可能になる．まず，男女の家事分担についての意識の差が今後減少したとしても，家事時間の差は容易には縮まらないことが予想される．意識の差が縮まったとしても初期条件での家事確率の違いが残るならば結局女性が家事をする状態に収束するからである．

しかし，意識の変化や男女の機会費用の変化がある程度以上の大きさになるとドラスティックな変化が起こる可能性が考えられる．機会費用の差がほとんどなくなり，かつ初期条件で $x>y$ となる家庭が増えるならば男性がもっぱら家事をする家庭が急速に増加すると考えられる．このような変化が将来起こるかもしれない．

次に，家事分担における両性の平等というものを目標にしたとして，どのような条件のもとでそれが達成されるかを考えてみよう．実は図1.6から分かるように，男女が平等に家事をする状態（直線 $x=y$ 上の状態）はどこをとっても不安定である．漸近安定状態は $(1, 0)$ と $(0, 1)$ しかないのであるから，「平等に家事をする家庭」は望ましいかもしれないが実現することは難しいことが分かる．

可能なアプローチとしては，たとえば利得構造を変えることが考えられる．平等な家事分担をしている夫婦に2ずつの補助金を与えることにすれば表1.6の利得表になる．このときは両者が家事をする状態が唯一のナッシュ均衡であり，この状態が唯一の漸近安定状態となる．また，家事をしないプレーヤーに2の罰則を与える場合も同様に，両者が家事をする状態が唯一の漸近安定状態になる．

このような方法が難しいとするならば個々の家庭での平等はあきらめて，社会全体としての平等を目指すことが考えられる．もし $(x, y) = (1, 0)$ と $(0,$

表1.6 「平等な家事分担」に2ずつの補助金を与えた場合

夫＼妻	家事する	家事しない
家事する	5, 5	2, 4
家事しない	4, 2	0, 0

1) の家庭が社会に半数ずつ存在すれば，社会全体では男女が平等と解釈できる状態である．平等をこのような状態と考えるならば，それを実現するためには初期状態で $x>y$ の家庭と $x<y$ の家庭が半々ずつ生じればよい．したがって，男女の家事に対する意識の系統的な差と機会費用の差がなくなれば「社会としての平等」が期待できると考えられる．

1.3.6 ゲーム理論のメリット

ここまで進化ゲーム理論が数理モデルであることのメリットを見てきたが，次に進化ゲーム理論がゲーム理論であることのメリットを見ていこう．

ゲーム理論は先にも述べた通り，利害の不一致があるような相互依存状況を扱う数理モデルである．この種の相互依存状況は非常にありふれた状況であるため，ゲーム理論は他の多くの数理モデルより幅広い対象を扱うことができる．

たとえば，ゲーム理論のテキストをぱらぱらとめくって見ると，実に多様な対象が扱われていることがわかる．ある本では，価格競争やパソコンの規格競争，市場の新規参入問題や入札方法の設計といった経済問題，別の本ではゴミ問題，二酸化炭素の排出権取引や京都議定書といった環境問題，また別の本では投票行動や政党の政策位置の決定，規範や慣習，信頼や評判，社会秩序の形成といった政治学や社会学にかかわる問題，といった感じで社会科学のあらゆる領域にわたっている．

これら様々な状況で，参加者の利害は半ば一致しつつ半ば対立し，自分の利得が他人の行動に影響される一方で，自分の行動が他人の利得に影響を与えている．こうした相互依存性のある状況を分析する上でゲーム理論は有力な方法となるのである．

ゲーム理論以外の数理モデルは，階層認知のモデルとか，世論形成のモデルとか研究対象ごとにモデルが立てられていることが多い．それはそれで有用だが，多くの対象に適用できるモデルがあると，それだけ幅広い社会現象における人々の行動を予測したり，提言したりすることが可能となり便利である．

また，汎用性の高いモデルがあると，一見関連のなさそうな現象の背後に，実は同じメカニズムが存在していることが分かって興味深い場合も出てくる．例えば囚人のジレンマゲームは「バクテリアから国際関係まで」様々な場面で出現する状況だが，これは自分の利益を増やそうとすると，かえって自分の利益が減ってしまう困ったゲームでもある．

第1章 進化ゲーム理論とは何か

　環境問題や年金の未納のように，困った社会状況の背後にはこの囚人のジレンマが潜んでいることが多いのだが，そうであれば囚人のジレンマの解決策が，いろいろな社会状況に対する処方箋になる可能性がある．そのように考えて多くのゲーム理論家が囚人のジレンマの研究を行ってきた．アクセルロッドのコンピューターシミュレーションは代表的な成果で，彼の発見した，「上品」(自分からは裏切らない) かつ「短気」(相手の裏切りには即座に報復) だが「寛容」(相手が協力に転じたら直ちに協力) な戦略が有用かつお得という結果は，個々の場面を越えて有効性を持つと期待できる．

　もちろん，適用範囲が広いということは欠点ともなり，個々の状況に固有の事情を十分に反映できない場合もあるであろう．バクテリアと国際関係の相違点をモデルに取り入れていくためには，それぞれに応じた個別のモデルを立てて補完していく必要がある．ただ，その場合でも汎用性のあるゲーム理論を出発点として利用することは有用であろう．

　一般に人間の社会では複数の人間が限りのある資源を利用して生活するため，利害の不一致が生じやすい．協力の利益を求めて集まった人々が協力の果実を巡って争う場が社会であるということもできる．このように考えると社会科学は本質的にゲーム理論な分析を必要としているともいえよう．

1.3.7 動学であることのメリット

　このようにゲーム理論には幅広い社会現象を分析対象とする数理モデルであるという大きなメリットがあるが，従来のゲーム理論には合理性を仮定した静学モデルであるという制約があった．次に進化ゲーム理論が合理性の仮定を必ずしも必要としない動学モデルであることのメリットを見ていこう．

　静学と動学の違いは1.2節でも論じているが，もう一度確認しておくと静学が釣り合いの状態 (静止状態) がどこかを見つけるだけなのに対し，動学は釣り合いの状態が安定なのか不安定なのかを判定したり，どのような初期状態からどのような安定状態に至るのかを求めたりすることができる．

　これは予測や提言を行う能力が静学モデルよりも向上していることを示している．図1.4の $x=0.5$ や図1.6の $(x, y) = (2/3, 2/3)$ が均衡状態であるとだけ予測されている場合よりも，これらは不安定なのでこれらの状態に長くとどまることはないと予測されている方がより有用である．あるいは携帯電話が普及するためには，キャンペーンによって普及率を50%以上にする必要があるだろ

うとか，男性がもっぱら家事をする家庭になるためにはこれこれの初期条件を満たす必要があるだろう，といった条件が分かるモデルの方が，それらが分からないモデルよりも提言の能力は高いと言える．

1.3.8　合理性の仮定がいらないメリット

もう一つ，動学化の間接的なメリットとして合理性の仮定が必ずしも必要ではない点をあげることができる．

ゲーム理論で通常用いられる静学解はナッシュ均衡だが，ナッシュ均衡が「釣り合いの状態」となるためにはプレーヤーにある程度の合理性が要求される．具体的にはプレーヤーには

1　今とは違う戦略を採っても利得は増えないことが分かること
2　利得が増えない行動は採らないこと
3　1，2に反するプレーヤーが一人もいないこと

が要求される．これらが満たされないと，ナッシュ均衡は静止状態になることができない．

1はプレーヤーの利得計算能力の問題であり，2は意思決定方法の問題，3はプレーヤーの均一性（あるいは多様性）の問題であるが，これらの条件は実際には十分満たされているとはいえない．1ができるためにはプレーヤーは利得表の全体像と他のプレーヤーの戦略を知っている必要があるし，それらの条件から別の戦略を採った時の期待利得を計算できなければならない．戦略の数が少なかったり，他のプレーヤーが決まり切った行動を採っている時は可能かもしれないが，実際の場面でそのようなことは稀である．

2についても利得が同じならば試しに戦略を変えて見ようと思う人がいるかもしれないし，いつも同じ手ではつまらないので別の手を試してみるという人がいるかもしれない．1か2を満たさない人がいると3も満たされない場合が多くなる．

近似的にこれらの条件が満たされていれば，ナッシュ均衡が近似的な予測として有用な場合もあるがそうではない場合もある．例えば，社会的ジレンマについてフォーク定理と呼ばれる定理があり，全プレーヤーがトリガー戦略（初めは協力して，誰かが非協力行動を採るとそれ以降非協力を採る戦略）を採る状態はナ

ッシュ均衡であることが知られている．全員がトリガー戦略を採っていると協力状態が続くので，この方法で社会的ジレンマを解決することも理論的には可能である．

　しかし，誰か一人が他人の戦略をトリガーではないと誤解したり，利得の計算を間違ったりして，あるいは単にきまぐれに非協力行動を採ったりすると，それが引き金（トリガー）になって皆が一斉に非協力になり二度と協力状態には復帰しなくなる．したがって，トリガー戦略で協力状態が維持されるのは1～3の三条件が厳密に成り立つ時に限られる．このような場合にはナッシュ均衡は近似的な予測としてもあてにならないことになる．

　このようにプレーヤーが厳密に合理的ではないときには，ナッシュ均衡による予測はあてになる場合もあればあてにならない場合もあり，どの程度あてになるのかは一般にはよく分からない．これが静学モデルの問題点である．世の中にゲーム理論による分析が必要でかつ有用な社会現象が沢山あっても，社会現象の参加者が1～3に示す合理性の条件を満たすことは余りないため，静学型のゲーム理論は多くの社会科学者から「非現実的な理論」だと見なされて来た．

　一方，動学のモデルはこのような合理性の仮定が成り立たない場合であっても，プレーヤーが試行錯誤や模倣などの学習を行っていれば，プレーヤーの行動の変化やその落ち着き先を予測することができる．これは静学モデルと比べたときの大きなメリットである．ゲーム理論は動学化されることによって，潜在的な可能性を十分に発揮することができるのである．

　なお，進化ゲーム理論はプレーヤーが合理性を「持たない」場合の理論なので，人間の行動の分析には使えないとする意見があるが，これは誤りである．プレーヤーの合理性は「あってもなくても構わない」というのが正解で，以下の章で示すようになんらかのメカニズムで戦略頻度の変化が生じる場合であれば，プレーヤーの合理性はあってもなくても分析を行うことができる．

　以上のように進化ゲーム理論は，動学であることのメリット，ゲーム理論であることのメリット，数理モデルであることのメリットを合わせ持ち，幅広い社会現象に対して，より小さな制約のもとで，より精度の高い予測や提言を行うことができる理論体系であると考えられる．

1.3.9 進化ゲーム理論のデメリット

ここまで見てきたように，進化ゲーム理論には大きなメリットがあるが，その一方でデメリットや課題も残されている．これらは大きく分けて方法論上のデメリットと，より本質的なデメリットや課題に分類できる．

方法論上のデメリットとしては，動学を扱うためにモデルの構成が複雑であることと，必要な数学上の知識がやや高度であることがあげられる．進化ゲーム理論は，学習や出生死滅のような個人レベルのプロセスによって社会全体における戦略頻度といったマクロな状態が変化して行く現象を扱うモデルである．こうした微小な変化の積み重ねを扱う数学上のテクニックとして，微分や積分がある．微分は大きな変化を微小な変化に分割して考察する方法であるし，積分は微小な変化が積み重なるとどうなるかを考察する方法である．その中でも，微小な変化の起き方について何らかの仮定を置いたときに，全体にどのような変化が起きるかを方程式を解いて求める方法として**微分方程式**がある．進化ゲーム理論はこの微分方程式を基本的な方法論として用いている．

微分方程式は現在のカリキュラムでは高校3年の数学で登場するが，いわゆる理系の授業で扱われるだけで，社会科学系の研究者や学生が学ぶ機会は余りない（ちなみに，高校では変数分離形の計算練習をする程度でダイナミクスを分析するツールとして習うことはない）．

このように，社会科学者に馴染みの薄い方法論を用いるデメリットは本質的なものではないが，現実の問題としてはかなりの制約となるだろう．この点，静学モデルは利得の大小関係を示す不等式を解けば十分なことが多いので，その意味では敷居の低い数理モデルである．従来，静学モデルに比べて動学モデルを扱う研究者が少なかった理由の一つはこうした敷居の高さにあったと考えられる．

そこで本書では第2章でまず動学の基礎について解説をすることを試みた．微分方程式は一般論として解こうとすると複雑であるが，ダイナミクスを分析する道具として用いる上ではそれほど多くの知識を必要としない．第2章で必要最低限の知識とテクニックを解説したのちに，第3章以下の本論に入ることで敷居の高さが軽減されるように配慮した．本論でも数学的に比較的簡単なレプリケーターダイナミクスの解説から入り，次第に複雑な学習ダイナミクスに進むようにしている．本書を順に学ぶことによって，方法論上のデメリットは

ある程度解消するであろう．

一方，より本質的な問題点としては進化ゲーム理論が数理モデルであることに由来する問題点が存在する．数理モデルは現象を数学の言葉（変数や数式）に翻訳して分析を行なうが，このとき数学の言葉に変換しにくい現象は分析の対象にはなりにくい．進化ゲーム理論で登場する変数は，人数や戦略のシェアやある行動を採る傾向性である．つまり，主として行動レベルの現象がモデル化の対象となっている．これは行動レベルの現象はある行動を「する割合」や「する頻度」といった形で比較的数学の言葉に翻訳しやすかったからである．

これに対し，認知レベルの現象や意識レベルの現象は数理的なモデル化が難しい．携帯電話に依存する心理や男女分業に関する価値観の変化がモデル化されるようになれば，より興味深い分析や予測ができるであろうが，今のところそのようなモデルは立てられていない（戦略シェアの認知，などの一部の認知現象はモデル化されているが）．これは，これらの現象を数学の言葉に翻訳することが困難であることと，認知や意識が変化するプロセスのモデル化が進んでいないことが原因である．しかし社会科学の研究を進める上で，意識や価値観の形成や変化という問題は，行動レベルの変化と並んで重要な問題である．進化ゲーム理論を社会科学研究のツールとして用いる場合，認知や意識の動学モデルが整備されていないことは大きな制約となる．これらの点は今後の大きな課題であると考えられる．本書を学ばれた人の中からこうした課題に挑戦する人が現れてくれると幸いである．

*

ここまで第1章では進化ゲーム理論とは何かを紹介し，その歴史やメリット，デメリットを見てきた．まだまだ発展途上の部分も多く課題も沢山あるが，従来のモデルに比べて適用範囲も広く分析の精度が向上していることも確かである．第2章からはいよいよ具体的に進化ゲーム理論の中身について説明していくことにしよう．

第 2 章 ダイナミクスの基礎

　この章では、微分方程式を用いてダイナミクスを分析する基本的な方法について紹介する．ダイナミクスの軌道の概形を知ることと，軌道の行き先を知ることが主な課題となる．ダイナミクスをさらに詳しく分析する方法として確率過程を用いる方法があるが，やや難しくなるので本書では扱わない．

2.1　ダイナミクスと微分方程式

　レプリケーターダイナミクスも多くの学習ダイナミクスも微分方程式を用いて記述されている．微分方程式については馴染みの薄い読者も多いと思われるので，ここでは微分方程式の基本的な事柄について確認をしておこう．

2.1.1　「状態」と「変化」

　一般に状態の変化のことを**ダイナミクス**という．ダイナミクスを数学的に扱うためには，「状態」と「変化」を数学の言葉で表現する必要がある．
　状態は x とか y とかの**変数**で表現されることが多い．変数は対象や時刻によって中味の違う事柄のことで，数値とは限らないが（例えば，職業とか趣味などの質的変数），数値であることも多い．人口や気温や株価などが，数値で表される量的変数である．社会の状態は，こうした変数の組み合わせで表現することができる．進化ゲーム理論では戦略のシェアを状態と考えて分析することが多い．
　普通，変数は時刻によって値が異なる．変数が時刻 t に依存することを強調したいときには $x(t)$ とか $y(t)$ のような書き方をして，t の関数であることを明記する．ただ，煩雑になるので単に x とか y とか書くことも多い．逆にいうと，単に x とか y とか書いてある場合でも，通常その背後には時刻 t が

存在している．このことは意識しておいて欲しい．

次に「変化」であるが，変化には増える，減る，急激に増える，緩やかに減少する，など様々なバリエーションがある．これを数学の言葉で表現するには次のようにする．まず，短い時間 dt を考える（微小時間という）．この間の x の変化を dx と表すことにする．dx がプラスならば x は増加しているし，マイナスならば x は減少している．次に x の増減を時間間隔で割った値 dx/dt を考える．dx/dt が大きな正の値ならば，x は急激に増加しているし，dx/dt が絶対値の小さな負の値ならば x は緩やかに減少していることになる．このようにすれば，x の変化は dx/dt という値によって表現することができる．dx/dt を x の時間微分という．y の時間微分は dy/dt である．

このように，状態は変数（x, y など）で表現できるし，状態の変化は時間微分（dx/dt, dy/dt など）で表現することができる．

> 状態 → 変数 x, y などで表現
> 変化 → 時間微分 dx/dt, dy/dt などで表現

2.1.2 微分方程式

このように時間微分は時間による変化であるが，時間微分自体がさらに時刻によって変化する場合がある．たとえば，物を落としたときには速度がどんどん増していくが，これは位置という変数の時間微分（＝速度）が，時間が経つにつれて増えていく場合に相当する．

また，時間微分は状態によっても変化するかもしれない．たとえば，人口の増加速度は人口が小さいときには小さいが，人口が増えると大きくなる．しかし，人口が増えすぎると飽和状態になって増加速度が小さくなるかもしれない．このように，時間微分は時刻に依存したり，状態に依存したりすることがあるが，時間微分が状態に依存するときにはその関係を

$$dx/dt = f(x) \qquad (式2.1)$$

という関係式で表現することができる．また，時間微分が状態と時刻の両方に依存する場合には

$$dx/dt = f(x, t) \qquad (式2.2)$$

という関係式で表現できる．

このように，時間微分 dx/dt を状態 x や時刻 t の関数として表現した式を **微分方程式** という．一般には 式2.2のように dx/dt は状態 x と時刻 t の両方に依存するが，本書ではこのような微分方程式は扱わない．レプリケーターダイナミクスや学習ダイナミクスはいずれも時間微分が状態だけに依存する，式2.1のようなタイプの微分方程式であるからである．

このような，

$$dx/dt = f(x)$$

の形の微分方程式に従う系を **自律系** という．状態の変化が系の状態（内部状態）にのみ依存して，外部からの影響は受けないからである．

$$dx/dt = 2x$$
$$dx/dt = 2x(10-x)$$

などはいずれも自律系を表す微分方程式である．

状態を記述する変数が複数（たとえば2つ）ある場合には，自律系の微分方程式は

$$dx/dt = f(x,y)$$
$$dy/dt = g(x,y)$$

の形で書くことが出来る．これらは x の時間微分や y の時間微分のそれぞれが，状態 x，状態 y に依存することを表している．たとえば，戦略が三つある場合のレプリケーターダイナミクスは一般にこの形であらわされる．

2.1.3 微分方程式の解

自律系の微分方程式の場合，状態が分かればそのときの時間微分も分かるので，状態がどのように変化するかを知ることができる．状態がどう変化するかが分かれば，次の状態がどうなるかも予想できる．次の状態が分かれば，そのときの状態変化も分かるので，次の次の状態も知ることができる．次の次の状態が分かれば……と次々に推論を繰り返していって，ずうっと先の（理論的には無限に先の）状態を知ることもできる．

これはもちろん，自律系の微分方程式で状態の変化を完全に記述できている

場合の話であるが，その場合には最初の状態（**初期状態**）がわかれば，任意の時刻 t における状態 $x(t)$ を知ることができる．この任意の時刻 t に状態 $x(t)$ を対応させる関数のことを**微分方程式の解**という．2 変数の微分方程式の場合には，状態 $x(t)$ と状態 $y(t)$ を示す関数が微分方程式の解となる．

微分方程式の解は，微分方程式の軌道（解軌道）とも呼ばれる．横軸を t，縦軸を x とした平面に微分方程式の解を図示すれば，軌道を視覚的に表現することができる．たとえば，微分方程式

$$dx/dt = 2x$$

は，時間微分が x に比例して増加することを示しているが，初期条件 $x_0 = 1$ に対する解軌道は図2.1のようになる．

一方，微分方程式

$$dx/dt = 2x(10-x)$$

は時間微分が x が小さいうちは x に比例して増加するが，x が10に近づくにつれて小さな値となることを示している．初期条件 $x_0 = 1$ に対する解軌道を図示すると図2.2のようになる．

このように，微分方程式は初期状態が分かれば，その後の経過（微分方程式の

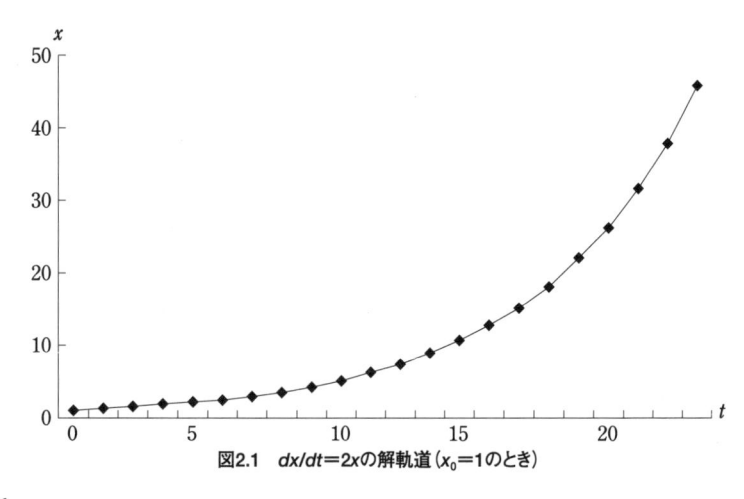

図2.1 $dx/dt = 2x$ の解軌道（$x_0 = 1$ のとき）

図2.2 $dx/dt=2x(10-x)$ の解軌道 ($x_0=1$ のとき)

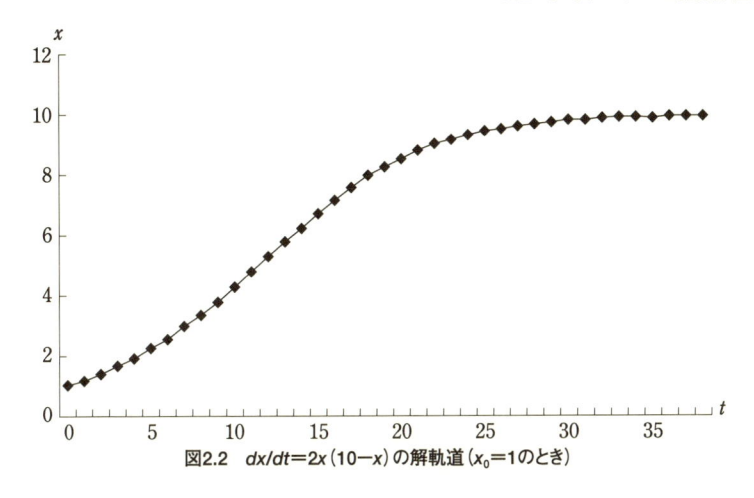

解) を求めることができる．解については次の性質が知られている．まず，f がよほどおかしな関数でない限り（正確にはリプシツ連続という性質を満たしていれば．以下この性質を仮定する），微分方程式の解は初期状態について一意に定まる関数となる．つまり，同じ初期状態から出発したダイナミクスは，常に同じ軌道を描く．このことを **解の一意性** という．

では，異なる初期状態から出発したダイナミクスはどうであろうか．これは，最初の状態が異なれば，同じ時刻に同じ状態になることは決してないことが知られている．先ほど，微分方程式をもちいれば，これから先の状態が予測できることを説明したが，右辺の符号を逆にした式を使って分析すれば，時間をさかのぼってある状態から以前の状態を推定することも可能である．この場合も解の一意性が成立するので，二つのダイナミクスが，同じ時刻に同じ状態になるならば，以前の時刻でも同じ状態であったはずである．したがって，初期状態が異なる状態から出発したダイナミクスが，同じ時刻に同じ状態になることはない．

同様に考えれば，異なる点から出発した解軌道が交わることがないことも分かる．もし，交わるとすると交点において同じ状態になるはずだが，解の一意性からそのあとの解軌道は常に一致するはずである．また，交点から時間をさかのぼってダイナミクスを考えても一意性は成立するので，結局二つの軌道が

ある点を共有するときには，二つの軌道は常に一致しているはずなのである．したがって，異なる点から出発した解軌道が途中で交わって，また分かれていくことはない．

2.1.4 解の収束

ただし，異なる初期状態から出発した解軌道が，十分長い時間の後に，同じ状態に限りなく近づくことはありうる．たとえば，図2.3は微分方程式

$$dx/dt = 2x(10-x)$$

について，いくつかの異なる初期状態から出発したときの解軌道を示している．この図から，いずれの解軌道も $x=10$ という状態に接近していくことがわかる．このようなとき，これらの解軌道は**収束する**という．収束が起こるときにはダイナミクスの行き先を収束点という形でまとめて表現することができて便利である．

一方，$dx/dt = 2x$ の場合は，初期状態が異なると時間が経つにつれて状態はどんどん離れていってしまう．このような場合には，ある一つの状態でダイナミクスの行き先を代表させることはできない．このように，収束点のあるなしを知ることはダイナミクスを分析する上で重要なポイントとなる．

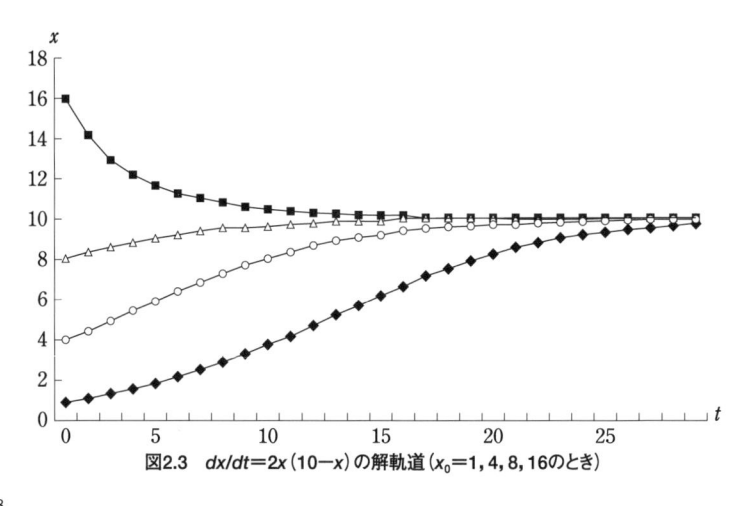

図2.3 $dx/dt = 2x(10-x)$ の解軌道（$x_0 = 1, 4, 8, 16$ のとき）

2.2　1変数のダイナミクス

ここまで，微分方程式とその解について説明してきた．微分方程式の解を求めることを**微分方程式を解く**という．数学の本には解の関数を明示的に求める（解析的に解くという）方法がいろいろ載っているが，ダイナミクスを分析する場合には必ずしも解析的に解く必要はない．軌道の概形を求めれば十分であることも多い．ここではまず，変数が一つの場合についてベクトル図という図を用いて解軌道の概形を求める方法を紹介しよう．

2.2.1　状態空間と解軌道

状態が取りうる範囲の全体のことを**状態空間**という．変数が一つのときは状態空間は一次元の空間（数直線）になる．人口や株価が変数のときは，変数が負の値になることはないので，状態空間は数直線のうち原点を含んで右側（プラスの方向）の半直線となる．変数が戦略のシェアの時にはシェアは0から1までの値なので，0から1までの線分が状態空間となる（図2.4）．

変数が二個ある場合は状態空間は二次元の平面となる．同様に三個ある場合は三次元の空間となる．四個以上ある場合は四次元以上の空間となるので，視覚的に表現することは出来なくなる．このうち二次元の状態空間は相平面と呼ばれることがある（図2.5）．

状態空間を用いると，微分方程式の解軌道は状態空間内の曲線や直線で表現される．初期状態を表す点から出発して，次の状態を表す点，その次の状態を表す点……とつないでいくと状態空間における解軌道が出来上がる．解軌道では時間の要素は見えにくくなるが，どの状態から出発してどの状態に向かうのかは分かりやすくなる．

図2.4　一次元の状態空間の例
集団中に戦略A,Bがあり,戦略Aのシェアをxとしたときの状態空間（$0 \leq x \leq 1$）

第2章 ダイナミクスの基礎

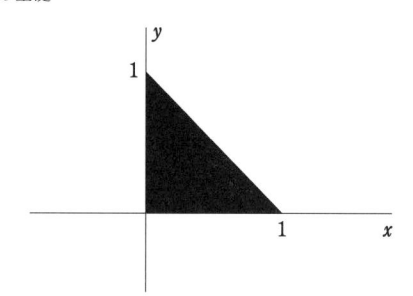

図2.5　二次元の状態空間の例
集団中に戦略A,B,Cがあり,戦略Aのシェアをx,戦略Bのシェアをyとしたときの状態空間（$0 \leq x \leq 1, 0 \leq y \leq 1, 0 \leq x+y \leq 1$）

1変数の場合は状態空間が直線なので，解軌道も初期状態から出発する直線になる．この場合は，どの状態から出発した解軌道がどちらに向かい，最終的にどこに至るかを知ることが分析の主な目的となる．

[例2.1]
　簡単な例として微分方程式

$$dx/dt = x - 2 \quad (\text{式2.3})$$

の解軌道を考えよう．以下ではxの範囲に制限がない場合について考えることにする．

　この場合，状態空間は数直線全体になる．数直線の各点（各状態）でxが増えるのか減るのかは時間微分dx/dtの符号で知ることができる．つまり

　　$dx/dt > 0$　ならば　xは増加
　　$dx/dt < 0$　ならば　xは減少
　　$dx/dt = 0$　ならば　xは変化なし

である．
　ここで，$dx/dt = x - 2$なので，$x < 2$のときdx/dtは負，$x > 2$のときdx/dtは正となる．したがって，

　　$x > 2$　ならば　xは増加

2.2　1変数のダイナミクス

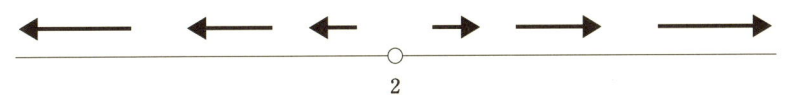

図2.6　式2.3のダイナミクス
x＝2は不安定な定常点

$x<2$　ならば　x は減少
$x=2$　ならば　x は変化なし

となる．この結果を数直線の上に矢印を用いて書き込むと図2.6のようになる．このように，状態空間の上に状態変化の方向を書き込んだ図を**ベクトル図**という．

ベクトル図を見れば，解軌道の概形を知ることができる．初期状態 x_0 が 2 より大きい値であれば，解軌道は x_0 から右に延びる半直線となる．初期状態 x_0 が 2 より小さい値であれば，解軌道は x_0 から左に延びる半直線となる．

初期状態 x_0 がちょうど 2 であればどうだろうか．この場合は，時間微分 dx/dt は 0 なので状態は $x=2$ にとどまり続けることになる．$x=2$ である限り時間微分も 0 で有り続ける．したがって，状態は永久に 2 にとどまることがわかる．

これはもちろん，微分方程式 $dx/dt=x-2$ によって状態の変化が完全に記述されている場合の話であるが，このときには，$x=2$ から始まったダイナミクスはモデル外の要因が働かない限り $x=2$ にとどまり続けることになる．このとき状態空間上の解軌道は $x=2$ の一点で表される．このように，時間微分が常に 0 でそこから状態が動かない点（状態）のことを**定常点**（定常状態）という．

[例2.2]　収束点のある場合

ここで，もう一つの例として微分方程式

$$dx/dt=-x+2 \quad \text{(式2.4)}$$

の解軌道を考えることにしよう．x の範囲にはやはり制限がないものとする．

上の例と同様に考えると，$x<2$ のとき dx/dt は正，$x>2$ のとき dx/dt は負となるので，

第2章 ダイナミクスの基礎

$\quad\quad x<2$　ならば　x は増加
$\quad\quad x>2$　ならば　x は減少
$\quad\quad x=2$　ならば　x は変化なし

となることがわかる．この結果を状態空間の数直線上に書き込むと**図2.7**のようなベクトル図が出来上がる．

　この図から，**微分方程式2.4**の解軌道の概形を知ることができる．まず，初期状態 $x_0=2$ の場合を考えると，時間微分 dx/dt が常に0になるので状態は常に変化しない．したがって解軌道は2にとどまり，$x=2$ が定常点となる．

　次に，x_0 が2よりも大きい場合を考えると，この場合は x は減少するので状態は2に次第に近づいていくことになる．ここで，状態が2になることはあるのかというと，それは実はありえない．

　1節でのべた微分方程式の解の一意性から，異なる初期状態から出発した解軌道が交わることはない．したがって $x_0>2$ から出発した解軌道が $x_0=2$ から出発した解軌道と交わることもない．$x_0=2$ から出発した解軌道は常に2にとどまるので，$x_0>2$ から出発した解軌道が2になることは（あるいは2より小さくなることも）ないのである．

　かくて，$x_0>2$ から出発した解軌道は2に向かって減少はするが2になることはない．時間が経つにつれて2に限りなく近づいていくのが正解である．ただし厳密には「限りなく近づく」ことの証明が必要である（第7章参照）．つまり，$x_0>2$ から出発した解軌道は $x=2$ に収束する．

　x_0 が2よりも小さい場合も同様である．この場合は x は増加するので状態はやはり2に次第に近づいていくことになる．ここでもまた，状態がちょうど2になることはなく，時間が経つにつれて解軌道は2に限りなく近づいていく．したがって，$x_0<2$ から出発した解軌道も $x=2$ に収束する．

　以上の分析から，**微分方程式2.4**の表現するダイナミクスは，どの初期状態からはじまってもすべて $x=2$ に収束することがわかる．このような場合を「ダ

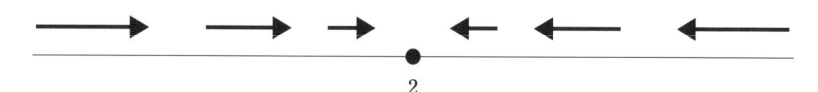

図2.7　式2.4のダイナミクス
$x=2$ に収束

イナミクスの行き先は $x = 2$ である」と表現することもある．

2.2.2 初期状態の意味

このように，ベクトル図を用いて軌道の概形を求めれば，定性的に意味のある結果を比較的容易に得ることが出来る．式2.3では，初期状態によってダイナミクスの行き先が異なってくるので，初期状態が重要な意味を持つダイナミクスであるということができる．

一方，式2.4では，初期状態に関わらずダイナミクスの行き先は同じである．こちらは，初期状態が大きな意味を持たないダイナミクスであるといえよう．収束点付近に達するのに必要な時間は初期状態によって異なるが，十分長い時間を考えればその差はほとんど意味をもたない．

ところで，この「初期状態」とは一体なんであろうか．文字通りの意味は最初の状態であるが，現実の社会現象において「最初」とは一体いつのことなのであろうか．

一つの考え方は，文字通り社会の始まりとすることである．しかし，初期状態を数百万年前の社会の始まり（それにしてもいつのことかあいまいであるが）のことと考えるのは通常の分析では適切ではない．またよーいドンで社会的な相互作用が始まることは，二者関係のようにミクロな状況ではありうるが，社会全体の相互作用のようにマクロな現象の場合，余りない．

ただ，香港の中国返還や，アメリカの同時多発テロのような大きな出来事を出発点として，その後の社会状況の変化を考察するという考え方は可能である．外生的なショックが起こった時点をダイナミクスの基点とし，ショックの終了時の状況を初期状態とする考え方である．

この考え方をもう少し一般化すると，初期状態とは「モデル外要因の大きな作用がおおむね終了したときの状態」と考えることができる．社会状態の変化を微分方程式でモデル化することは，変化の主要な要因（と研究者が考える要因）を数学の言葉に翻訳して分析を試みることに相当する．しかし，実際にはモデル化されていない要因の作用も常に存在し，時にそれが大きな役割を果たすこともある．

モデル外要因の作用が大きくなると，系の状態は微分方程式の解軌道から大きくはずれて，予想外の状態に移動してしまうかもしれない．このような場合でも，モデル外要因の影響が小さくなれば系はまたモデル内要因によるダイナ

ミクス（＝微分方程式で表現されたダイナミクス）にしたがって動き始めるだろう．この「モデル外要因の大きな作用がおおむね終了した状態」を，ダイナミクスの「初期状態」と考えることができる．

ダイナミクスの分析から少々横道にそれて，初期状態の意味を見てきたが，初期状態をこのように解釈すると，初期状態が大きな意味を持たないダイナミクスとは，モデル外要因が大きな意味を持たないダイナミクスであるということができる．モデル外要因が作用してもそれが「大規模かつ持続的」でない限り，**式**2.4で示すダイナミクスは常に状態を収束点に導くことになる．

逆に **式**2.3で示されるダイナミクスの場合，モデル外要因が作用すると，それが一時的なものであってもその後のダイナミクスの方向が逆転してしまう可能性をもっている．

式2.3と **式**2.4は，符号が違うだけで良く似たダイナミクスに見えるが，それでもこれだけの定性的な違いを持っている．簡単な場合にはベクトル図による解析で，このような点を判別することができる．

2.2.3 定常点の安定性

もうひとつ，**式**2.3と **式**2.4のダイナミクスについて指摘しておくべき点はそれぞれの定常点の性質である．いずれも $x=2$ が定常点であるが，その性質は大きく異なっている．

式2.3のダイナミクスでは，モデル内要因のみが系に作用している場合には定常点から出発したダイナミクスは定常点にとどまり続けるが，モデル外要因によって状態が定常点からわずかでもずれると，このずれはダイナミクスの働きによってどんどん拡大していくことになる．例えば x がわずかでも 2 より大きな値となると，そこでは時間微分 dx/dt が正となるので，x は増加を開始し，定常点から離れていってしまう．

逆に 2 よりわずかに小さくなった場合は，時間微分 dx/dt が負となるので，x は減少を開始し，やはり定常点から離れていってしまう．このように，状態が少しでも定常点からずれたときに，そのずれが拡大してもとに帰ってくることがない定常点を**不安定定常点**という．

一方，**式**2.4のダイナミクスでは状態が定常点から多少ずれても，ダイナミクスの働きで状態はまた定常点に引き戻されることになる．例えば x が 2 から少し大きな値になると，dx/dt が負となるので x は減少し定常点からのずれ

は縮小する．

x が2から少し小さな値になると，dx/dt が正となるので x は増加し，定常点からのずれはやはり縮小する．このように，モデル外要因で状態が定常点から少しずれても，そのずれがある程度の範囲内であればダイナミクスの働きで状態が定常点にまた引き戻されるとき，この定常点は**漸近安定**であるという．また漸近安定な定常点を**漸近安定点**という．

微分方程式によるダイナミクスは現実をモデル化したものであり，実際の社会状態はモデル外要因の影響を多少とも受けて変動する．定常点が漸近安定であるということは，モデル外の要因が作用しても，その大きさがあまり大きくなくて，ある程度の時間間隔を置いて作用するものであるならば，状態がまた定常点に戻って来ることを示している．モデル外要因の働きに対して頑健な定常点が漸近安定点である．

定常点が不安定であるということは逆に，その定常点がモデル外要因の働きに対して脆弱であることを示している．不安定定常点はモデル外要因が厳密に存在しないときにしか定常ではありえない．現実の問題としてはモデル外要因が全くないことはありえないので，状態が不安定定常点にとどまり続けることは，ほとんどないことが予想される．

定常点の安定性にはもう一つ，**リャプノフ安定**という概念がある．これは，定常点から状態がずれたときに，そのずれがある程度以内ならば，状態が定常点付近にとどまり続けることを示す概念である．1変数のダイナミクスでは表れないタイプの安定性だが，2変数以上で周期解があるような場合に出現する可能性がある．

なお，漸近安定，リャプノフ安定，不安定の厳密な定義は第7章に示してあるので，関心のある読者は参照して欲しい．

2.2.4 手順のまとめ

1変数の微分方程式を分析するときの手順をまとめると次のようになる．

手順1　$dx/dt=0$ となる点（定常点）を，求める．
手順2　定常点で区切られた区間の dx/dt の符号を調べる．
手順3　定常点，変数の増減の情報を数直線上に記入する（ベクトル図の作成）．

第2章　ダイナミクスの基礎

> 手順4　解軌道の概形を把握し，定常点の安定性を吟味する．

微分方程式の右辺の関数が連続関数の場合（初等関数はたいてい連続であるが），定常点で区切られる区間内では dx/dt の符号は一定である．そこで，まず右辺＝0とおいた方程式を解いて，定常点を求めることが効率の良い方法となる．

dx/dt の符号は，不等式を解いて求めても良いが，適当な数値を代入して右辺の正負を調べる方法でも十分である．定常点と時間微分の符号（変数の増減の方向を示す）の情報を数直線に書き込めば，ベクトル図ができあがる．1変数の場合は，ベクトル図ができれば，軌道の概形と定常点の安定性を知ることができる．

右辺が x の2次式，3次式の場合について練習してみよう．ちなみに，レプリケーターダイナミクスの右辺は3次式である．

[例2.3]
　　微分方程式　$dx/dt = x(x-3)$　の軌道の概形を求め，定常点の安定性を吟味せよ．（x の範囲に制限はないものとする．）

[解答]
　手順1　定常点を求める
　　　　$x(x-3) = 0$　を解くと　$x = 0, 3$
　したがって，0と3が定常点である．

　手順2　定常点で区切られる区間の dx/dt の符号を求める
　　状態空間（数直線）は定常点によって3つの区間
　　　　$x < 0$　　$0 < x < 3$　　$x > 3$
　に区切られる．それぞれの区間における dx/dt の符号は，

　1）　区間　$x < 0$
　$x < 0$ のときは $x - 3 < 0$ が成り立つ．
　したがって，$x(x-3) > 0$ なので $dx/dt > 0$

　または，例えば $x = -1$ を右辺に代入して

$(-1) \times (-1-3) = 4 > 0$
したがって，この区間で $dx/dt > 0$

2） 区間 $0 < x < 3$
例えば $x = 1$ を代入すると
　　　右辺 $= -2 < 0$
したがって，この区間で $dx/dt < 0$

3） 区間 $x > 3$
例えば $x = 4$ を代入すると
　　　右辺 $= 4 > 0$
したがって，この区間で $dx/dt > 0$

手順3　ベクトル図を書く
　　上の結果を数直線に記入すると**図2.8**のようになる．

手順4　軌道の概形と安定性の吟味
　　初期状態 x_0 が
　　　$x_0 < 0$ のとき　　0 に向かって収束する軌道
　　　$0 < x_0 < 3$ のとき　0 に向かって収束する軌道
　　　$x_0 > 3$ のとき　　$+\infty$ に向かって発散する軌道

　　これより定常点は
　　　$x = 0$ 　が　漸近安定
　　　$x = 3$ 　が　不安定

　以上より，初期状態に依存して 0 か無限大に向かうダイナミクスであることが分かる．

第2章　ダイナミクスの基礎

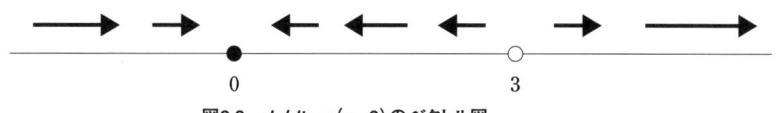

図2.8 $dx/dt = x(x-3)$ のベクトル図
$x=0$ が漸近安定点，$x=3$ が不安定定常点

[練習2.1]

次のダイナミクスを分析せよ．変数の範囲に制限はないものとする．

1　$dx/dt = x(-x+3)$
2　$dx/dt = x(x-1)(3x-2)$
　　タカハトゲームのレプリケーターダイナミクス
3　$dx/dt = -x(x-1)(2x-1)$
　　調整ゲームのレプリケーターダイナミクス

2.3　2変数のダイナミクス

次に2変数の場合について考えることにしよう．2変数の場合は状態空間は平面（相平面）になり，解軌道は一般に相平面上の曲線となる．解軌道の自由度が増える分，1変数のときより複雑になるが，解軌道の行き先や収束点の有無，定常点の安定性の吟味が分析の主な目的となる点は共通している．

2.3.1　2変数ダイナミクスの例

簡単な例として，2変数の微分方程式

$$dx/dt = 6 - 2x - y \quad \text{(式2.5)}$$
$$dy/dt = 6 - x - 2y \quad \text{(式2.6)}$$

を考えることにしよう．これは，動植物の種間競争についてのロトカ・ボルテラの方程式を簡略化したものである．x, y は互いに競争する2種の個体数を表し，お互いの存在が相手の増える速度にブレーキをかける場合を表している．

本来の競争方程式では，x, y は個体数なので正または0の数であるが，ここでは簡単のために x, y の範囲には制約がないものとして考えることにする．

つまり状態空間は xy 平面の全体である．

さて，2変数のダイナミクスではあるが，とりあえず一つずつ考えることにしよう．まず変数 x について，x が増加するのはどのような場合なのであろうか．

x の時間微分 dx/dt が正となるのは，式2.5より

$$6-2x-y>0$$

すなわち，

$$y<-2x+6$$

の場合である．これは，相平面上では直線 $y=-2x+6$ より下の部分となる．

逆に，直線 $y=-2x+6$ より上の部分では，dx/dt が負となるので x は減少することになる．また，直線 $y=-2x+6$ 上では dx/dt が0となるので x は変化しない．

この結果を，相平面上に矢印を用いて記入すると図2.9のようになる．これが，x についてのベクトル図である．図の直線が x の定常直線で，定常直線の下側の領域が x の増加領域，上側の領域が x の減少領域となる．

次に変数 y について考えてみよう．y が増加するのは式2.6より

$$6-x-2y>0$$

すなわち

$$y<-1/2x+3$$

の場合である．

これより，直線 $y=-1/2x+3$ の下側で y は増加，上側で y は減少，直線上で y は変化しないことが分かる．この結果を相平面上に記入すると図2.10のようになる．これが y についてのベクトル図で，図の直線が y の定常直線，定常直線の下側の領域が y の増加領域，上側の領域が y の減少領域となる．

2.3.2 ベクトル図の合成

ここまで，各変数について別々に増減を調べてベクトル図を描いてきた．次にこれらのベクトル図を合成して，系としての振る舞いを考察してみよう．

第2章 ダイナミクスの基礎

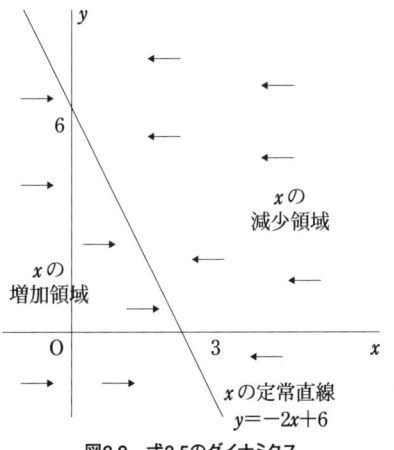

図2.9 式2.5のダイナミクス

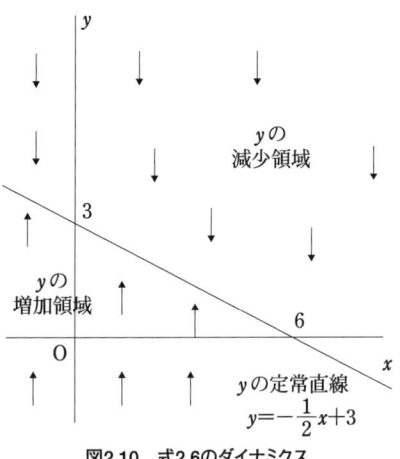

（xの減少領域／xの増加領域／xの定常直線 $y=-2x+6$）

図2.10 式2.6のダイナミクス

（yの減少領域／yの増加領域／yの定常直線 $y=-\dfrac{1}{2}x+3$）

　図2.9と図2.10を重ね合わせると，図2.11のようになる．図からわかるようにxの定常直線とyの定常直線によって，相平面は4つの領域に分割される．右上の領域から反時計回りに領域1，領域2，領域3，領域4と呼ぶことにしよう．

　それぞれの領域でのx，yの増減を一覧表にすると**表2.1**となる．

2.3 2変数のダイナミクス

図2.11 ベクトル図の重ね合わせ

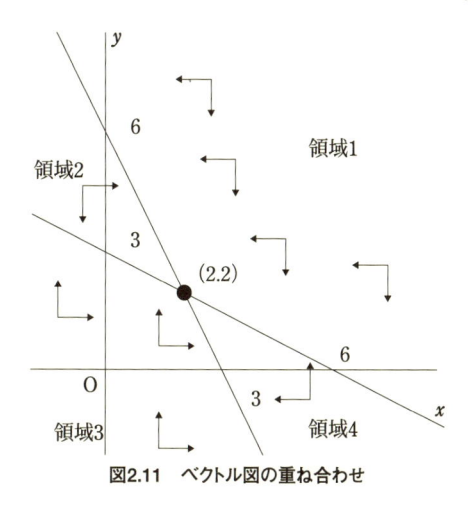

表2.1 各領域でのx, yの増減

領域2	領域1
x 増加	x 減少
y 減少	y 減少
領域3	領域4
x 増加	x 減少
y 増加	y 増加

　領域1ではx, yは共に減少している．したがって，この領域での相平面上の変化の方向は左下の方向となる．正確な方向は，領域1の中でも微妙に異なるが，おおむね左下の方向である点は共通している．ダイナミクスの概形をつかむ上では「左下」という情報でも十分に役に立つので，合成されたベクトル図では単に左下の方向に矢印を書くことにしよう．

　他の領域についても同様に，矢印を書き込んでいく．領域2ではx増加，y減少なので変化の方向は右下である．領域3ではx増加，y増加で変化の方向は右上，領域4では，x減少，y増加なので変化の方向は左上となる．

　これらの結果を図2.11に記入すると，図2.12に示す合成ベクトル図が出来上がる．

2.3.3 軌道の概形と定常点

図2.12のベクトル図から，1，2，3，4のいずれの領域から出発した解軌道も定常直線の交点に向かって進むことがわかる．

xの定常直線とyの定常直線の交点では，xとyのいずれの変数も定常となる．つまり定常直線の交点は，2変数の系としての定常点となる．定常点の座標は

$$y = -2x + 6$$
$$y = -1/2x + 3$$

の連立方程式を解いて$(x, y) = (2, 2)$とわかる．

ベクトル図からは，状態が定常点からどの方向にずれても，ダイナミクスの作用によってまた定常点に引き戻されてくることがわかる．すなわち，この定常点は漸近安定点であることが読み取れる．

また，このダイナミクスでは，どの初期状態から出発したダイナミクスもこの漸近安定点に収束していく．したがって，この場合は$(x, y) = (2, 2)$，つまり二つの種類が共存する状態が唯一の安定状態だと考えられる．

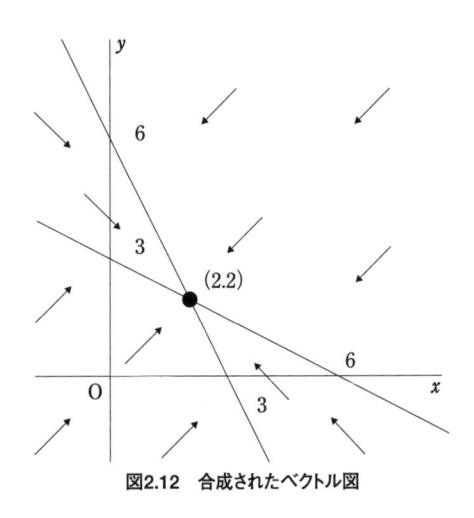

図2.12　合成されたベクトル図

2.3　2変数のダイナミクス

[例2.4]　干渉の大きい競争方程式

　もうひとつの例として，

$$dx/dt = 6 - x - 2y \quad (式2.7)$$
$$dy/dt = 6 - 2x - y \quad (式2.8)$$

を考えることにしよう．先ほどとよく似た式だが，相手の増える速度にブレーキをかける度合いが先ほどより大きくなっている．お互いに対する干渉がより強い場合の競争方程式といえる．

　順に考えていこう．まず x の増加領域は

$$6 - x - 2y > 0$$

より

$$y < -1/2x + 3$$

である．これより，$y = -1/2x + 3$ が x の定常直線，この直線の下側が x の増加領域，上側が x の減少領域とわかる．

　y についても同様に

$$6 - 2x - y > 0$$

より

$$y < -2x + 6$$

が y の増加領域となる．これより $y = -2x + 6$ が y の定常直線，定常直線の下側が y の増加領域，上側が y の減少領域となる．

　これらの結果を，相平面に記入すると図2.13のベクトル図と図2.14の合成ベクトル図ができあがる．

2.3.4　鞍点

　図2.14から解軌道の概形を考えてみよう．まず x の定常直線と y の定常直線との交点が定常点であるが，その座標は先ほどと同じく（2, 2）である．

　領域1と領域3から出発した軌道はおおむね定常点の方向に進んでいく．これも先ほどと同様であるが，領域2と領域4の矢印の方向が先ほどと異なって

第 2 章　ダイナミクスの基礎

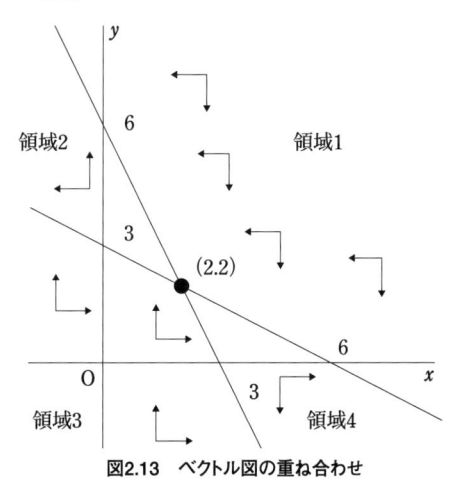

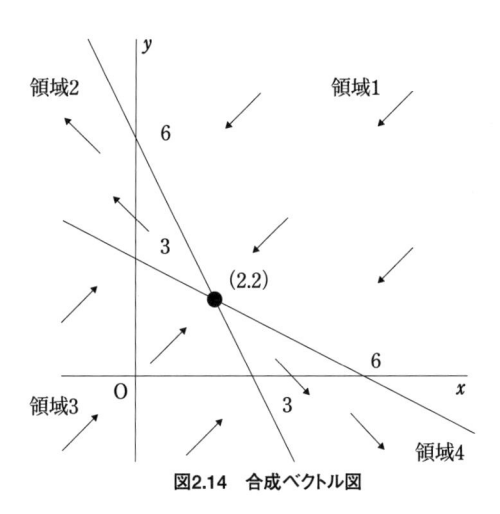

図2.13　ベクトル図の重ね合わせ

図2.14　合成ベクトル図

いる．これらの領域から出発した軌道は，定常点から離れる方向に進んでいく．このことは，領域1や領域3から出発した軌道であっても，領域2や領域4に入ると定常点から離れていってしまうことを意味している．

もうすこし詳しく見ていこう．このダイナミクスの場合，初期状態が$y=x$の直線上にあるときには，軌道はこの直線上をまっすぐ（2, 2）に向かって進んでいく．この場合は，軌道は領域2や4に入ることなく定常点に収束する．一方，初期状態が領域1や3にあっても直線$y=x$上にない場合は，軌道は早晩領域2か領域4に入ることになる．領域2や4に入ると今度は定常点から遠ざかる方向にダイナミクスが働くので，軌道は定常点に収束することはない．したがって，軌道の概形は図2.15のようになる．

この場合の定常点は接近する方向によって，軌道が収束したりしなかったりする．このように，そこに収束するダイナミクスとそこから遠ざかるダイナミクスが同時に作用する定常点を**鞍点**（あんてん）という．鞍とは馬のくらのことで，鞍の上部からビー玉を転がすとき，厳密に鞍の「尾根」にそって転がすとちょうど峠の部分でとまることが期待できるが，尾根から少しでもずれたところから転がすと下に転がり落ちてしまう．このときのビー玉の軌道に良く似た軌道となるので，図2.15の定常点は鞍点と呼ばれるのである．

ビー玉のたとえから予想されるように，鞍点は不安定定常点である．ちょうど，峠の部分にビー玉が止まった場合でも，そよ風が吹いて（＝微小なモデル外要因の作用で）そこからほんの少しでもずれると，玉は峠から転がり落ちてしまう．ただし，厳密に尾根の方向にずれた場合だけは，また峠に戻ってくることができる．この点が後で紹介する完全不安定点との違いであるが，それにしてもそのようなことはめったに起こるものではない．漸近安定やリャプノフ安定の定義は，ずれが十分小さければどの方向にずれてももとに戻ってくる，あるいは遠くに離れていかないであるから，やはり鞍点は不安定な定常点ということになる．

例2.4の相互の干渉が大きい競争方程式では，二つの種類が共存する定常状態（2, 2）は鞍点で不安定であった．鞍点からずれたダイナミクスは，ずれた方向によっていずれか片方の種類の個体数が増え，もう片方の個体数が減る方向に向かっていく．結果として，初期状態や定常点からの揺らぎに依存して，どちらかの個体のみが生き残ることが予想される．このような現象を競争的排除という．

図2.15 式2.7, 式2.8のダイナミクスの軌道

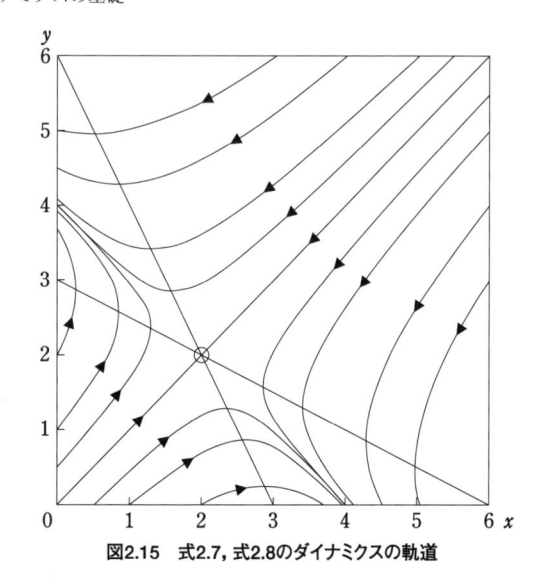

2.3.5 分析の手順

1変数の場合と同様に分析の手順をまとめると次のようになる．

手順1	x の増加領域，減少領域，定常直線を求める．
手順2	y の増加領域，減少領域，定常直線を求める．
手順3	上の結果を相平面上に記入し，変数ごとのベクトル図を作成する．
手順4	変数ごとの変化の方向を合成して，系としてのベクトル図を作成する．
手順5	軌道の概形を推定し，定常点の安定性を吟味する．

いくつかの微分方程式について，練習をしてみよう．

[練習2.2]

次の微分方程式について，解軌道の概形を求め，定常点の安定性を考察

せよ．

1 共生する二種のモデル
$dx/dt = 6 - 2x + y$
$dy/dt = 6 + x - 2y$
相手の存在がプラスの影響をもたらす．

2 軍拡のモデル
$dx/dt = -6 + 2x + y$
$dy/dt = -6 + x + 2y$
x, y は対立する二国の軍事費をあらわす．相手の軍事費が増強されると，自国の軍事費も増強される．-6 は軍縮の圧力を示す．

3 捕食者・被食者のモデル
$dx/dt = 6 - 2x + y$
$dy/dt = 6 - x - 2y$
x が捕食者，y が被食者の個体数を示す．被食者（エサ）が増えると捕食者が増加し，捕食者が増えると被食者が減少する．

[解答と説明]

1のベクトル図は図2.16のようになる．定常点は (6, 6) で図から漸近安定であることがわかる．共生項の $+x$ と $+y$ がなければ (3, 3) が漸近安定点となるので，共生の効果によって両者とも個体数のより多い状態で漸近安定となっている．

2のベクトル図は図2.17のようになる．定常点は (2, 2) であるが，図から定常点から少しでもずれると，その方向に関わらずどんどん定常点から離れていってしまうことがわかる．このような定常点は**完全不安定**と呼ばれる．この場合，両国が2の軍備を持つ状態が完全不安定な定常状態であるが，ここから軍縮の方向に状態がずれると軍縮がどんどん進むが，軍拡の方向に状態がずれると際限のない軍備拡張競争が始まってしまうことが分かる．そのような場合にはモデル外要因による強制力を働かせて，軍

第 2 章　ダイナミクスの基礎

図2.16　共生のベクトル図

図2.17　軍拡のベクトル図

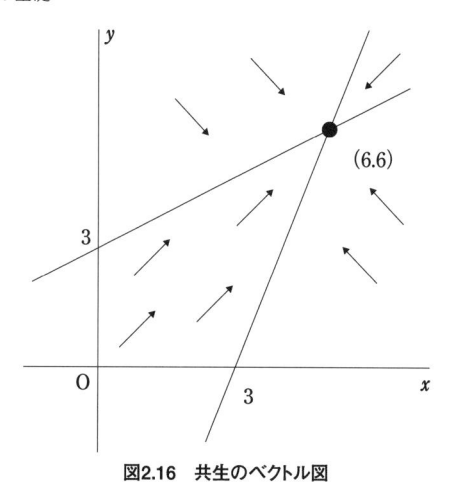

縮の領域まで状態を変化させることができると，それ以降は自律的に軍縮が進むことが期待できる．

　3のベクトル図は図2.18のようになる．このベクトル図は捕食者 x が増えると被食者 y が減り，被食者が減ると捕食者が減り，捕食者が減ると

今度は被食者が増え，被食者が増えると捕食者が増え，捕食者が増えると……という循環するダイナミクスが生じることを示している．このダイナミクスの結末はどうなるのであろうか．

可能性としては，1) 同じ循環を永遠に繰り返す　2) 循環を繰り返しながら次第に振幅が増加していく　3) 循環を繰り返しながら次第に振幅が小さくなり，長い時間のうちには定常点に収束する　という3通りの結末が考えられる．

定常点の安定性という点では，1) の場合がリャプノフ安定，2) の場合が不安定，3) の場合が漸近安定に相当する．それぞれの場合，定常点は **渦心点**，**不安定渦状点**，**安定渦状点** と呼ばれるが，軌道の違いは微妙で，いずれになるかをベクトル図だけから判定することは難しい．そこで，このような場合の安定性を判別するために **局所安定性解析** と呼ばれる方法が用いられる．

次の節ではこの局所安定性解析について紹介することにしよう．

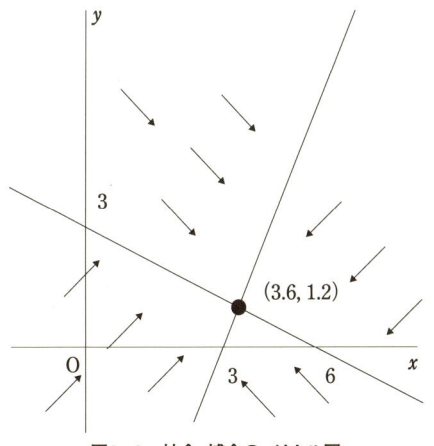

図2.18　被食・捕食のベクトル図

2.4　局所安定性解析

局所安定性解析は，微分方程式の定常点の安定性を線形近似を用いて判定す

る方法である．その中味について理解をするには，線形近似の方法と線形微分方程式の理論についての知識が必要である．これらについては第7章で説明をしているので，関心のある読者は参照してもらいたい．ここでは，安定性の判定の方法と具体的な計算方法について紹介することにする．

ただし，その場合でも第2章1〜3節よりは数学的な難易度が高くなるので，先に第3章に進み，必要になったときにこの節に立ち返るという読み方をしても差し支えない．

2.4.1　1変数の局所安定性解析

まずウォーミングアップとして，1変数の場合で練習しよう．微分方程式

$$dx/dt = f(x)$$

の定常点が $x=a$ であるとき，この定常点は第7章2節で示すように

$$f'(a) < 0 \quad \text{ならば} \quad \text{漸近安定}$$
$$f'(a) > 0 \quad \text{ならば} \quad \text{不安定}$$

である．ただし，$f'(a)$ は $f(x)$ を x で微分した式に $x=a$ を代入したものである．

これはイメージとしては次のように理解できる．$f'(a)$ は $x=a$ における $f(x)$ の接線の傾きである．$x=a$ が定常点なので $f(a)=0$ だが，$f'(a)$ が負（右下がり）ならば，x が a よりも大きいときには $f(x)$ は負となる．このとき dx/dt も負なので x は減少する．また x が a よりも小さいときには $f(x)$ は正となるので x は増加する．いずれの場合も定常点からのずれは縮小するので，定常点 a は漸近安定となる．

一方，$f(x)$ の接線の傾きが正（右上がり）ならば，x が a よりも大きいときには $f(x)$ は正で x は増加する．x が a よりも小さいときには $f(x)$ は負で x は減少する．いずれの場合も定常点からのずれがさらに拡大するので，定常点 a は不安定となる．

では，$f'(a)=0$ の場合はどうであろうか．この場合は実は定常点 a は漸近安定の場合，不安定の場合，リャプノフ安定の場合いずれの場合もありうるのである．これは線形近似を用いる方法の限界で，$f'(a)=0$ の場合については局所安定性解析では何らの結論も得ることができない．

ただし，このような場合は余り生じることはないし，もしそのような場合があってもそのときはベクトル図を書いて判別することができる．局所安定性解析とベクトル図の併用は，2変数の場合でも重要である．

[例2.5]

微分方程式

$$dx/dt = x^2 - 2x$$

の定常点の安定性を調べよ．

[解答]

これは $f(x) = x^2 - 2x = x(x-2)$ の場合に相当する．
定常点は $x(x-2) = 0$ を解いて，$x = 0, 2$ である．また

$$f'(x) = 2x - 2$$

である．
これに $x = 0$ と $x = 2$ をそれぞれ代入すると

$$f'(0) = -2 < 0$$
$$f'(2) = 2 > 0$$

したがって，定常点0は漸近安定であり，定常点2は不安定である．

[練習2.3]

次の微分方程式の定常点の安定性を調べよ．
1. $dx/dt = -x^2 + 2x$
2. $dx/dt = x^2 - 4$
3. $dx/dt = x^3 - 3x^2 + 2x$

2.4.2 2変数の局所安定性解析

次に2変数の局所安定性解析について紹介しよう．先に計算の手順を示し，ついで具体例にそって解説を加えることにする．この方法で，なぜ判定ができるのかについては第7章3節を参照されたい．

第2章　ダイナミクスの基礎

2変数の微分方程式系

$$dx/dt = f(x, y)$$
$$dy/dt = g(x, y)$$

の定常点が (a, b) であるとき，定常点の安定性は次の手順で判定できる．

手順1　関数 f, g をそれぞれ変数 x, y で偏微分して
　　　　$\partial f/\partial x, \ \partial f/\partial y, \ \partial g/\partial x, \ \partial g/\partial y$ を求める．

手順2　$\partial f/\partial x, \ \partial f/\partial y, \ \partial g/\partial x, \ \partial g/\partial y$ に $x=a, y=b$ を代入して
　　　　$f_x(a,b), \ f_y(a,b), \ g_x(a,b), \ g_y(a,b)$ を求める．

手順3　ヤコビ行列
$$\begin{bmatrix} f_x(a,b) & f_y(a,b) \\ g_x(a,b) & g_y(a,b) \end{bmatrix}$$
　　　　の固有値を求める．

手順4$_a$　固有値が実数のとき
　　　　最大固有値＜0　のとき，定常点 (a, b) は漸近安定
　　　　最大固有値＞0　のとき，定常点 (a, b) は不安定　と判定
　　　　（最大固有値＝0のときは判定できない）

手順4$_b$　固有値が複素数のとき
　　　　固有値の実部＜0　のとき，定常点 (a, b) は漸近安定
　　　　固有値の実部＞0　のとき，定常点 (a, b) は不安定　と判定
　　　　（固有値の実部＝0のときは判定できない）

　1変数の場合は，定常点における微分係数 $f'(a)$ を用いて判定を行ったが，2変数の場合は定常点における偏微分係数 $f_x(a,b), \ f_y(a,b)$ …という値を用いて判定を行う．1変数の場合は，$f'(a)$ の値をそのまま用いて判定できたが，2変数の場合は4つの偏微分係数の効果を総合して判断するために，ヤコビ行列の固有値というものを判定に用いる．「偏微分」「ヤコビ行列」「固有値」といった概念が登場してやや難しいが，これはある種の情報圧縮のテクニックだと考えて欲しい．2変数のダイナミクスという情報量の多い現象を，「ヤコビ行列の固有値」という1次元の値で評価するために用いられる工夫である．

2.4 局所安定性解析

1変数の場合，$f'(a)=0$のときは，漸近安定，リャプノフ安定，不安定いずれの場合もありうるので判定が出来なかったが，2変数の場合も同様に最大固有値（あるいは固有値の実部）が0のときは，漸近安定，リャプノフ安定，不安定いずれの場合もありうるので判定が出来ない．これは，微分方程式の右辺を線形近似して分析するために生じる限界である．

以下，具体例にそって計算の手順を解説するとともに，「偏微分」「ヤコビ行列」「固有値」といった概念についても説明を加えていくことにしよう．

[例2.6]
微分方程式
$$dx/dt = 6-2x-y$$
$$dy/dt = 6-x-2y$$
の定常点（2, 2）の安定性を調べよ．

3節で考えた微分方程式であるが，局所安定性解析を用いて定常点の安定性を調べてみよう．

手順1　偏微分する
$$dx/dt = 6-2x-y$$
$$dy/dt = 6-x-2y$$
の右辺をそれぞれ$f(x,y)$, $g(x,y)$と考える．手順1ではf, gをそれぞれx, yで偏微分する．

偏微分とは，いくつかある変数のうち一つの変数に注目して，他の変数を定数と考えて微分をする計算法である．xで偏微分する場合はyやzなどの他の変数を定数と思って微分すればよいし，yで偏微分する場合はy以外の変数を定数と思って微分すればよい．

fをxで偏微分して得られる関数を$\partial f/\partial x$と書く．∂（ラウンド，ラウンドディー，デルなどと読む）は偏微分であることを示す記号で，普通の微分のd（differential，微小の意）の代わりに用いられる．

$$f(x,y) = 6-2x-y$$

において f を x で偏微分すると，6 と $-y$ は定数扱いとなるので

$$\partial f/\partial x = -2$$

となる．

一方，f を y で偏微分すると，今度は 6 と $-2x$ が定数扱いとなり

$$\partial f/\partial y = -1$$

となる．

同様に

$$g(x,y) = 6 - x - 2y$$

を x, y でそれぞれ偏微分すると

$$\partial g/\partial x = -1$$
$$\partial g/\partial y = -2$$

となる．

手順2　偏微分係数を求める

　もとの関数を偏微分して得られる式はやはり関数である．この関数に変数の特定の値を代入すると偏微分係数が得られる．

　たとえば，$\partial f/\partial x$ の式に $x=a$, $y=b$ を代入して得られる値を $f_x(a,b)$ と表記するが，これは座標 (a, b) における x 方向の偏微分係数である．ちなみに，2変数の関数のグラフは一般に曲面になるが，x 方向の偏微分係数はある点で x 軸方向に向いた接線を引いたときの接線の傾きを示す．

　例2.6の場合，偏微分はいずれも x や y を含まない定数の関数となっている．したがって $x=2$, $y=2$ の場合でもその値は変わらない．したがって

$$f_x(2,2) = -2$$
$$f_y(2,2) = -1$$
$$g_x(2,2) = -1$$
$$g_y(2,2) = -2$$

である．

なお，例2.7では偏微分が定数関数でない場合を取り上げる．

手順3　ヤコビ行列の固有値

偏微分係数を

$$\begin{bmatrix} f_x(a,b) & f_y(a,b) \\ g_x(a,b) & g_y(a,b) \end{bmatrix}$$

の形に並べて得られる行列を **ヤコビ行列** という．多変数の微分方程式を考えるときに重要になる行列である．手順3ではこの行列の固有値を求める．

固有値については線形代数のテキストに詳しいので詳細は省くが，簡単にいうと次のような意味を持つ．あるベクトルに行列をかけると，別のベクトルができあがる．このとき，出来たベクトルがもとのベクトルと長さは違っても方向が変わらないとき，もとのベクトルを，かけた行列の **固有ベクトル** という．このとき行列は固有ベクトルを，拡大したり縮小したりする作用を持つわけだが，この拡大縮小の＜倍率＞にあたるものが **固有値** である．つまり固有値を見れば，その行列が拡大の作用を持つのか，縮小の作用を持つのかどちらであるのかが分かる仕組みになっている．

式で書くと，行列を A とするとき

$$Av = \lambda v$$

を満たすベクトル v が固有ベクトル，値 λ が固有値となる．行列 A の要素が

$$\begin{bmatrix} a & b \\ c & d \end{bmatrix}$$

であるときには，固有値 λ は

$$\lambda^2 - (a+d)\lambda + (ad-bc) = 0$$

という方程式（固有方程式という）の解となる．

手順2から，この場合のヤコビ行列は

$$\begin{bmatrix} -2 & -1 \\ -1 & -2 \end{bmatrix}$$

である．これの固有値を λ とすると，λ は固有方程式

$$\lambda^2 - (-2-2)\lambda + (4-1) = 0$$

の解となる．つまり

$$\lambda^2 + 4\lambda + 3 = 0$$
$$(\lambda + 1)(\lambda + 3) = 0$$

より

$$\lambda = -1, -3$$

がヤコビ行列の固有値となる．

手順4　安定性の判定

固有値は行列が拡大の作用を持つのか縮小の作用を持つのか，いずれであるかを示す値であるが，ヤコビ行列の場合，固有値が正ならば軌道を定常点から遠ざける作用を，負ならば軌道を定常点に近づける作用を持つことを示している．

例の場合，固有値はいずれも負なので軌道はいずれの固有値に対応する固有ベクトルの方向にも縮小する（定常点に近づく）ことがわかる．

2.4.3　実数固有値と軌道

手順4に関連して，固有値の値と軌道の関係についてもう少し詳しく見ておこう．

2変数の場合の固有値は，2次の固有方程式の解になるので，2実解の場合，2虚解の場合，重解の場合がある．

2実解の場合，大きい方の固有値を λ_1（第1固有値），小さい方の固有値を λ_2（第2固有値）とすると，それらと0との位置関係によって5つの場合がありうる．すなわち，

1) $0 < \lambda_2 < \lambda_1$ の場合
2) $0 = \lambda_2 < \lambda_1$ の場合
3) $\lambda_2 < 0 < \lambda_1$ の場合
4) $\lambda_2 < 0 = \lambda_1$ の場合
5) $\lambda_2 < \lambda_1 < 0$ の場合

である.

先に述べたとおり,固有値が正ということはヤコビ行列が固有ベクトルの方向に拡大の作用を持つことを,負の場合は縮小の作用を持つことをそれぞれ示している.これより,1)の場合は,いずれの方向にも軌道が拡大するので完全不安定,3)の場合は,第1固有ベクトルの方向には拡大,第2固有ベクトルの方向には縮小する軌道となり鞍点,5)の場合は,いずれの方向にも軌道が縮小するので漸近安定となる.

固有値が0の場合は,もともとの微分方程式が線形(1次式)のときには,拡大も縮小も起こらないことを意味するが,もとの微分方程式が線形ではない場合には,いずれになるかを判断することはできない.これは,1変数の場合と同様に局所安定性解析が線形近似による判定法であることに由来する限界である.ただし,第2固有値が0の場合は,第1固有値が必ず正なので定常点は不安定と判定できる(拡大の方向が1つでもあれば不安定である).

第1固有値が0の場合は,第2固有値が必ず負なのでその方向には縮小であるが,第1固有ベクトルの方向には拡大か縮小か,そのいずれでもないかは分からない.拡大の方向が1つあれば不安定なので,第1固有ベクトル方向の拡大縮小に応じて,定常点は不安定,漸近安定,リャプノフ安定のいずれの場合もありうる.

したがって,判定に困るのは4)のケースだけであり,他の場合は第1固有値が正ならば不安定,負ならば漸近安定と判断できる.第1固有値が正確に0になるのはマイナーケースだが,その場合はベクトル図や数値的な計算によって判定することになる.

以上をまとめると次のようになる.

1)	$0 < \lambda_2 < \lambda_1$ の場合	(完全不安定)
2)	$0 = \lambda_2 < \lambda_1$ の場合	(完全不安定か鞍点)

第 2 章 ダイナミクスの基礎

> 3) $\lambda_2 < 0 < \lambda_1$ の場合 （鞍点）
> 4) $\lambda_2 < 0 = \lambda_1$ の場合 （鞍点かリャプノフ安定か漸近安定）
> 5) $\lambda_2 < \lambda_1 < 0$ の場合 （漸近安定）

なお，重解の場合も 2 実解の場合に準じて判定ができる．

2.4.4 複素固有値と軌道

さて，固有値は複素数（虚数 i を含む数）になることもある．2 次方程式の解の公式は

$$x = (-b \pm \sqrt{b^2 - 4ac})/2a$$

なので，虚数解となる場合は虚数部分の符号のみが異なる 2 数が固有値となる．虚数部分の符号だけが異なる複素数同士を**共役複素数**という．

このように固有値どうしは共役な複素数なので，一つの固有値を

$$\lambda = \alpha + \beta i$$

とすると，もう一つの固有値は

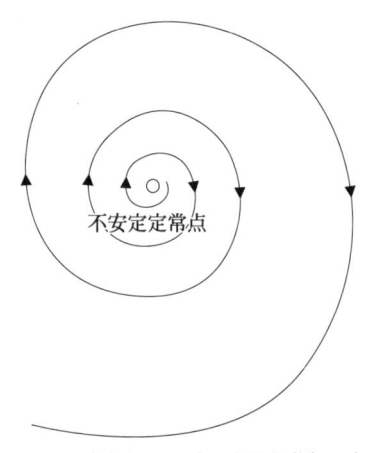

図2.19 定常点から遠ざかる螺旋軌道（$\alpha > 0$）

2.4 局所安定性解析

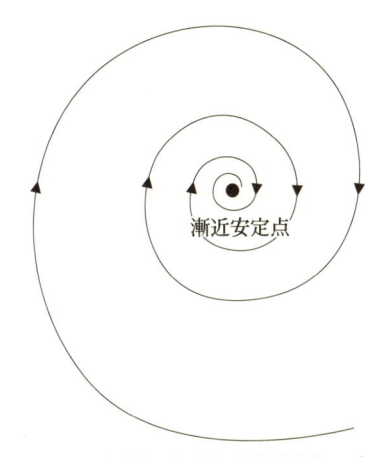

図2.20　定常点に接近する螺旋軌道（α＜0）

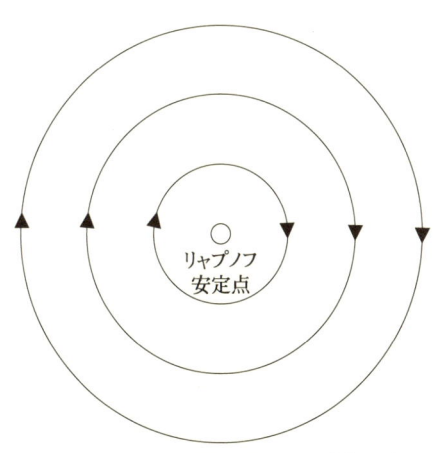

図2.21　定常点の周囲を回転する軌道（α＝0）

$$\bar{\lambda} = \alpha - \beta i$$

となる．（α，β は実数，$\bar{\lambda}$ は λ の共役複素数を示す．）

　詳しい説明は第7章に譲るが，固有値が上の形であらわされるとき，α は軌道を拡大や縮小させる作用を持ち，β は軌道を定常点の周りに回転させる作用を持つ．これより，$\alpha > 0$ のとき 軌道は回転しつつ定常点から遠ざかる螺旋軌道となり，定常点は不安定となる．$\alpha < 0$ のときは軌道は回転しつつ定常点に近づく螺旋軌道となり，定常点は漸近安定となる（図2.19，図2.20）．

　$\alpha = 0$ のときは，もとの微分方程式が線形ならば拡大も縮小もない回転軌道となる（図2.21）．この場合，定常点はリャプノフ安定となる．もとの微分方程式が線形でない場合には，拡大螺旋，縮小螺旋，定常回転のいずれのケースもありうるので，α だけから判定することはできない．

　β は回転の速さに影響を与えるパラメーターである．回転の向きは固有ベクトルの性質で異なるので固有値だけから判断することはできない（ベクトル図から見当はつけられる）．

　このように，複素固有値の場合は α（固有値の実数部分）の符号が重要である．$\alpha > 0$ なら不安定，$\alpha < 0$ なら漸近安定である．$\alpha = 0$ の場合の判定は，ベクトル図や数値計算でも困難な場合があるので，リャプノフ関数という特殊な関数を用いる方法や，方程式に応じた特殊な計算方法が開発されている．ただし，このような場合はマイナーケースなので，初学のうちは余り気にしなくても良い．

　以上で，ダイナミクスの基礎編は終了である．次の章から進化ゲーム理論の本論に入っていくことにしよう．

第3章 レプリケーターダイナミクス

　レプリケーターダイナミクスはプレーヤーの出生や死滅によって駆動されるダイナミクスで，進化ゲーム理論のなかで最初に定式化されたダイナミクスである．本章では，レプリケーターダイナミクスの微分方程式を導き，第2章で紹介した方法を用いて分析することにしよう．

　章の構成としてはまずタカハトゲームを例にして，基本的な考え方を紹介する．ついで，これを精密に定式化して 2×2 のレプリケーターダイナミクス方程式を導く．章の後半では $n \times n$ のレプリケーターダイナミクス方程式を導き，いくつかの場合についてその挙動を分析していこう．

3.1 タカハトゲーム

　第1章でみたようにメイナード＝スミスは，儀式的闘争の進化を研究するために進化ゲーム理論の基本的な枠組みを考え出した．ここでは，まずメイナード＝スミスの考案した「タカハトゲーム」についてみていくことにしよう．

3.1.1 基本設定

　タカハトゲームの基本形は2頭の動物がある資源をめぐって争っている場合の駆け引きである．この資源はエサでもいいし，なわばりや隠れ家であってもよい．手に入れることによってその個体の適応度が増すものが資源である．

　「適応度」とは生物学上の概念で「子供の数の期待値」のことである．例えば子供の数が1である確率が0.6，子供の数が2である確率が0.4であれば，その個体の適応度は

$$1 \times 0.6 + 2 \times 0.4 = 1.4$$

である．新しいエサやなわばりを手に入れれば適応度は上がるし，なわばりを失ったり怪我をしたりすれば適応度は下がるであろう．ここでは，各個体はベースラインとして1の適応度を持ち，資源の獲得や負傷などの出来事があると，適応度が1から増減するものと考えることにする．

今，プレーヤーたちは獲得すれば適応度が0.04増加する資源を巡って争っているものと仮定する．この資源を獲得するために2頭の個体が取りうる行動の選択肢（戦略）として，次の二つを考えよう．一つは，相手に攻撃を仕掛ける戦略で，これを**タカ戦略**と呼ぶことにする．もう一つは，示威行動をしながら相手の出方をうかがい，相手が攻撃してくると資源をあきらめて逃げる戦略で，これを**ハト戦略**と呼ぶことにする．

自分がハト戦略を採っているときに，相手がタカ戦略を採るならば，相手の攻撃を受けて逃走するはめになるので，自分は資源を獲得できない．したがって，適応度の増加は0である．逆に相手は資源を獲得できるので，適応度は0.04増加する．ちなみに逃げた場合には，相手が追ってくる心配があるが，相手も資源の獲得が目的なので，逃げる相手を追撃することはないとしよう．

自分がタカ戦略で相手がハト戦略の場合には，自分が資源を獲得できるので自分の適応度増加が0.04，相手の増加が0となる．

自分がタカで相手もタカの場合はどうなるのであろうか．この場合は，お互いに相手を攻撃しあうことになるので実際の闘争が発生することになる．闘争の結果にはいろいろな場合がありうるが，ここではどちらかが確率1/2で怪我をして，怪我をした方が資源をあきらめて逃げるものとしよう．怪我をすると適応度が0.02下がって0.98になるものとする．資源を獲得すると適応度は1.04になるのであるから，タカ対タカの場合，適応度の期待値は

$$0.98/2 + 1.04/2 = 1.01$$

となる．これより，適応度増加の期待値は0.01と考えられる．

ハト対ハトの場合，両者は相手の様子をうかがうばかりで闘争は発生しない．この場合の結末もいろいろ考えられるが，ここでは簡単のために両者はしばらく対峙すると資源を折半（分割できる資源だったとして）するものと仮定しよう．0.04の価値のある資源を折半するので，両者が0.02の適応度の増加を手にすることができる．

ここまでの状況を一覧表にすると**表**3.1となる．

3.1 タカハトゲーム

表3.1 タカハトゲームの利得表

自分\相手	タカ	ハト
タカ	1％増	4％増
ハト	0％増	2％増

適応度の増加（または減少）のことを，その戦略の「利得」と考えると，この表はタカハトゲームの利得を示した利得表と考えることができる．

3.1.2 対戦の結果とシェア変化

さてここで，集団の中にタカ戦略を採る個体が200頭，ハト戦略を採る個体も200頭いる場合を考えてみよう．タカとハトのシェアはこの場合50％ずつである．これらの個体が繁殖期に上で述べた資源争奪ゲーム（タカハトゲーム）を一斉に行うものと考える．対戦の相手はランダムに決まるものとすると，タカ対タカの対戦が平均して50組，タカ対ハトの対戦が100組，ハト対ハトの対戦が50組生じることになる（図3.1）．

タカ対タカの対戦を経験するタカ戦略者は100頭だが，彼女らは平均して1.01の適応度を達成できる（100頭のうち半数が資源を獲得して1.04の適応度，半数が怪我をして0.98の適応度となる）．したがって，次の世代に残す子供の数の期待値は $100 \times 1.01 = 101$ 頭となる（$50 \times 1.04 + 50 \times 0.98 = 101$ と考えてもよい）．

タカ対ハトの対戦を経験するタカ戦略者も100頭だが，彼女らは全員資源を

タカ対タカ 50組	タカ対ハト 50組
ハト対タカ 50組	ハト対ハト 50組

図3.1 タカ戦略者200頭とハト戦略者200頭の対戦

獲得して1.04の適応度を実現することができる．したがって，次世代に残す子供の数の期待値は100×1.04＝104頭となる．ここで，タカ戦略者の子供がすべてタカ戦略者になるとすると，次の世代のタカ戦略者の数は101＋104＝205頭ということになる．

ハト戦略についても同様に計算すると，タカ対ハトの対戦を経験するハト戦略者100頭は，みな資源を獲得できないので適応度は1，したがって彼女らの子供の数は100×1＝100頭である．一方，ハト対ハトの対戦を経験するハト戦略者100頭は，資源を折半して適応度1.02を獲得する．したがって，子供の数の期待値は100×1.02＝102頭である．ハト戦略者の子供がすべてハト戦略者であると仮定すると，次世代のハト戦略者の数は100＋102＝202頭である．

まとめると

　　　　　　　　　今の世代　　　　　次の世代
　　　　　　　タカ200頭（50%）　→　タカ205頭（50.4%）
　　　　　　　ハト200頭（50%）　→　ハト202頭（49.6%）

となることがわかる．タカ戦略の方がハト戦略より平均適応度が高いので（平均適応度はタカ1.025，ハト1.01）次の世代では，タカのシェアが若干増加し，ハトのシェアが若干減少している．

シェアの増減といっても微々たるもので，ほとんど変化がないではないかと思われるかもしれないが，これは一世代の変化である点に注意して欲しい．同じことが数十世代，数百世代と繰り返されると結果として大きなシェアの変化が生じることになる．例えば，タカ1.025，ハト1.01の適応度が100世代継続すると，100世代後のタカのシェアは81.4%，ハトのシェアは18.6%となる．同様に200世代後のシェアを求めると，タカ95.0%，ハト5.0%となり，ほとんどがタカで占められることになる．

3.1.3　シェアの変化による適応度の変化を考慮した場合

これは，タカ1.025，ハト1.01の適応度が継続するとした場合の結果であるが，実際にはタカのシェアが増えるとタカ対タカの対戦が増えるので，タカの平均適応度は下がってくる．ハトの方もハト対ハトの対戦が減ってハト対タカの対戦が増えるのでやはり平均適応度は減少する．タカが増えるので，全体に

物騒になってくるわけだ．次にタカシェア増加の影響を考慮にいれると，どうなるのかを考えてみよう．

今度は，集団中のタカのシェアを x，ハトのシェアを $1-x$ としてそれぞれの適応度を考える．x は 0 から 1 までの数である．前と同じようにプレーヤーがランダムに対戦して資源の争奪を行うとすると，タカ戦略者のうち割合 x のものがタカ対タカの対戦を経験し，割合 $1-x$ のものがタカ対ハトの対戦を経験することになる．「タカ対タカ」経験者の平均適応度が1.01，「タカ対ハト」経験者の平均適応度が1.04なので，タカ戦略者全体の平均適応度 w_h は

$$w_h = 1.01x + 1.04(1-x) = 1.04 - 0.03x$$

となる．タカのシェア x が増えるほど，平均適応度が下がることがわかる．

同じくハトの平均適応度を計算しよう．ハト戦略者のうち，「タカ対ハト」の経験者の割合が x，「ハト対ハト」の経験者の割合が $1-x$ なので，ハト戦略者の平均適応度 w_d は

$$w_d = 1.00x + 1.02(1-x) = 1.02 - 0.02x$$

となる．やはり，タカのシェア x が増えるほど平均適応度が減少することが確認できる．

タカの平均適応度とハトの平均適応度がわかったところで，両者の平均適応度を比べてみよう．w_h から w_d を引き算してみると

$$\begin{aligned}w_h - w_d &= 1.04 - 0.03x - 1.02 + 0.02x \\ &= 0.02 - 0.01x\end{aligned}$$

である．x は 0 から 1 までの数なので，$w_h - w_d$ は常に正であることがわかる．つまり，タカの平均適応度は常に（タカのシェアがどんなに増えても）ハトの平均適応度を上回ることが明らかとなった．

このことから，タカ戦略のシェアは常に増加し続けることが予想できる．数値的に計算してみると図3.2のように200世代後にはタカのシェアは92％まで，300世代後には97％まで増加することがわかる．

3.1.4 進化的に安定な戦略

このように，長い時間ののちには集団はほとんどがタカ戦略者で占められる

第3章 レプリケーターダイナミクス

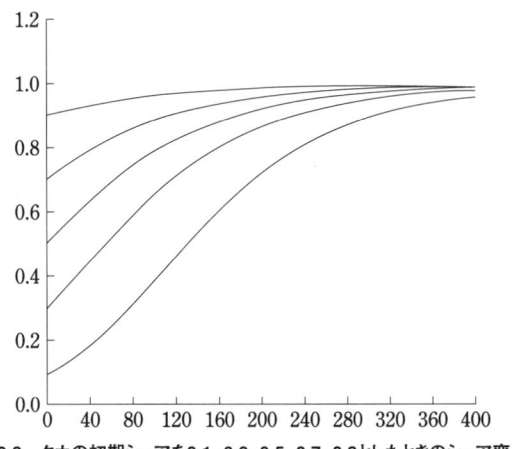

図3.2 タカの初期シェアを0.1, 0.3, 0.5, 0.7, 0.9としたときのシェア変化

ことがわかる．この集団に外からの流入や突然変異などでハト戦略の個体が多少侵入しても，しばらくするとまたタカ戦略ばかりの状態に戻ってしまうであろう．このように，長い時間ののちに集団中に生き残り，かつ他の戦略の侵入を許さないような戦略を**進化的に安定な戦略** (Evolutionarily Stable Strategy, ESS)という．また図3.2に示したような，戦略シェアの時間的な変化のことをレプリケーターダイナミクスという．ESS とは，「他のどの戦略も侵入できない戦略」のことできちんと定義すれば次のようになる．ここでは，タカ戦略がタカとハトの2戦略を考えたときの ESS である．

［定義3.1］ 進化的に安定な戦略
ある戦略 I に別の戦略 J が侵入したとき，J のシェアが十分小さければ

$$I \text{ の平均適応度} > J \text{ の平均適応度}$$

が任意の J について成立するとき I は ESS である。

ちなみに，ハト戦略は ESS ではない．集団がハトばかりのときのハト戦略の平均適応度は1.02であり，ここにタカ戦略が少しだけ侵入したときのタカ戦略の平均適応度は，ほぼ1.04である．もう少し厳密にいうと，タカ戦略がシェア ε だけ侵入したときの平均適応度は

$$1.01\varepsilon + 1.04(1-\varepsilon) = 1.04 - 0.03\varepsilon$$

であり，ε が十分小さいとこれはほぼ1.04になる．したがって，タカ戦略の平均適応度がハト戦略の平均適応度より大きいので，タカが少しでも侵入すると，タカのシェアはどんどん増えていってしまう．このようにハトにタカは侵入可能なのでハト戦略は ESS ではない．

3.1.5 怪我のコストが大きい場合

ここまでの話ではタカ戦略が ESS となり，暴力が世界を支配するという結論になった．タカハトゲームからは，平和な世界は導かれないのであろうか．先ほどの設定では資源の価値を0.04，怪我のコストを0.02と仮定したが，ここでは怪我のコストがもっと高い場合の分析を試みよう．たとえば怪我のコストが0.06の場合を考えることにする．

怪我の可能性があるのはタカ対タカの対戦の場合だけなので，それ以外の場合の利得（＝適応度の変化．以下ではゲーム理論らしく利得と書くことにする）は前と同じである．タカ対タカの場合は，確率1/2で資源を獲得するので，この場合の利得は＋4％，確率1/2で怪我をするのでこの場合の利得は－6％，したがって期待利得は－1％ということになる．

これより，怪我のコストの高い場合の利得表は表3.2となる．この場合，どの戦略が ESS となるのであろうか．

先ほどは，平均適応度を使って ESS を求めたが，平均利得を用いても同様に ESS を求めることができる．平均利得の高いほうの戦略が平均適応度も高いので集団中のシェアを増やしていくからである．

集団全体がタカ戦略のとき，タカ戦略の平均利得は－1（％．以下では％も略する）である．一方，タカの集団にハトが少し侵入したときのハトの平均利得はおよそ0である（ハトが ε 侵入したときの平均利得は $0\times(1-\varepsilon)+2\times\varepsilon=2\varepsilon$ で，ε

表3.2 怪我のコストの高いタカハトゲーム

自分＼相手	タカ	ハト
タカ	－1％	＋4％
ハト	0％	＋2％

が十分小さいときはおよそ0）．つまり，ハトの平均利得の方が，タカの平均利得よりも大きい．これは，ハトはけんかをしないので怪我をするおそれもないためである．このとき，ハトの平均利得の方がタカよりも大きいので，タカの集団にハトは侵入可能である．したがって，タカ戦略はこの場合 ESS ではない．

では，怪我のコストが大きい場合はハト戦略が ESS になるのであろうか．ハト戦略者の集団にタカ戦略者が侵入した場合を考えてみよう．集団全体がハトの場合，ハト戦略の平均利得は2である．ここにタカが少し侵入した場合，タカ戦略の平均利得はおよそ4となる（もうお分かりと思うが，利得表のタカ対ハトの値4がタカが少し侵入したときのタカの利得となる）．つまり，タカの平均利得の方がハトの平均利得よりも大きい．ハトが大半でほとんどタカのいない状況では，怪我の心配をすることなく資源を奪い放題になるためである．かくて，ハトの集団にタカは侵入可能でハト戦略も ESS ではないことがわかる．

3.1.6 多型安定

このようにタカもハトも ESS ではないことがわかったが，一体この場合はどうなるのだろうか．タカもハトも相手の侵入を阻止できないのであるから，両者が共存した状態に至ることが予想されるが，実際タカ対ハトの初期シェアをいろいろ変えてシミュレーションしてみると，図3.3にしめすように，どの初期値からはじめても同じタカ対ハトのシェア（タカ2/3，ハト1/3）に収束して

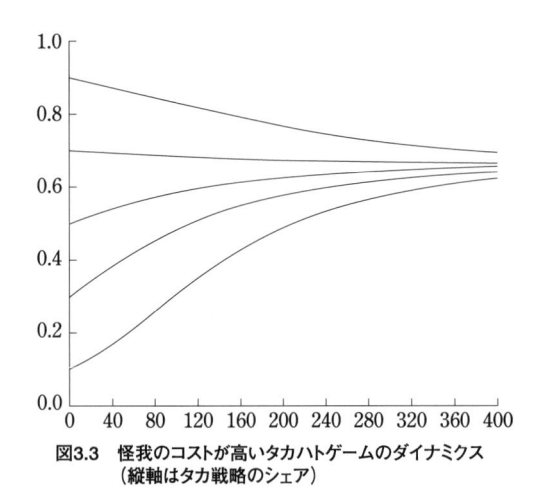

図3.3 怪我のコストが高いタカハトゲームのダイナミクス
（縦軸はタカ戦略のシェア）

いくことがわかる．つまり，タカシェア＝2/3の状態がこの場合のダイナミクスの行き先になっている．

このグラフから複数の戦略が共存してそれぞれが一定のシェアを占める状態が安定状態となることが予想される．この点を各戦略の平均利得を計算することでもう少し正確に考えてみよう．

タカのシェアが x，ハトのシェアが $1-x$ のとき，タカの平均利得 u_h は

$$u_h = -1x + 4(1-x)$$
$$= -5x + 4$$

ハトの平均利得 u_d は

$$u_d = 0x + 2(1-x)$$
$$= -2x + 2$$

となる．

ここで $u_h = u_d$ となる x を求めてみると，

$$-5x + 4 = -2x + 2$$
$$-3x = -2$$
$$x = 2/3$$

となる．このときはタカのシェアもハトのシェアも増えないので，この状態からのシェア変化は生じない．

ここで，なんらかの要因でタカのシェアが2/3より増えたとすると，図3.4に示すように $x > 2/3$ のときには $u_h < u_d$ となるので，ハトのシェアが増加し，x が減少する．逆にタカのシェアが2/3より減ったとすると，$x < 2/3$ のときには $u_h > u_d$ となるので，タカのシェアが増加し，x が増加する．このように，$x = 2/3$ から状態がずれても，またこの状態に戻ってくる力が働くので，タカ2/3，ハト1/3という状態は漸近安定であることが確認できる．

このように複数の戦略が共存して，何らかの要因でシェア変化が生じてもまたもとのシェアに復帰するような状態をメイナード＝スミスは**多型安定**と呼んだ．第2章で説明した漸近安定の戦略シェアバージョンである．共存しても，シェアが振動するなどして安定しない場合もありうるが，そのような場合は多型安定ではない．この場合は，タカ：ハト＝2：1の状態が多型安定になって

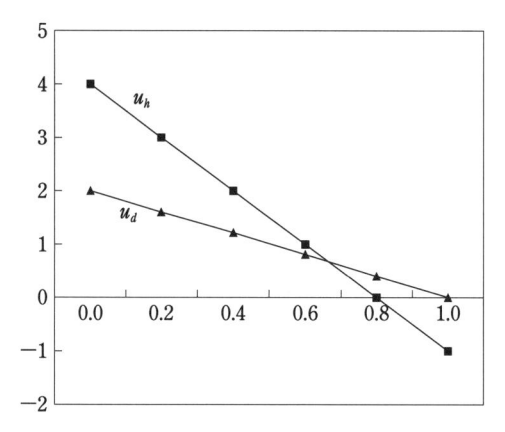

図3.4 タカシェアの変化とタカ戦略の利得■とハト戦略の利得▲
（横軸はタカ戦略のシェア）

いる．

このように，怪我のコストが大きい場合には，安定状態でハト戦略がタカ戦略と共存するので，先ほどの場合よりも平和な状態に一歩近づいたといえる．メイナード＝スミスはこのような考察から出発し，個体の強さに違いがある場合，資源に「所有者」がいる場合，闘いが持久戦になる場合などを分析して「儀式的闘争」で資源争いに決着がつくのはどのような場合であるのかを明らかにしていった．この問題は社会秩序の起源と関連して興味深いが，ここではこれ以上は触れないことにしよう．興味のある読者は第3章3節のタカハトブルジョアゲームの項やメイナード＝スミスの『進化とゲーム理論』1章，2章を参照してほしい．

3.2　2戦略のダイナミクス

ここまで，タカハトゲームを例にとって進化ゲーム理論の基本的な考え方をみてきた．「戦略によって増殖率が異なる」→「戦略のシェアが変化する」→「ある戦略が生き残ったり（ESS），複数の戦略が共存して安定になったり（多型安定）する」というのが基本的な論理の流れである．

3.1節では戦略シェアの変化について，明示的に微分方程式を書き下すことなく分析を進めたが，この節では戦略シェアの変化を示す微分方程式を求める

ことにしよう．これが2戦略の場合のレプリケーターダイナミクス方程式になる．

3.2.1 レプリケーターダイナミクスの基本設定

3.1節で紹介したタカハトゲームの分析では，「戦略の適応度（子供の数の期待値）の増減」を「利得」と考え，さらに「タカの子はタカ（ハトの子はハト）」という仮定が置かれていた．

このメイナード＝スミスの考えた最初の進化ゲームモデルでは，親子の戦略は遺伝によって一致すると仮定されていた．しかし，「タカ戦略者の子がタカ戦略者」でありさえすれば，そのメカニズムは遺伝ではなくても例えば親の教育であっても，同じロジックが成立する．また，「タカの子は100％タカ」でなくても「おおむねタカ」であれば，近似的に1節の議論は成立する．そこで以下でも，「タカの子はタカ」の仮定は維持して話を続けることにしよう．それは「おおむねタカ」の場合の近似になってくれるはずである．

ところで，3.1節ではすべての個体が一斉に繁殖を行うと考えてモデル化を行ったが，ここでは単位時間に集団中のある割合の個体が子孫を残し，自らは死亡して集団から去っていくというモデルを考えることにする．一斉繁殖のモデルはきちんと定式化すると差分方程式になり，数学的な扱いがやや難しくなる．一方，逐次繁殖のモデルにするとダイナミクスを微分方程式で書き下すことができる．そうすれば，第2章で紹介したダイナミクスの分析方法をそのまま利用することができて便利である．

以上をまとめると，ここで置かれる仮定は次のようになる．

1　集団中の個体は，単位時間にある確率で子孫を残し，自らは死亡する．
2　このときの子供の数の期待値の基準値からの増減を「利得」とする．
3　親と子の戦略は同じである．

この仮定のもとで導かれる戦略シェアのダイナミクスを**レプリケーターダイナミクス**という．レプリケーターとはドーキンスの造語で「複製子」という意味である．親の戦略が子に「複製」される点に注目して，このように呼ばれている．

3.2.2 タカハトゲームのレプリケーターダイナミクス

まず先ほどのタカハトゲームの場合に，レプリケーターダイナミクスがどうなるか考えてみよう．

記号を次のように定める．

p_h：タカ戦略の個体数　　　p_d：ハト戦略の個体数
p：集団全体の個体数（十分に大きな数とする）
x_h：タカ戦略のシェア　　　x_d：ハト戦略のシェア
u_h：タカ戦略の利得　　　　u_d：ハト戦略の利得
　　（適応度の1からの増減で測定）
w_h：タカ戦略の適応度　　　w_d：ハト戦略の適応度
α：単位時間における出生死滅イベントの発生確率係数

α については少し説明が必要だが，これはある個体が微小時間 Δt の間に，子供を残して死亡する確率が $\alpha \Delta t$ になるという意味である（ちなみに Δt を極限まで0に近づけたものが dt である）．ここで，ある戦略の採用者が残す子供の数の期待値が w_h や w_d で，利得 u_h や u_d との間には

$$w_h = 1 + u_h$$
$$w_d = 1 + u_d$$

という関係がそれぞれ成立する．

このような設定で，どのような微分方程式が立てられるであろうか．まず，タカ戦略の個体数 p_h について考えてみよう．

微小時間 Δt の間に出生死滅イベントが発生する確率は，タカもハトも共通に $\alpha \Delta t$ である．これより，Δt の間に死亡して集団から退出するタカ戦略者の数は

$$\alpha p_h \Delta t \text{ 頭}$$

となる．これらの個体は平均して w_h 頭の子供を残し，また「タカの子はタカ」の仮定を置いているので，同じ期間に集団に参入するタカ戦略者の数は

$w_h \alpha p_h \Delta t$ 頭

となる．したがって，この期間のタカ戦略者の数の増減 Δp_h は

$$\Delta p_h = (参入数) - (退出数)$$
$$= w_h \alpha p_h \Delta t - \alpha p_h \Delta t$$
$$= \alpha (w_h - 1) p_h \Delta t$$

となる．これに，$w_h = 1 + u_h$ を代入すると

$$\Delta p_h = \alpha u_h p_h \Delta t$$

が得られる．

ここで，両辺を Δt で割ると，

$$\Delta p_h / \Delta t = \alpha u_h p_h$$

となる．さらに，$\Delta t \to 0$（Δt を無限に 0 に近づける）とすると

$$dp_h / dt = \alpha u_h p_h \qquad (式3.1)$$

という微分方程式が得られる．これがタカ戦略者の個体数についての微分方程式である．

同様にして，ハト戦略者の個体数 p_d についても微分方程式を立てると

$$dp_d / dt = \alpha u_d p_d \qquad (式3.2)$$

となる．式3.1，式3.2がプレーヤーの個体数の変化を示す微分方程式となる．

これらは，u_h や u_d が時間的に一定ならば，個体数が指数関数的に増加することを示している．たとえば，$dp_h / dt = \alpha u_h p_h$ において，u_h が一定ならこの微分方程式は解析的に解けて，

$$p_h(t) = p_h(0) \exp(\alpha u_h t)$$

となる（第7章参照．$p_h(0)$ は p_h の初期値で exp は指数関数を表す）．その場合 αu_h や αu_d が個体数の増加率を示すパラメーターで，u_h や u_d の値が大きいほど個体数は急激に増加し，これらの値が負ならば個体数は減少していくことがわかる．実際には，u_h や u_d は戦略のシェアに依存して変わるので単純な指数関数には

第3章　レプリケーターダイナミクス

ならないが，u_h や u_d が正ならば個体数は増加し，負ならば個体数が減少することに変わりはない．

次に，それぞれの戦略のシェアの変化を示す微分方程式を求めてみよう．まず，タカ戦略のシェア x_h の時間変化を考える．集団全体の個体数を p とすると，タカのシェア x_h は，$x_h = p_h/p$ とあらわすことができる．分母を払うと

$$p x_h = p_h$$

となる．積の微分の公式（第7章参照）に気をつけて，両辺を t で微分すると

$$dp/dt \cdot x_h + p \cdot dx_h/dt = dp_h/dt$$

となる．これを移項すると

$$p \cdot dx_h/dt = dp_h/dt - dp/dt \cdot x_h \quad (式3.3)$$

である．

ここで $p = p_h + p_d$ なので，両辺を t で微分すると

$$dp/dt = dp_h/dt + dp_d/dt$$

である．これに式3.1，式3.2を代入すると

$$dp/dt = \alpha u_h p_h + \alpha u_d p_d$$
$$= \alpha (u_h p_h + u_d p_d)$$

となる．この式と式3.1を，式3.3に代入すると

$$p \cdot dx_h/dt = \alpha u_h p_h - \alpha (u_h p_h + u_d p_d) \cdot x_h$$

すこし繁雑になったが，このあたりから簡単になる．

両辺を p で割って，$x_h = p_h/p$，$x_d = p_d/p$ に注意すると

$$dx_h/dt = \alpha u_h x_h - \alpha (u_h x_h + u_d x_d) \cdot x_h$$
$$= \alpha (u_h - (u_h x_h + u_d x_d)) x_h$$

ここで $(u_h x_h + u_d x_d)$ という項が現れるが，これは各戦略の平均利得に各戦略のシェアをかけて合計したものである．シェアの合計は1なので，この項は

3.2　2戦略のダイナミクス

$$(u_h x_h + u_d x_d)/(x_h + x_d)$$

と等しいが，これは集団全体の平均利得を表している．そこで，以下では集団全体の平均利得を u と表すことにすると，

$$dx_h/dt = \alpha(u_h - u)x_h \quad \text{(式3.4)}$$

という微分方程式を得ることができる．ハト戦略についても同様に計算すると

$$dx_d/dt = \alpha(u_d - u)x_d \quad \text{(式3.5)}$$

となることがわかる．

　式3.4，式3.5の微分方程式が，タカハトゲームのレプリケーターダイナミクス方程式である．ただ2戦略の場合は，タカ戦略のシェアが分かるとハト戦略のシェアも分かるので，タカ戦略の方程式を分析すれば十分である．また，α はダイナミクスの速度に影響を与えるが，定常点の位置や定常点の安定性には影響を与えない．したがって，ダイナミクスの行き先に注目して分析を行う場合には α は例えば1と考えて分析を行っても問題はない．このような立場で考えるときには，タカハトゲームのレプリケーターダイナミクス方程式は

$$dx_h/dt = (u_h - u)x_h \quad \text{(式3.6)}$$

であるといってよい．

[例3.1]
　怪我のコストが低い場合のダイナミクスを考えてみよう．3.1節の例では利得行列は表3.3である．

　戦略が二つなのでタカ戦略だけのダイナミクスを考えれば十分である．タカのシェアを x，ハトのシェアを $1-x$ とすると，式3.6より x の微分

表3.3　怪我のコストが小さいタカハトゲーム

自分＼相手	タカ	ハト
タカ	1％増	4％増
ハト	0％増	2％増

第3章 レプリケーターダイナミクス

方程式は
$$dx/dt = (u_h - u)x$$
となる．

ここで u_h はタカ戦略者の利得で
$$u_h = 1x + 4(1-x)$$
$$= 4 - 3x$$
一方，ハト戦略者の利得は
$$u_d = 0x + 2(1-x)$$
$$= 2 - 2x$$
これより，全体の平均利得 u は
$$u = x(4-3x) + (1-x)(2-2x)$$
$$= 2 - x^2$$
これらを代入して
$$dx/dt = (4 - 3x - 2 + x^2)x$$
$$= x(x^2 - 3x + 2)$$
$$= x(x-1)(x-2) \quad (式3.7)$$

これが，怪我のコストが少ないタカハトゲームのレプリケーターダイナミクス方程式である．

簡単にこのダイナミクスを分析してみよう．解析的に解くことは面倒だが，ベクトル図を書けば軌道の概形をつかむことができる．

x はシェアを表わす変数なので最小値が0，最大値が1で，したがって状態空間は0と1を両端とする線分である．

式3.7から，ダイナミクスの定常点は $x = 0$，1，2であり，このうち状態空間に含まれるのは $x = 0$ と $x = 1$ の二つである．これより状態空間の両端は定常点であることが分かる．後に示すとおり，どのレプリケーターダイナミクスでも状態空間の両端は定常点である．

このダイナミクスでは，状態空間内部には両端以外の定常点は存在しない．定常点で区切られた区間ではダイナミクスの方向は一定で，**式**3.7より $0 < x < 1$ の範囲で $dx/dt > 0$ である．したがって，この領域では x は常に増加する．これより，ベクトル図は**図**3.5のようになる．

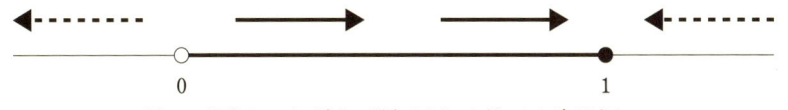

図3.5 怪我のコストが小さい場合のタカハトゲームのダイナミクス

図3.5から，$x=0$ は不安定定常点，$x=1$ は漸近安定点であることがわかる．$x=1$ は集団全体をタカ戦略が占めている状態を示すが，この状態が漸近安定であることは，タカ戦略が ESS であることに対応している．一方，$x=0$ はタカのシェアが 0，つまり集団全体をハト戦略が占めている状態を示す．この状態が不安定であるということは，ハトにタカが侵入可能であるということ，つまりハト戦略が ESS でないことに対応している．

[例3.2]
　　怪我のコストが大きい場合のタカハトゲーム（表3.4）のレプリケーターダイナミクス方程式を求めよ．また，このダイナミクスを分析せよ．

[解答]
　　ダイナミクスを示す微分方程式は
$$dx/dt = x(x-1)(3x-2)$$
である．これより，定常点は $x=0$，1，$2/3$ の 3 点で，ベクトル図は図3.6となる．

　　図3.6は定常点 $x=0$ と $x=1$ がいずれも不安定であることを示している．このことはタカ戦略もハト戦略もいずれも ESS でないことに対応している．また，ベクトル図より定常点 $x=2/3$ は漸近安定である．このことは，集団中でタカ戦略が 2/3，ハト戦略が 1/3 を占める状態が多型安定であることに対応している．

表3.4 怪我のコストの大きいタカハトゲーム

自分＼相手	タカ	ハト
タカ	-1	4
ハト	0	2

第3章 レプリケーターダイナミクス

図3.6 怪我のコストが大きい場合のタカハトゲームのダイナミクス

このように，レプリケーターダイナミクスを分析すると，ESSや多型安定をダイナミクスの漸近安定状態として統一的に理解することができる．

[練習3.1]

次のゲームのレプリケーターダイナミクス方程式を求めよ．またダイナミクスを分析せよ．

1　調整ゲーム

自分＼相手	A	B
A	2	0
B	0	1

2　囚人のジレンマゲーム

自分＼相手	A	B
A	3	0
B	5	1

3.2.3　二戦略対称ゲームのダイナミクス

ここまで，いくつかの具体的なゲームについて見てきたが，次に一般の二人二戦略対称ゲーム（2×2ゲーム）について考えてみよう．ここで **対称ゲーム** とはプレーヤーの立場によって戦略や利得に違いがないゲームのことで，先のタカハトゲームは対称ゲームの例である．プレーヤーの立場によって戦略や利得（の両方，あるいは，片方）が異なるゲームを **非対称ゲーム** というが，非対称ゲームについては第5章で扱う．

以下では表3.5の利得表の場合を考えよう．

戦略Aのシェアをx，戦略Bのシェアをyとすると，各戦略の利得u_a, u_b

3.2　2戦略のダイナミクス

表3.5　一般の2×2（二人二戦略）ゲーム

自分＼相手	A	B
A	a	b
B	c	d

と全体の平均利得 u はそれぞれ，

$$u_a = ax + by$$
$$u_b = cx + dy$$
$$\begin{aligned}u &= u_a x + u_b y \\ &= (ax+by)x + (cx+dy)y \\ &= ax^2 + (b+c)xy + dy^2\end{aligned}$$

となる．
　これをレプリケーターダイナミクス方程式

$$dx/dt = (u_a - u)x$$

に代入すると

$$dx/dt = (ax + by - ax^2 - (b+c)xy - dy^2)\,x$$

となる．$y = 1 - x$ を代入して計算すると，右辺は因数分解できて

$$dx/dt = ((-a+b+c-d)x - b + d)(x-1)x$$

となる．
　$-a+b+c-d \neq 0$ の場合は，右辺は x についての3次式になる．以下この場合を考えることにして，$-a+b+c-d$ をくくりだすと

$$dx/dt = (-a+b+c-d)(x - (b-d)/(-a+b+c-d))(x-1)x$$

（式3.8）

ここで，$\kappa = -a+b+c-d$，$\lambda = (b-d)/(-a+b+c-d)$ とおくと

$$dx/dt = \kappa x(x-1)(x-\lambda)$$　　（式3.9）

となる．したがって，このダイナミクスの定常点（$dx/dt=0$となる点）は
$$x=0,\ 1,\ \lambda$$
である．

x（A戦略のシェア）は0〜1までの範囲で変化するので，$0 \leq x \leq 1$の範囲のダイナミクスを考えれば十分である．この範囲の両端$x=0$と$x=1$は上の考察から常に定常点である．言い換えると，集団がAばかりやBばかりのように，ある戦略しかいない状態は定常である．ある戦略の子供は常に同じ戦略を採用すると仮定しているので，その意味では当然の性質である．

もう一つの定常点$x=\lambda$は，λが$0<\lambda<1$の範囲の値であれば，レプリケーターダイナミクスの第3の定常点となる．状態空間の両端の点を**端点**，両端以外の点を**内点**というが，この場合は内点の定常点（内点定常点）が存在することになる．λがそれ以外の値（$\lambda \leq 0$や$\lambda \geq 1$）であるときは，ダイナミクスの定常点は端点のみとなる．一般に内点定常点がある場合とない場合では，ダイナミクスの様相は大きく異なってくる．

内点定常点があるのはどういう場合か確認しておこう．
$\lambda=(b-d)/(-a+b+c-d)$より，内点定常点があるのは
$$0<(b-d)/(-a+b+c-d)<1$$
の場合である．

$-a+b+c-d>0$の場合は，分母を払って，
$$0<b-d<-a+b+c-d$$
これより
$$b-d>0 \quad かつ \quad c-a>0$$

のとき内点定常点が存在する．この条件は$-a+b+c-d>0$を満たすので，$b>d$かつ$c>a$のときは内点定常点を持つことが分かる．

$-a+b+c-d<0$の場合は同様に分母を払って
$$0>b-d>-a+b+c-d$$

したがって，

$$b-d<0 \quad かつ \quad c-a<0$$

が条件となる．このときも，$-a+b+c-d<0$ を満たすので，$b<d$ かつ $c<a$ のときも内点定常点を持つことが分かる．

ここで，$\alpha=c-a$，$\beta=b-d$ とすると以上より，$\alpha>0$ かつ $\beta>0$ と $\alpha<0$ かつ $\beta<0$ のときに内点定常点が存在することになる．以下では，この場合を含めて，2×2 ゲームを α と β で分類してダイナミクスを調べてみよう．

3.2.4　2×2 ゲームの分類

2×2 ゲームを α と β の正負で分類すると，

① 　$\alpha>0$，$\beta>0$ 　のとき
② 　$\alpha<0$，$\beta>0$ 　のとき
③ 　$\alpha<0$，$\beta<0$ 　のとき
④ 　$\alpha>0$，$\beta<0$ 　のとき

の4通りと，α，β のどちらか（あるいは両方）が0の場合に分類できる．それぞれの場合のダイナミクスは次の通り．

① 　$\alpha>0$，$\beta>0$ のとき

α，β を使うと $\kappa=\alpha+\beta$，$\lambda=\beta/(\alpha+\beta)$ と書くことができる．上で見たように，$\alpha>0$，$\beta>0$ のときは $0<\lambda<1$ となるので内点定常点が存在する．また 式3.9 において $\kappa=\alpha+\beta>0$ より $0<x<\lambda$ のとき $dx/dt>0$，$\lambda<x<1$ のとき $dx/dt<0$ となる．これよりベクトル図は 図3.7 のようになるので，$x=\lambda$ は漸近安定点であり，$x=0$，1 は不安定定常点である．

ダイナミクスは $x=0$，1以外の初期状態から出発した場合にはすべて $x=\lambda$ の多型安定状態に収束する．また $x=0$，1から出発した場合でも，突然変異などで状態の微小なずれが発生した場合には $x=\lambda$ に収束すると考えられる．

② 　$\alpha<0$，$\beta>0$ のとき

この場合は内点定常点は存在しないので，$0<x<1$ の範囲では dx/dt の符号が一定である．この範囲で 式3.8 の x は正，$x-1$ は負なので，$(-a+b+$

第3章 レプリケーターダイナミクス

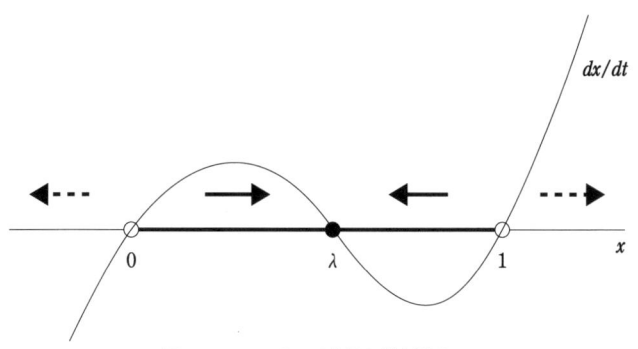

図3.7 $\alpha>0,\ \beta>0$のときのダイナミクス
$x=\lambda$が唯一の漸近安定状態

$c-d)x-b+d=(\alpha+\beta)x-\beta$ の符号が分かれば dx/dt の符号が分かる。そこで

$$f(x)=(\alpha+\beta)x-\beta$$

とおくと,

$$f(0)=-\beta<0$$
$$f(1)=\alpha<0$$

なので,$0<x<1$の範囲で$f(x)<0$。したがって,この範囲で$dx/dt>0$となりxは常に増加する。これより$x=0$が不安定定常点,$x=1$が安定定常点であることがわかる。

これは,戦略Aと戦略Bの利得を比較しても確認することができる。すなわち,

$$u_a=ax+by$$
$$u_b=cx+dy$$

より,

$$u_a - u_b = ax + by - cx - dy$$
$$= (a-c)x + (b-d)y$$
$$= -\alpha x + \beta y$$

これは $x > 0$，$y > 0$ のとき正なので，

$$u_a > u_b$$

これより A の利得が B の利得を常に上回るので，A のシェアが常に増加する（x が常に増加する）ことがわかる．

このときダイナミクスは $x = 0$ 以外の初期状態から出発した場合にはすべて $x = 1$ の安定状態（戦略 A ばかりの状態）に収束する．また，$x = 0$ から出発した場合でも，突然変異などで状態の微小なずれが発生した場合には $x = 1$ に収束すると考えられる．

③ $\alpha < 0$，$\beta < 0$ のとき

この場合は内点定常点がある．$\kappa = \alpha + \beta < 0$ より，$0 < x < \lambda$ のとき $dx/dt < 0$，$\lambda < x < 1$ のとき $dx/dt > 0$ なので，ベクトル図は図3.8のようになる．これより，$x = \lambda$ は不安定定常点であり，$x = 0$，1 は漸近安定点である．

このときダイナミクスは，$0 \leq x < \lambda$ の初期状態から出発した場合にはすべて $x = 0$（B ばかりの状態）に収束するし，$\lambda < x \leq 1$ から出発した場合は $x = 1$

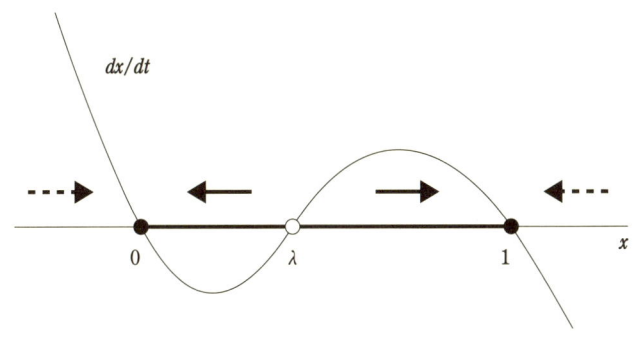

図3.8 $\alpha < 0, \beta < 0$ のときのダイナミクス
$x = 0, x = 1$ が漸近安定

（Ａばかりの状態）に収束する．

$x=\lambda$ の状態は不安定で，何らかの原因で状態が x の増える方向（Ａシェアの増える方向）に少しでもずれると，そのまま x は増加して $x=1$ の状態に収束することになる．逆に $x=\lambda$ の状態から x の減る方向（Ｂのシェアが増える方向）に少しでもずれると，そのまま x は減少して $x=0$ の状態に収束することになる．この意味で，$x=\lambda$ はこのダイナミクスの分水嶺のような役割を果たしている．

④　$\alpha>0$，$\beta<0$ のとき

この場合は内点定常点がない場合なので，②の場合と同様に分析できる．すなわち，

$$f(x)=(\alpha+\beta)x-\beta$$

とすると，

$$f(0)=-\beta>0$$
$$f(1)=\alpha>0$$

なので，$0<x<1$ では $f(x)>0$．したがって，この範囲で $dx/dt<0$ となり x は常に減少する．これより，$x=0$ が安定定常点，$x=1$ が不安定定常点であることがわかる．

これは，②と同様に戦略Ａと戦略Ｂの利得を比較しても確認することができる．すなわち，

$$u_a-u_b=-\alpha x+\beta y$$

は $x>0$，$y>0$ の範囲で負なので，

$$u_a<u_b$$

これよりＢの利得がＡの利得を常に上回るので，Ａのシェアが常に減少する（x が常に減少する）ことがわかる．

このときダイナミクスは $x=1$ 以外の初期状態から出発した場合にはすべて $x=0$ の安定状態（戦略Ｂばかりの状態）に収束する．また，$x=1$ から出発した場合でも，状態の微小なずれが発生した場合には $x=0$ に収束すると考えられる．

以上4つの場合がメジャーケースである．チキンゲームは①の場合，調整ゲームは③の場合，囚人のジレンマゲームは②や④の場合に相当する．また，怪我のコストの小さいタカハトゲームは②の場合，怪我のコストの大きいタカハトゲームは①の場合になる．

それ以外の場合は α や β（あるいはその両方）が0となるマイナーケースである．片方が0の場合は $\alpha = 0$ の場合だけ解説して $\beta = 0$ の場合は省略する．

$\alpha = 0$ の場合は $a = c$ の場合であるが，このときレプリケーターダイナミクス方程式は

$$dx/dt = ((\alpha + \beta)x - \beta)(x-1)x$$
$$= \beta x(x-1)^2$$

となる．

これより，$\beta > 0$ のときには $0 < x < 1$ で $dx/dt > 0$，$\beta < 0$ のときには $0 < x < 1$ で $dx/dt < 0$ となる．したがって，$\beta > 0$ のときは $x = 0$ が不安定定常点で $x = 1$ が安定定常点，$\beta < 0$ のときは $x = 0$ が安定定常点で $x = 1$ が不安定定常点となる．

$\alpha = 0$，$\beta = 0$ のときは dx/dt は常に0となる．これはたとえば

自分＼相手	A	B
A	2	3
B	2	3

という利得行列の場合で，戦略 A の利得と戦略 B の利得が常に等しくなるので，シェアの変化が生じない．

このように，利得表の特徴から 2×2 ゲームは4通りに分類できるが，ダイナミクスの観点からは，

- 片方の端点が漸近安定点となるタイプ（囚人のジレンマゲームタイプ）
- 内点定常点が漸近安定点となるタイプ（チキンゲームタイプ）
- 端点がいずれも漸近安定点となり，内点定常点が分水嶺となるタイプ（調整ゲームタイプ）

の3通りに分類できる．

第3章　レプリケーターダイナミクス

3.3　n戦略のダイナミクス

3.2節では，二人二戦略対称ゲームのレプリケーターダイナミクスを見てきた．ここでは，これをさらに一般化して二人n戦略対称ゲーム（$n \times n$ゲーム）のダイナミクスを考えてみよう．nは2以上の整数であり，特にここでは3以上の場合を念頭において分析する．

基本設定は3.2節と同じである．微小時間Δtの間に，$\alpha \Delta t$の割合のプレーヤーが，何人かの子供を残して集団から退出していく．子供の数の期待値（適応度）の基準値からの増減をプレーヤーの利得とし，親子の戦略は完全に一致しているものとしよう．

3.3.1　単位単体

ダイナミクスの導出に入る前に，ダイナミクスの舞台となる状態空間について確認しておこう．

レプリケーターダイナミクスは戦略シェアの時間変化を示すダイナミクスなので，変数はすべて0から1までの数である．また，変数は戦略のシェアを表すので，それらをすべての戦略について合計した値は常に1である．言い換えると，時刻tにおける戦略Iのシェアを$x_i(t)$とすると

$$\sum x_i(t) = 1$$

がすべての時刻について成立している．

シェアの合計が一定であることは，状態空間の次元が変数の数より1だけ低くなることを意味している．変数がn個の場合，状態空間は通常n次元の空間であるが，レプリケーターダイナミクスの場合$n-1$個の変数の値が決まると残りの変数の値は1から引き算をして求めることが可能である．つまり，$n-1$変数のダイナミクスを考えれば，状態の変化を完全に知ることができる．したがって，n戦略ダイナミクスの状態空間としては$n-1$次元の空間を考えれば十分である．

このように，n戦略ダイナミクスの状態空間は，

$$0 \leq x_i \leq 1$$
$$\Sigma x_i = 1$$

を満たす，$n-1$ 次元空間である．この条件を満たす空間を n 戦略の **単位単体** (simple simplex) という．

3.3.2 単位単体の例

3.2節では二戦略の場合のダイナミクスを考えたが，その場合の状態空間は0と1を両端とする線分であった．実はこれが二戦略の場合の単位単体である．

もうすこしきちんと述べると次のようになる．二戦略の場合，各戦略のシェアを x, y とすると，状態空間は

$$0 \leq x \leq 1$$
$$0 \leq y \leq 1$$
$$x + y = 1$$

を満たす点の集合となる．

$x+y=1$ は xy 平面上では $(1, 0)$, $(0, 1)$ を切片とする直線となるが，このうち $0 \leq x \leq 1$, $0 \leq y \leq 1$ を満たす部分は，図3.9の太線に示す線分とな

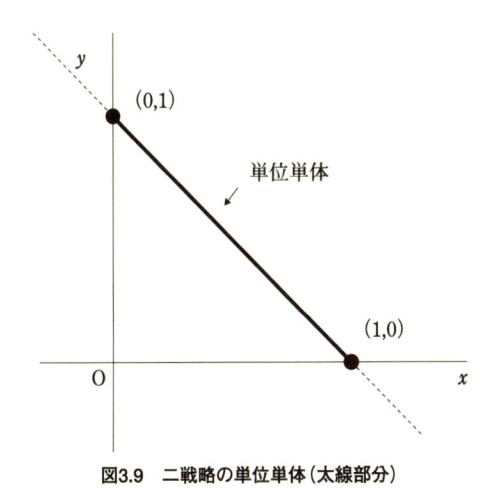

図3.9 二戦略の単位単体（太線部分）

第3章 レプリケーターダイナミクス

る．これが二戦略の場合の単位単体である．これを単に「0から1までの線分」と称して3.2節ではダイナミクスの分析を行ったわけである．

では三戦略の単位単体はどうなるのであろうか．各戦略のシェアを x, y, z とすると，状態空間は

$$0 \leqq x \leqq 1$$
$$0 \leqq y \leqq 1$$
$$0 \leqq z \leqq 1$$
$$x+y+z=1$$

を満たす点の集合となる．

$x+y+z=1$ は xyz 空間上では $(1, 0, 0)$, $(0, 1, 0)$, $(0, 0, 1)$ を切片とする平面となる．このうち $0 \leqq x \leqq 1$，$0 \leqq y \leqq 1$，$0 \leqq z \leqq 1$ を満たす部分は，図3.10の斜線を引いた部分になる．この $(1, 0, 0)$, $(0, 1, 0)$, $(0, 0, 1)$ を頂点とする正三角形が三戦略の場合の単位単体となる．

同様に，四戦略の場合は $(1, 0, 0, 0)$, $(0, 1, 0, 0)$ … $(0, 0, 0, 1)$ を頂点とする正四面体が単位単体となる（図3.11）．五戦略の場合は $(1, 0, 0, 0, 0)$ … $(0, 0, 0, 0, 1)$ を頂点とする四次元図形が単位単体となる

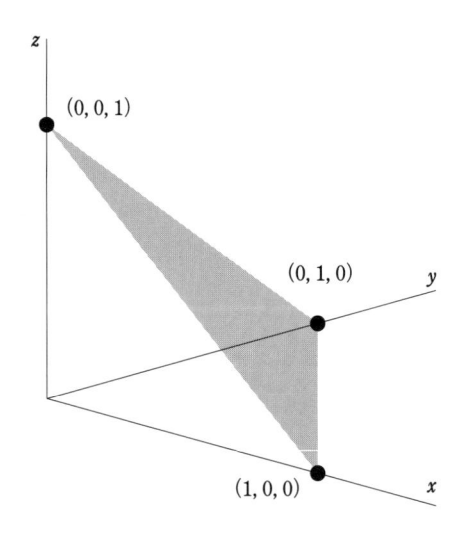

図3.10 三戦略の単位単体（■の三角形部分）

3.3 n 戦略のダイナミクス

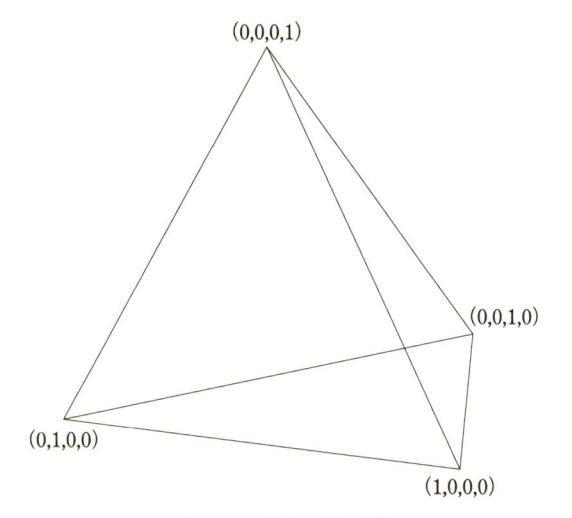

図3.11　四戦略の単位単体

が，これは図示することはできない．

3.3.3　レプリケーターダイナミクス方程式

　状態空間が分かったところで，n 戦略ダイナミクスの方程式を導くことにしよう．手順は二戦略の場合とほとんど同じである．

　各プレーヤーが用いる戦略の集合（戦略セットという）を $\{1, 2, \cdots, n\}$ とし，集団における各戦略の個体数を $\{p_1, p_2, \cdots, p_n\}$，各戦略のシェアを $\{x_1, x_2, \cdots, x_n\}$ とする．また，各戦略の平均利得を $\{u_1, u_2, \cdots, u_n\}$ としよう．このとき，戦略 I のシェア x_i の時間変化をあらわす微分方程式はどうなるであろうか．3.2.2節とほとんど同様に求めることができるので，読者が自力で求めて答え合わせしてみてもいいだろう．

　まず，戦略 I の個体数 p_i の時間変化を考える．先ほどと同じく，微小時間 Δt の間に $\alpha \Delta t$ の確率で出生死滅イベントが生じるとすると，この間の p_i の増減 Δp_i は

$$\Delta p_i = \alpha u_i p_i \Delta t$$

となる．両辺を Δt で割って $\Delta t \to 0$ とすると

第3章　レプリケーターダイナミクス

$$dp_i/dt = \alpha u_i p_i \quad (式3.10)$$

という式が得られる．これが，p_iの変化を表す微分方程式である．

次にシェアx_iの時間変化を求める．$x_i = p_i/p$より

$$px_i = p_i$$

である．両辺をtで微分すると

$$dp/dt \cdot x_i + p \cdot dx_i/dt = dp_i/dt$$

移項して

$$p \cdot dx_i/dt = dp_i/dt - dp/dt \cdot x_i \quad (式3.11)$$

となる．

ここで，$p = \Sigma_{[k]} p_k$である．$\Sigma_{[k]}$とは，kを1から最大値（ここではn）まで変化させながら，あとの式（ここではp_k）を合計せよという記号である．変化させる添え字を誤解するおそれの無いときには$[k]$を省略してΣだけとすることもある．

あらためて，$p = \Sigma p_k$より，両辺をtで微分して

$$dp/dt = \Sigma dp_k/dt$$
$$= \alpha \Sigma u_k p_k \quad (\because 式3.10)$$

この式と式3.10を式3.11に代入すると

$$p \cdot dx_i/dt = \alpha u_i p_i - \alpha \Sigma u_k p_k \cdot x_i$$

両辺をpで割って$x_i = p_i/p$に注意すると

$$dx_i/dt = \alpha u_i x_i - \alpha \Sigma u_k x_k \cdot x_i$$
$$= \alpha (u_i - \Sigma u_k x_k) x_i$$

ここで$\Sigma u_k x_k$は，各戦略の平均利得に各戦略のシェアをかけて合計したものなので，集団全体の平均利得uを表している．したがって，$\Sigma u_k x_k = u$とあらわせる．これより

$$dx_i/dt = \alpha(u_i - u)x_i \quad (式3.12)$$

が得られる．これが x_i の変化を表す微分方程式である．これを任意の戦略をのぞいた残り $n-1$ 戦略について連立させた連立微分方程式が，このゲームのレプリケーターダイナミクス方程式になる．

二戦略の場合と同様に α はダイナミクスのスピードに影響を与えるパラメーターだが，ダイナミクスの軌道や収束点には影響を与えない．したがって，ダイナミクスの軌道や収束点に主な関心がある場合には，α を1として

$$dx_i/dt = (u_i - u)x_i$$

をレプリケーターダイナミクス方程式とみなして分析をしてもさしつかえない．

3.3.4 戦略の利得とシェア変化

レプリケーターダイナミクス方程式は，戦略の利得とシェア変化の関係を示した式である．式3.12からすぐに分かる性質を拾ってみると，

1. 全体の平均利得 u より利得 u_i の大きい戦略のシェアは増加する．
2. 利得が平均利得に等しい戦略のシェアは変化しない．
3. 戦略シェアの増加率は，戦略の利得と平均利得の差に比例する．

といった点を指摘することができる．

上の三つはある戦略の利得と集団の平均利得との関係からわかる事柄であるが，任意の二つの戦略の利得とシェア変化については，次の命題が成立する．

[命題3.1]
集団中に存在する任意の戦略 I, J について，$u_i > u_j$ ならば $d(x_i/x_j)/dt > 0$ である．

[証明]
商の微分の公式より

$$d(x_i/x_j)/dt = (dx_i/dt \cdot x_j - x_i \cdot dx_j/dt)/x_j^2$$

ここで分子にレプリケーターダイナミクス方程式を代入すると

第3章　レプリケーターダイナミクス

$$dx_i/dt \cdot x_j - x_i \cdot dx_j/dt = (u_i - u) x_i \cdot x_j - x_i \cdot (u_j - u) x_j$$
$$= (u_i - u_j) x_i x_j > 0 \quad (\because u_i > u_j)$$

したがって $u_i > u_j$ ならば $d(x_i/x_j)/dt > 0$ である．

［証明終わり］

x_i/x_j は戦略シェアの比であり，$d(x_i/x_j)/dt$ はシェアの比の時間変化を示している．この命題は，二つの戦略の間で利得に差があるときには，利得の高い方の戦略が相対的なシェアを高めていくことを示している．

これらの性質はいずれも，相対的に利得の高い戦略ほど集団中のシェアが増えやすいことを示している．次に，レプリケーターダイナミクスの定常点の性質を見ることにしよう．

3.3.5　定常点の性質

状態空間上でダイナミクスの動きが止まる点が定常点である．言い換えると，どの戦略のシェアも変化しない点が定常点となる．数学的には次のように定義する．

［定義3.2］
単位単体上の点 x_o について，$x = x_o$ のときに

$$dx_i/dt = 0$$

がすべての i について成り立つとき，x_o はダイナミクスの定常点である．

第2章で見たように，ダイナミクスを解析する場合，定常点，ベクトル図，局所安定性解析がいわば三点セットで，定常点を求めることがその中でも基本になる．定常点は安定なものが重要であることは言うまでもないが，不安定定常点でもダイナミクスの特異点として重要な役割を果たすことが多い．以下では，レプリケーターダイナミクスの定常点を求める場合に有効な命題をいくつか紹介しよう．

まず，頂点についての命題である．

3.3 n戦略のダイナミクス

[命題3.2]
レプリケーターダイナミクスの単位単体の頂点はすべて定常点である．

[証明]
頂点 J は集団中に戦略 J のみが存在する状態を表している．したがって，頂点 J では $x_j = 1$ で，j ではない任意の i について $x_i = 0$ である．

これより j ではない任意の i については

$$dx_i/dt = (u_i - u)x_i = 0 \qquad (\because x_i = 0)$$

が成立する．

また j については，$u = \Sigma u_k x_k = u_j$ より

$$dx_j/dt = (u_j - u)x_j = 0 \qquad (\because u_j - u = 0)$$

が成立する．

以上より任意の i について $dx_i/dt = 0$ となるので頂点 J は定常点である．

これは，任意の頂点 J について成り立つので，単位単体のすべての頂点は定常点である．

[証明終わり]

このように，単位単体の頂点は常に定常点である．二戦略の場合は ［0，1］線分の両端が定常点であるし，三戦略の場合は正三角形の三つの頂点が定常点である．

定常でも安定とは限らないが，漸近安定点の候補には違いない．したがって，すべての頂点はベクトル図や局所安定性解析による吟味の対象となる．しかし，頂点以外の単位単体の表面や内部にも定常点は存在する可能性がある．これらを見つける上では，次の命題が役に立つ．

[命題3.3]
レプリケーターダイナミクスにおいて，頂点以外の単位単体上の点 x が定常点であることの必要十分条件は，$x_i > 0$ であるすべての戦略 i について利得 u_i が一定であることである．

第3章 レプリケーターダイナミクス

[証明]

まず x が定常点とすると，すべての i について

$$dx_i/dt = (u_i - u)x_i = 0$$

ここで $x_i > 0$ である i については，$u_i - u = 0$ のはずなので $u_i = u$，したがって u_i は一定である．

逆に $x_i > 0$ であるすべての i について，$u_i = c$（一定）とすると，

$$u = \Sigma u_j x_j = c \Sigma x_j = c$$

したがって

$$dx_i/dt = (u_i - u)x_i = 0$$

また，$x_i = 0$ である i についても

$$dx_i/dt = (u_i - u)x_i = 0$$

が成り立つ．したがって x は定常点である．

ゆえに，$x_i > 0$ であるすべての i について u_i が一定であることが，x が定常点であるための必要十分条件である．

[証明終わり]

この命題に出てくる $x_i > 0$ という条件は，その戦略の採用者が集団中にいくらかは存在することを意味している．レプリケーターダイナミクスでは存在しない戦略のシェアは増加しない（＝シェアが変化しない）ので，あとは存在する戦略の利得が等しければ集団中のシェア変化は生じない．つまり定常状態になる．この命題はそう解釈することができる．

単位単体の内部の点を**内点**というが，内点の場合は，どの戦略のシェアも正（つまりすべての戦略がいくらかは存在する）なので，すべての戦略について利得が等しいことが内点が定常点であるための必要十分条件となる．

これらの命題を用いれば，ダイナミクスの定常点を求めることができる．例として，一般化じゃんけんゲームの定常点を求めてみよう．一般化じゃんけんゲームとは，「あいこ」の利得が「勝ち」の利得と「負け」の利得の中間の値となるじゃんけんゲームのことである．「勝ち」の利得を 1，「負け」の利得を -1，「あいこ」の利得を a とすると，$0 < a < 1$ のときは，引き分けが勝ちに近いゲーム，$-1 < a < 0$ のときは引き分けが負けに近いゲーム，$a = 0$ の

表3.6 一般化じゃんけんゲーム

自分＼相手	G	T	P
G	a	1	-1
T	-1	a	1
P	1	-1	a

（ただし $-1 < a < 1$）

ときは引き分けが勝ちと負けのちょうど中間の価値を持つゲームとなる．

[例3.3] 一般化じゃんけんゲーム

表3.6の一般化じゃんけんゲームの定常点を求めよ．

[解答]

命題3.2より頂点はすべて定常点である．したがって $(1, 0, 0)$, $(0, 1, 0)$, $(0, 0, 1)$ は定常点である．

次に，内点定常点 (x_g, x_t, x_p) があるとすれば

$$u_g = u_t = u_p$$

が成立する．ここで

$$u_g = ax_g + x_t - x_p$$
$$u_t = -x_g + ax_t + x_p$$
$$u_p = x_g - x_t + ax_p$$

より

$$ax_g + x_t - x_p = -x_g + ax_t + x_p$$
$$-x_g + ax_t + x_p = x_g - x_t + ax_p$$

これと

$$x_g + x_t + x_p = 1$$

を連立させて解くと，

第3章　レプリケーターダイナミクス

$$x_g = 1/3 \quad x_t = 1/3 \quad x_p = 1/3$$

となる．したがって（1/3, 1/3, 1/3）は定常点である．

最後に，単位単体の周囲（正三角形の辺上）の定常点を検討する．$x_g = 0$，$x_t > 0$，$x_p > 0$ となる定常点があるとすると

$$x_g = 0$$
$$x_t + x_p = 1$$
$$u_t = u_p$$

となるはずである．この連立方程式を解くと，

$$x_t = (a+1)/2a$$
$$x_p = (a-1)/2a$$

となるが，$-1 < a < 1$ という条件下では

$$(a-1)/2a < 0$$

となるので，このような定常点は存在しない．

$x_g > 0$，$x_t = 0$，$x_p > 0$ や $x_g > 0$，$x_t > 0$，$x_p = 0$ となる定常点も同様に存在しないので，一般化じゃんけんゲームの定常点は（1, 0, 0），（0, 1, 0），（0, 0, 1），（1/3, 1/3, 1/3）の4個と分かる．

単位単体の周囲（表面）の定常点を検討するときは，存在しない戦略を取り除いた利得表を用いて検討してもよい．この例の場合は二戦略ダイナミクスに帰着するのでこの方法が有用である．

たとえばGが存在しない場合，利得表は

自分＼相手	T	P
T	a	1
P	-1	a

となるが，$a > -1$，$1 > a$ なので常にTの利得がPの利得を上回る（3節のケース②に相当）．したがって，Tのシェアが常に増加するのでこの二戦略が共存する定常点は存在しないことがわかる．他の場合も同様に考えることができ

3.3 n戦略のダイナミクス

る．

[練習3.2]
次のゲームについてレプリケーターダイナミクスの定常点を求めよ．

1 調整ゲーム

自分＼相手	A	B
A	3	0
B	0	2

2 タカハトブルジョアゲーム2

自分＼相手	H	D	B
H	-1	4	1.5
D	0	2	1
B	-0.5	3	2

3.3.6 頂点の安定性

定常点が分かれば，次にその安定性を吟味することになる．頂点は常にレプリケーターダイナミクスの定常点だが，その安定性については次の命題が成立する．

[命題3.3] 頂点の安定条件
頂点 I は，i 以外のすべての j について $u_{ii} > u_{ji}$ が成り立つとき漸近安定である．
また，i 以外のある j について $u_{ii} < u_{ji}$ が成り立つとき，不安定である．
(u_{ij}は戦略 i と戦略 j が対戦したときの戦略 i の利得をあらわす．証明は3.3.6.3参照)

3.3.6.1 安定性の判定例

命題3.3は，ある戦略が集団全体を占める状態が，安定であるための十分条件と，不安定であるための十分条件を示す重要な命題である．この命題の証明

には若干の準備が必要なので,先にこの命題を利用した安定性判定の実例を見ておこう.

[例3.4]

表3.7の利得表において,集団全体を戦略 H, D, B の占める状態はそれぞれ安定か不安定か判定せよ.

戦略 H について:

H 以外のすべての戦略 I について $u_{hh} > u_{ih}$ が成り立てば,頂点 H は漸近安定であり,

ある戦略 I について $u_{hh} < u_{ih}$ が成り立てば,頂点 H は不安定である.この場合,$u_{hh} = -1$, $u_{dh} = 0$, $u_{bh} = -0.5$ なので

$$u_{hh} < u_{dh}, \quad u_{hh} < u_{bh}$$

したがって,頂点 H(集団を H のみが占める状態)は不安定である.(D, B が侵入可能)

戦略 D について:

$u_{hd} = 4$, $u_{dd} = 2$, $u_{bd} = 3$ なので

$$u_{dd} < u_{hd}, \quad u_{dd} < u_{bd}$$

したがって,頂点 D は不安定である.(H, B が侵入可能)

戦略 B について:

$u_{hb} = 1.5$, $u_{db} = 1$, $u_{bb} = 2$ なので

表3.7 怪我のコストが高いときのタカハトブルジョアゲーム

自分\相手	H	D	B
H	-1	4	1.5
D	0	2	1
B	-0.5	3	2

$u_{bb} > u_{hb}$, $u_{bb} > u_{db}$

したがって，頂点 B は漸近安定である．
(H，D 単独，あるいはその組み合わせは侵入不可能)

以上より，頂点 B は漸近安定，頂点 H，D は不安定である．

[練習3.3]
次の利得表のゲームについて，頂点の安定性を判定せよ．

1　怪我のコストが低いときのタカハトブルジョアゲーム

自分\相手	H	D	B
H	1	4	2.5
D	0	2	1
B	0.5	3	2

2　一般化じゃんけんゲーム

自分\相手	G	T	P
G	a	1	-1
T	-1	a	1
P	1	-1	a

(ただし $-1 < a < 1$)

3.3.6.2　タカハトブルジョアゲーム

表3.7や 練習3.3の1はタカハトブルジョアゲームと呼ばれるゲームで，メイナード＝スミスがタカハトゲームの拡張として導入したゲームである．タカ戦略，ハト戦略と**ブルジョア戦略**が考察対象になる．結果が興味深いので，少し寄り道になるが中味の説明をしておこう．

第3章 レプリケーターダイナミクス

タカハトゲームは3.1節で解説したように,資源争奪についてのゲームである.3.1節では,タカ戦略とハト戦略のみを考えたが,ここではさらに「自分が資源の＜所有者＞であるときにタカ戦略,＜非所有者＞であるときにハト戦略を採る戦略」を考えブルジョア戦略と呼ぶことにしよう.

所有,非所有という表現を使ったが,メイナード＝スミスのモデルでは人間社会における＜所有権＞のようなものが想定されているわけではない.ここでいう所有・非所有は,たとえば資源のある所に「先に来た」「後から来た」といった,どちらのプレーヤーにとっても認識可能な非対称性のことを意味している.このような双方が認識できる非対称性があれば,この非対称性にもとづいた条件付戦略の採用が可能となる.ブルジョア戦略は,資源の先有という非対称にもとづいた条件付戦略である.

どの個体も資源を先に発見する確率が平均して等しいとすると,ある対戦であるプレーヤーが資源の＜所有者＞になる確率は1/2である.このことより,ブルジョア戦略がタカ戦略やハト戦略と対戦したときの利得を求めることができる.

資源の価値が4,怪我のコストが2のときのタカハトゲームの利得表は

自分＼相手	H	D
H	1	4
D	0	2

である.ここで,ブルジョア戦略がタカ戦略と対戦したときの利得 u_{bh} を考えると,ブルジョア戦略者は確率1/2で資源の所有者,1/2で非所有者となるので,確率1/2でタカ戦略,1/2でハト戦略を採ることになる.一方,タカ戦略者は常にタカ戦略を採るので,

$$\begin{aligned} u_{bh} &= 1/2 \cdot u_{hh} + 1/2 \cdot u_{dh} \\ &= 1/2 \cdot 1 + 1/2 \cdot 0 \\ &= 0.5 \end{aligned}$$

となる.またこのとき,ブルジョア戦略と対戦したタカ戦略の利得 u_{hb} は

$$u_{hb} = 1/2 \cdot u_{hh} + 1/2 \cdot u_{hd}$$
$$= 1/2 \cdot 1 + 1/2 \cdot 4$$
$$= 2.5$$

となる．

次に，ブルジョア戦略とハト戦略が対戦したときの利得 u_{bd} を考えると，この場合もブルジョア戦略者は，確率1/2でタカ戦略，確率1/2でハト戦略を採るので，

$$u_{bd} = 1/2 \cdot 4 + 1/2 \cdot 2 = 3$$

となる．このときのハト戦略の利得 u_{db} は，

$$u_{db} = 1/2 \cdot 0 + 1/2 \cdot 2 = 1$$

である．

最後に，ブルジョア戦略同士の利得を考えよう．ここで，資源の所有・非所有がお互いに認識可能という仮定が重要な意味を持つ．ブルジョア戦略者同士が対戦した場合も，どちらかが確率1/2で資源の所有者になる．所有者になった方はタカ戦略，非所有者になった方はハト戦略を採るので，ブルジョア戦略同士の対戦では，

自分がタカ戦略，相手がハト戦略なので利得4
自分がハト戦略，相手がタカ戦略なので利得0

の事象がそれぞれ確率1/2で発生することになる．したがって，この場合のブルジョア戦略の利得 u_{bb} は

$$u_{bb} = 1/2 \cdot 4 + 1/2 \cdot 0 = 2$$

となる．

ちなみにブルジョア戦略同士の対戦の場合は行動レベルでは（タカ，ハト），（ハト，タカ）の組み合わせしか生じないために，常に闘争が回避されていることに注意しておこう．もし，ブルジョア戦略が安定であるならば，集団中で常に闘争が回避される道が開かれることになる．

さて，以上の考察により，闘争のコストが低い場合の利得表は

自分＼相手	H	D	B
H	1	4	2.5
D	0	2	1
B	0.5	3	2

であることが明らかになった．

同様に，闘争のコストが高い（例えばコスト＝6）の場合の利得表を求めると

自分＼相手	H	D	B
H	-1	4	1.5
D	0	2	1
B	-0.5	3	2

となる．これがすなわち，上の例3.4でもちいた利得表である．

この「闘争のコストが高いタカハトブルジョアゲーム」の場合，3つの頂点のうち頂点H，Dは不安定で頂点Bのみが漸近安定であった．頂点Bでは集団全体がブルジョア戦略を採用しているので，資源を巡る闘争が常に回避されることになる．この結果は，ブルジョア戦略のような条件付戦略の採用が可能な場合には，争いのない世の中が実現する可能性があることを示している．実際，サルの社会などでみられる順位制は，ブルジョア戦略類似の条件付戦略によって闘争回避を実現する仕組みのようである（大浦＆蔵 1999；大浦 2007）．

3.3.6.3 利得のベクトル表記

本筋に戻ることにしよう．以上のように，命題3.3を用いると利得表を見るだけで頂点の安定性を判定できて便利である．以下では，この命題3.3を証明して行くことにしよう．準備として，ここで利得の**ベクトル表記**の方法を導入する．（行列やベクトルの用語や計算については，簡単な線形代数のテキストを参照して欲しい．）

まず記号である．利得表を線形代数で用いられる「行列」と考え，この行列（利得行列）をAとする．また，Aのij成分をu_{ij}と書くことにする．u_{ij}は戦略Iが戦略Jと対戦したときの利得（適応度の増減）である．利得行列はUとするのが自然だが，式の中でみえにくくなるので，ここではAと書くことにする．

次に集団の状態をシェアベクトル x で表す．x は第 i 成分が x_i となる横ベクトルで

$$x = (x_1, x_2, \cdots, x_i, \cdots, x_n)$$

である．ここで x_i は戦略 I のシェアを表す 0 から 1 までの数である．このように表記法を定めると，頂点 I の状態（集団がすべて戦略 I の状態）は，第 i 成分が 1 で他が 0 の単位ベクトル

$$e_i = (0, 0, \cdots, 1, \cdots, 0)$$

で表すことができる．戦略 I のシェアが 1 で他の戦略のシェアが 0 だからである．

これらの記号を用いると，戦略分布が x で表される集団での戦略 I の利得 u_i と，集団全体の平均利得 u は次のように表すことができる．

$$u_i = e_i A x'$$
$$u = x A x'$$

ここで「$'$」（プライムと読む）は転置行列（行列の縦と横を入れ替えた行列）を示す記号で，x' は x を転置した縦ベクトルを表す．この記号を用いると，レプリケーターダイナミクス方程式は

$$\begin{aligned} dx_i/dt &= (u_i - u) x_i \\ &= (e_i A x' - x A x') x_i \\ &= (e_i - x) A x' \cdot x_i \end{aligned}$$

と書きなおすことができる．この 2 行目と 3 行目の表現は，場合によって使い分けることになる．

準備が出来たところで，命題3.3の証明を行おう．

［命題3.3の証明］
n 戦略のレプリケーターダイナミクスでは $n-1$ 本の微分方程式で系の振る舞いを完全に記述することができる．ここでは戦略 I 以外の任意の戦略 J についての方程式

第3章 レプリケーターダイナミクス

$$dx_j/dt = (e_j Ax' - xAx')x_j$$

で系の振る舞いを表すことにする．この式の右辺を $f_j(x)$ とする．

局所安定性解析を用いると頂点 I の安定性は，ヤコビ行列 $[f_{jk}(e_i)]$ の固有値の符号で判断できる（$f_{jk}(e_i)$ は $f_j(x)$ を x_k で偏微分した式に $x=e_i$ を代入した値）．

ここで，$f_j(x)$ を x_j で偏微分すると

$$\partial f_j/\partial x_j = \partial(e_j Ax' - xAx')/\partial x_j \cdot x_j + (e_j Ax' - xAx')$$

となる．これに $x=e_i$ を代入すると，i 以外の j で $x_j=0$ なので第1項が消えて

$$f_{jj}(e_i) = e_j Ae_i' - e_i Ae_i'$$
$$= u_{ji} - u_{ii}$$

となる．

また j とは異なる k を考えて，$f_j(x)$ を x_k で偏微分すると

$$\partial f_j/\partial x_k = \partial(e_j Ax' - xAx')/\partial x_k \cdot x_j$$

これに $x=e_i$ を代入すると，i 以外の j で $x_j=0$ なので

$$f_{jk}(e_i) = 0$$

これより，ヤコビ行列は j 番目の対角成分が $u_{ji}-u_{ii}$ で，あとの成分は0の対角行列となる．

対角行列の固有値は各対角成分と等しいので，i 以外の任意の j について

$$u_{ji} - u_{ii} < 0$$

が成立するならば，頂点 I は漸近安定である．

また，ある j について

$$u_{ji} - u_{ii} > 0$$

が成立するならば，頂点 I は不安定である．

[証明終わり]

証明は以上であるが，いくつかの j について $u_{ji}-u_{ii}=0$ が成り立ち，残りについて $u_{ji}-u_{ii}<0$ が成り立つ場合はどうなるのであろうか．このように利得にイコールの関係がある場合には，安定の場合も不安定の場合もありうる．したがって，この方法で安定性を判定することはできない．これは1変数や2変数の場合にもみられた局所安定性解析では判定できないケースだが，ベクトル図を用いれば判定できる場合がある．次節では単位単体におけるベクトル図の描き方を紹介しよう．

3.3.7 ベクトル図による判定

頂点以外の定常点については，命題3.3のような分かりやすい命題は存在しない．したがって，この場合はベクトル図や局所安定性解析を用いてケースバイケースで調べることになる．大抵の場合はこれらの方法で判定ができるが，場合によっては判定できないこともある．そのような場合でも，エントロピー関数やもっと一般にリャプノフ関数を使うことで判定が出来る場合があるが，本書ではそこまでは触れない．そのような場合はマイナーケースであるし，数値的に計算することである程度の見当をつけることも可能である．進んだ判定法に興味のある読者は，ホフバウアーやポントリャーギンの微分方程式のテキストを参照して欲しい．

この節では，ベクトル図を用いる方法を紹介し，次節では局所安定性解析を用いる方法を紹介する．

3.3.7.1 簡単なベクトル図の描き方

ベクトル図の書き方については2章で紹介したが，レプリケーターダイナミクスの場合，状態空間が単位単体となるためやや複雑である．そこでまず，戦略の**侵入可能性**に注目してベクトル図の概形を求める簡便法を説明し，ついで

表3.8 怪我のコストが低いときのタカハトブルジョアゲーム

自分\相手	H	D	B
H	1	4	2.5
D	0	2	1
B	0.5	3	2

第3章 レプリケーターダイナミクス

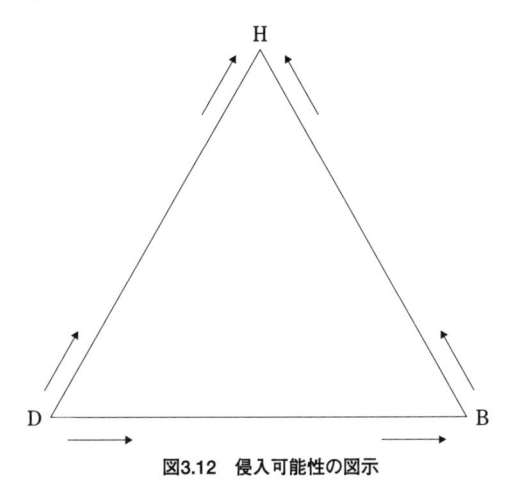

図3.12　侵入可能性の図示

　レプリケーターダイナミクス方程式の分析からベクトル図を求めるより精密な方法を紹介することにする．多くの場合，簡便法でも十分な情報を得ることが出来る．

　戦略の侵入可能性は3.1節の ESS のところでも少し触れたが，戦略 I の占める集団に戦略 J が少人数侵入したときに，J の利得が I の利得より大きければ，J は I に侵入可能となる．ここで J が I に侵入可能となる十分条件は

$$u_{ji} > u_{ii}$$

である．逆に

$$u_{ji} < u_{ii}$$

の場合は，J は I に侵入不可能である．

　これは命題3.3に登場した式と同じであるが，この情報からベクトル図と解軌道の概形を知ることができる．**表3.8**の利得表を例にとって説明しよう．

　まず，タカ戦略については $u_{hh}=1$ が，$u_{dh}=0$，$u_{bh}=0.5$ のいずれよりも大きいので，ハト戦略もブルジョア戦略も侵入不可能である．この場合，タカ戦略の集団にハト戦略が少数侵入した場合も，ブルジョア戦略が少数侵入した場合もいずれも，タカ戦略のシェアが増加するダイナミクスが生じて，集団はタカ戦略ばかりの状態に復帰する（なお命題3.3より，頂点 H は漸近安定）．

3.3 n 戦略のダイナミクス

このことを図で表してみよう．まず，頂点 H から少し頂点 D の方にずれた状態におけるダイナミクスは，頂点 H に復帰する方向のダイナミクスとなる．これを，図3.12のように頂点 H に向かう矢印で表現する．同様に，頂点 H から少し頂点 B の方にずれた状態におけるダイナミクスも頂点 H に復帰する方向となるので，辺 HB 上にも頂点 H に向かう矢印を記入する．

次に，ハト戦略について考える．$u_{dd} = 2$ は，$u_{hd} = 4$，$u_{bd} = 3$ のいずれより小さいので，ハト戦略にはタカ戦略もブルジョア戦略も侵入可能である．図3.12の頂点 D 付近の矢印がこのことを表現している．すなわち，頂点 D から，頂点 H の方向に少しずれた状態では H に向かうダイナミクスが生じるが，辺 DH 上の D から H に向かう矢印がこのことを示している．同様に，辺 DB 上の D から B に向かう矢印が頂点 B に向かうダイナミクスを示している．

最後にブルジョア戦略であるが，同様に考えると今度はタカ戦略はブルジョア戦略に侵入可能であるが，ハト戦略はブルジョア戦略に侵入不可能である．このことを頂点 B から辺 BH 上を頂点 H に向かう矢印と，辺 BD 上を頂点 B に戻る矢印で表現する．

図3.12はこのようにして，各戦略についての侵入可能性を図示したものである．これを見れば，ダイナミクスの解軌道の概形が図3.13のようになると見当をつけることができる．頂点 D も頂点 B も漸近安定ではなく，すべての軌道は頂点 H に向かい，十分長い時間の後には集団全体がタカ戦略で占められる

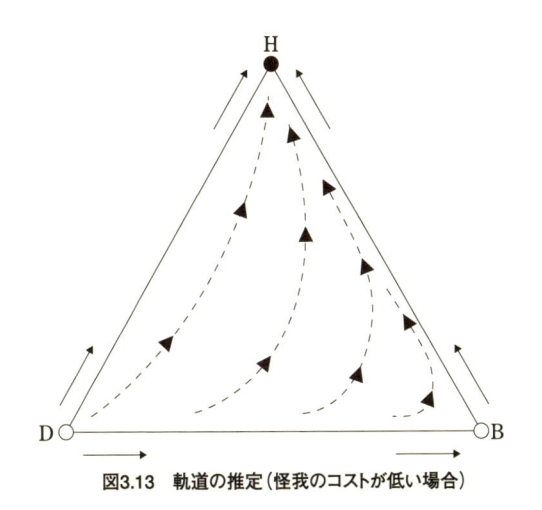

図3.13 軌道の推定（怪我のコストが低い場合）

第3章 レプリケーターダイナミクス

図3.14 軌道の推定（怪我のコストが高い場合）

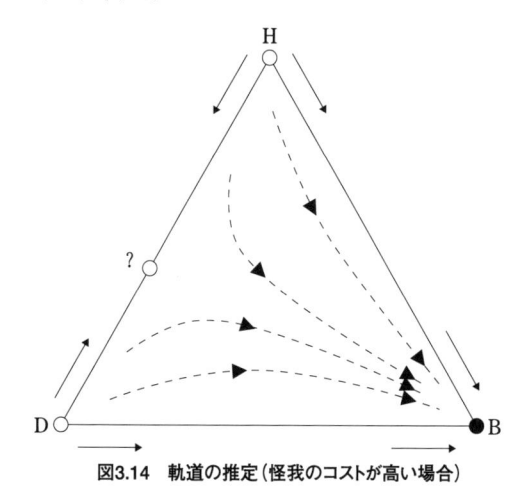

であろうことが予想される．この場合（闘争のコストが低い場合）には，闘争回避を実現する戦略は進化できないことが分かる．

[練習3.4]

怪我のコストが高い場合の利得表について侵入可能性を調べ，ベクトル図の概形を書け．

自分＼相手	H	D	B
H	-1	4	1.5
D	0	2	1
B	-0.5	3	2

3.3.7.2 より詳細なベクトル図の書き方

闘争のコストが高い場合，タカ戦略の利得が下がるので，**練習3.4**でみたように侵入可能性が変化する．タカ戦略にハト戦略，ブルジョア戦略が侵入可能になり，また，ブルジョア戦略にタカ戦略が侵入不可能になる．これらの情報を図示する上の**図3.14**のようになる．

図は，辺HB上と辺DB上ではダイナミクスの方向が一定であることを示すと共に，辺HD上では両端のダイナミクスの方向が異なることを示してい

る．このことは，辺 HD 上のどこかに定常点が存在することを示唆するが，命題3.2を用いて計算すると定常点の座標は $(2/3, 1/3, 0)$ とわかる．

　この定常点は安定であろうか不安定であろうか．練習で描いた簡便なベクトル図からは，どうやらこの定常点は不安定らしいことが分かる．辺 HB と辺 DB 上のダイナミクスはいずれも頂点 B に向かう一方向のダイナミクスであり，単位単体の内部でも軌道の向きはおおむね頂点 B に向かっていることが予想されるためである．

　ここでは，もう少し詳しいベクトル図を描いてこの予想を確認してみよう．簡便法では侵入可能性だけを吟味したが，以下では微分方程式から単位単体内部における各戦略の増加領域（または減少領域）を調べることによって，ベクトル図を描くことにする．

　H, D, B のシェアをそれぞれ p, q, r とし，それぞれの利得を u_h, u_d, u_b, 全体の平均利得を u とする．このとき，単位単体の中でブルジョア戦略が増加する領域は

$$u_b > u$$

となる領域である．

　利得 u_b, u は

$$u_b = -0.5p + 3q + 2r$$
$$u = -p^2 + 4pq + pr + 2q^2 + 4rq + 2r^2$$

であるが，これらに $r = 1 - p - q$ を代入して整理すると

$$u_b = -2.5p + q + 2$$
$$u = 3pq - 3p + 2$$

これより，$u_b > u$ となるのは

$$-2.5p + q + 2 > 3pq - 3p + 2$$
$$-3pq + 0.5p + q > 0$$
$$-3p(q - 1/6) + (q - 1/6) + 1/6 > 0$$
$$(-3p + 1)(q - 1/6) > -1/6$$
$$(p - 1/3)(q - 1/6) < 1/18 \quad (\text{式3.13})$$

第3章 レプリケーターダイナミクス

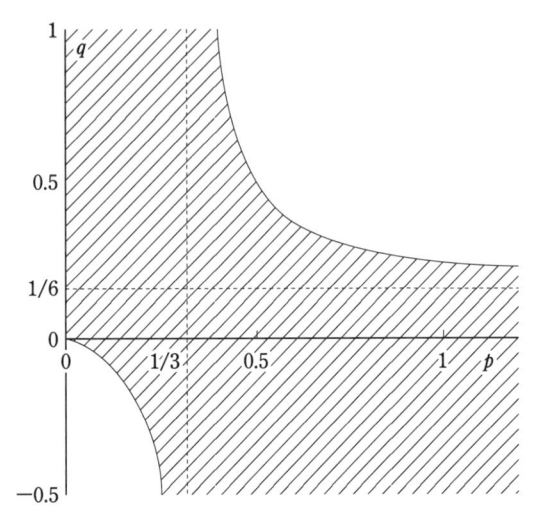

図3.15 戦略Bが増加すると考えられる領域（斜線部分）

を満たす p, q の場合である．pq 平面上にこの領域を図示すれば，図3.15のようになる．

3.3.7.3 斜交座標

式3.13の条件を単位単体上に図示するとどうなるだろうか．まず，単位単体と pq 平面の関係を考えてみよう．

たとえば，単位単体の頂点 H は戦略 H ばかりがいる状態を示すので，pq 平面上でいうと座標 (1, 0) に相当する．また，頂点 D は D ばかりの状態なので (0, 1) に相当する．頂点 B は B ばかりだが，言い換えると H も D もいない状態なので $p = 0$ かつ $q = 0$，つまり pq 平面上の原点 (0, 0) に相当する．このように考えると単位単体 BHD は pq 平面上の直角二等辺三角形 (0, 0), (1, 0), (0, 1) に相当することが分かる．

ここで，pq 平面を p 軸と q 軸が直交する通常の座標平面ではなく，p 軸と q 軸が60度の角度で交わる斜交座標平面で表現すると，三角形 (0, 0), (1, 0), (0, 1) は図3.16のように正三角形となる．これを単位単体 BHD と考えれば，従来のように単位単体を正三角形で表現できることになる．以下，この

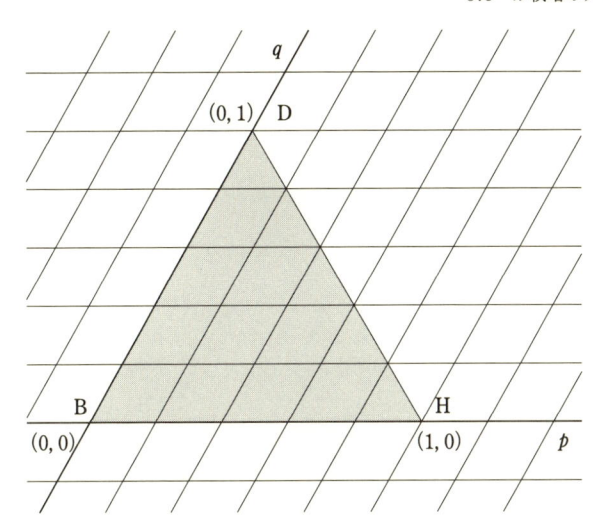

図3.16 斜交座標平面上の単位単体

斜交座標平面上で戦略の増減を考えることにしよう．

式3.13の等号式 $(p-1/3)(q-1/6)=1/18$ は $p=1/3$, $q=1/6$ を漸近線とする双曲線であるが，これを斜交座標上に記入すると図3.17の曲線になる．この曲線は辺 DH と交わるが，交点の座標は DH の式 $p+q=1$ と $(p-1/3)(q-1/6)=1/18$ を連立させて $(1/2,1/2)$ と $(2/3,1/3)$ と分かる．ちなみに $(2/3, 1/3)$ の方は，図3.14の辺 DH 上の定常点に相当する．以上より B の増加領域を単位単体上に書き込むと図3.17の斜線部分となる．

戦略 H，戦略 D の増加領域も同様に書き込むことができるので，練習問題として試みて欲しい．

[練習3.5]

戦略 H，戦略 D の増加領域を単位単体上に記入せよ．ただし

$$u_h = -2.5p + 2.5q + 1.5$$
$$u_d = -p + q + 1$$
$$u = 3pq - 3p + 2$$

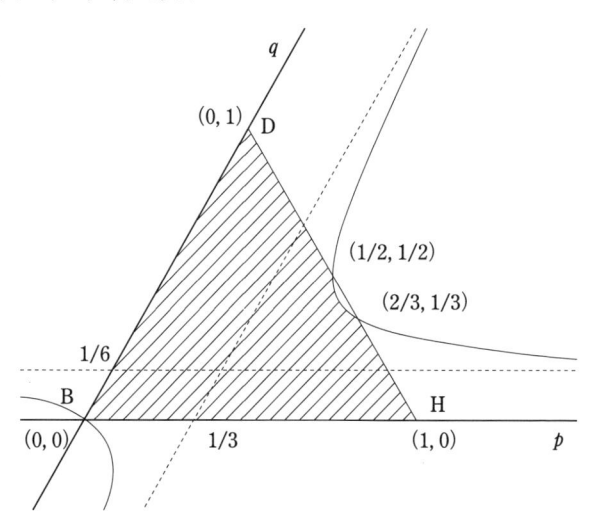

図3.17　単位単体における戦略Bの増加領域（斜線部）

である．

[解答]

戦略Hの増加領域は，$u_h > u$ より

$$(p-5/6)(q-1/6) < -1/36$$

戦略Dの増加領域は，$u_d > u$ より

$$(p-1/3)(q-2/3) < -1/9$$

これらをそれぞれ図示すると図3.18，図3.19のようになる．

3.3.7.4　矢印の記入

以上の結果を一つの単位単体上に記入すれば，図3.20となる．各戦略の増減のパターンによって単位単体が四つの領域に分類できることが分かる．

辺DHにそった小さな領域1では，戦略Bが減少する一方，戦略Hが増加

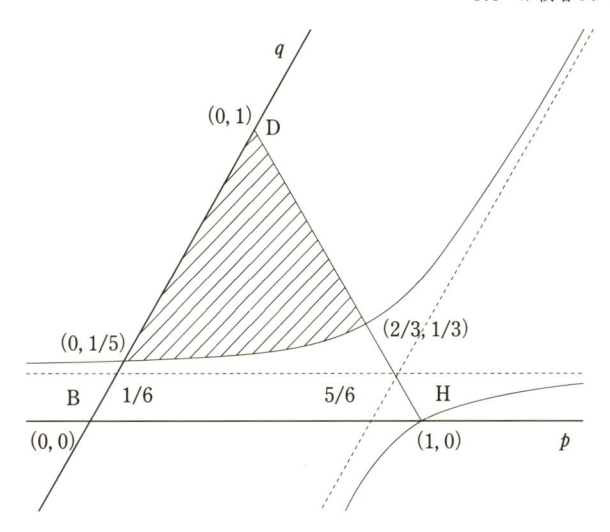

図3.18　単位単体における戦略Hの増加領域（斜線部）

し戦略Dが減少する．それ以外の領域ではすべて戦略Bが増加するが，頂点Dを含む領域2では，戦略Hが増加し戦略Dが減少する．頂点Bを含む領域3では，戦略Hも戦略Dも減少するので戦略Bのみが増加する．頂点Hを含む領域4では，戦略Bと戦略Dが増加し戦略Hが減少する．以下，この情報をもとに，ダイナミクスの方向を示す矢印を記入してみよう．

　領域1については，領域1に含まれるある点から，p座標が増える方向がHの増える方向で，q座標が減る方向がDの減る方向である．q座標の増減については普通に上の方向がqの増える方向，下の方向がqの減る方向である．p座標の増減については，斜交座標の場合q軸が傾いているので，出発点を通るq軸と平行な直線を考えて，その直線より右の方向がpの増える方向，左の方向がpの減る方向となる．したがって，H増加でかつD減少を示す方向はq軸の平行線より右で，水平線（＝p軸の平行線）より下の方向，時計の針でいうと3時から7時の方向ということになる．

　領域1の場合，さらに「Bが減少」という情報も加わるので，矢印の方向をもう少し限定することができる．今度は出発点を通り辺DHに平行な直線を引くならば，この直線上ではBのシェアは変化しない．また，この直線より

第3章 レプリケーターダイナミクス

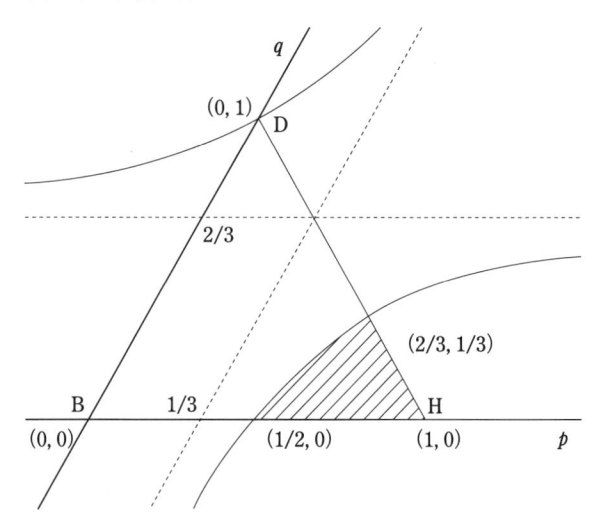

図3.19 単位単体における戦略Dの増加領域（斜線部）

左下の方向がBが増加する方向，右上の方向がBが減少する方向となる．これより「H増加，D減少，B減少」の方向は，3時から7時の方向のうち辺

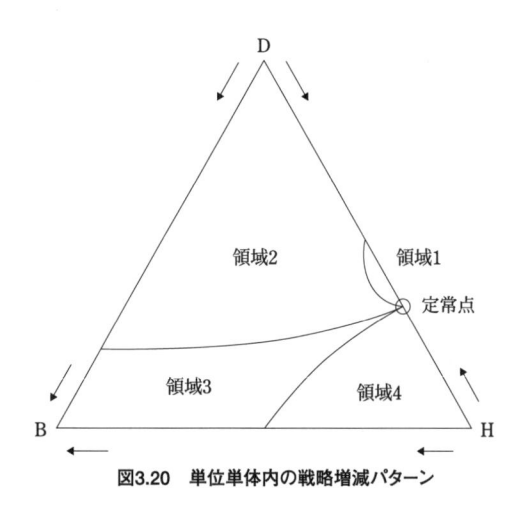

図3.20 単位単体内の戦略増減パターン

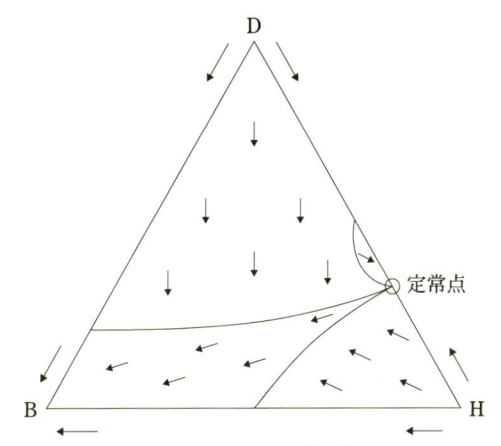

図3.21　怪我のコストの大きいタカハトブルジョアゲームのベクトル図

DH の平行線よりは右上の方向になる．3 時～5 時の方向がこの条件に該当するので，おおむね 4 時の方向に矢印を引いておくことにしよう．

領域 2 は「H 増加，D 減少，B 増加」の領域である．領域 1 と H, D については同じだが，B については増加となっている．したがって，3 時から 7 時の方向のうち辺 DH の平行線よりは左下の方向，つまり 5 時から 7 時の方向がこの領域のダイナミクスの方向になる．おおむね 6 時の方向に矢印を引くことにしよう．

同様に，領域 3 は「H 減少，D 減少，B 増加」なので，おおむね 8 時の方向，領域 4 は「H 減少，D 増加，B 増加」なのでおおむね 10 時の方向に矢印を引けばよい．このようにすれば図3.21のベクトル図ができあがる．

ベクトル図から定常点 $(2/3, 1/3, 0)$ の近傍は，一部 B の減少領域が存在するが，おおむね B の増加領域であることがわかる．定常点から，領域 1 にずれた場合は，定常点に戻るダイナミクスが生じるが，領域 2 や領域 4 にずれた場合は，領域 3 に向かうダイナミクスが働き，領域 3 に入るとダイナミクスは頂点 B に向かうことになる．

領域 3 は定常点まで入り込んでいるので，定常点の近くにどんなに狭い近傍を考えても，その中に定常点から遠ざかるダイナミクスが生じる領域があることが分かる．一般に，定常点の近くに常に定常点から遠ざかる領域があるとき，

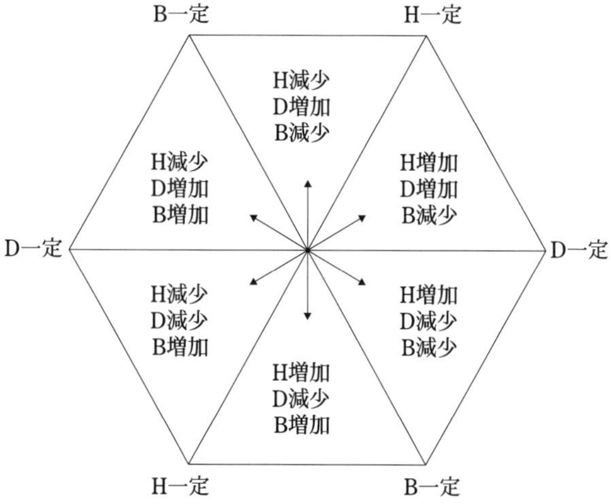
B一定
H一定
H減少
D増加
B減少
H減少
D増加
B増加
H増加
D増加
B減少
D一定
D一定
H減少
D減少
B増加
H増加
D減少
B減少
H増加
D減少
B増加
H一定
B一定

図3.22　戦略の増減パターンと変化の方向

定常点は不安定なので（第7章参照），定常点（2/3，1/3，0）は不安定定常点と判定される．

実はこの定常点は，次節でのべる局所安定性解析を用いて分析すると，ヤコビ行列の最大固有値が0となり，安定性の判定ができない厄介な定常点である．このように局所安定性解析では判定できない場合でも丁寧にベクトル図を描いていくと安定性を判定できる場合がある．

図3.22に，戦略の増減とベクトル図の矢印の方向の関係をまとめておくので，ベクトル図を描く場合の参考にして欲しい．

3.3.8　局所安定性解析による判定

3.3.8.1　計算の工夫

ここまでベクトル図を描く方法を解説してきた．ベクトル図だけで定常点の安定性が判定できる場合も多いが，2.3節で紹介した被食・捕食のダイナミクスのように，軌道が回転をする場合などではベクトル図だけで判定することは困難な場合もある．そのような場合には局所安定性解析をあわせて用いることになる．

3.3 n 戦略のダイナミクス

ただ，レプリケーターダイナミクスは右辺が3次式なので，直接計算をしようとすると若干厄介である．しかし，この場合も定常点では各戦略の利得は等しい（命題3.2）ことと，3.6節で紹介した利得のベクトル表示を上手く用いると計算をかなり簡略化することができる．表3.6の，一般化じゃんけんゲームを例にとって計算方法を紹介することにしよう．

一般化じゃんけんゲームは，例3.3で見たように頂点の他にG（グー），T（チョキ），P（パー）の割合が1/3, 1/3, 1/3のときが定常点だが，この内点定常点の安定性を局所安定性解析を用いて吟味していこう．

まず，G, T, Pのシェアをそれぞれ p, q, r とする．これらは足して1なので例えば $r = 1-p-q$ である．したがって，p と q の微分方程式を考えれば，十分である．

G, Tの利得をそれぞれ u_g, u_t，全体の平均利得を u，利得行列を A，シェアベクトルを $x = (p, q, r)$ とすると

表3.6 一般化じゃんけんゲーム（再掲）

自分＼相手	G	T	P
G	a	1	-1
T	-1	a	1
P	1	-1	a （ただし $-1 < a < 1$）

$u_g = e_1 A x'$
$u_t = e_2 A x'$
$u = x A x'$

である．また，レプリケーターダイナミクス方程式は

$dp/dt = (u_g - u)p$
$dq/dt = (u_t - u)q$

である．

この方程式の右辺をそれぞれを $f_p(x)$, $f_q(x)$ と書くことにしよう．定常点のシェアベクトルを $x^* = (1/3, 1/3, 1/3)$ とすると，x^* の安定性は，ヤコビ行列

$$\begin{pmatrix} f_{pp}(x^*) & f_{pq}(x^*) \\ f_{qp}(x^*) & f_{qq}(x^*) \end{pmatrix}$$

の固有値から判定することが出来る．

3.3.8.2 ヤコビ行列の計算

以下，ヤコビ行列の成分を順に求めていくことにしよう．

まず，$f_{pp}(x^*)$ は

$$f_p(x) = (u_g - u)p$$

を p で偏微分した式に $x = x^*$ を代入して得られる値である．

$$\partial f_p / \partial p = (\partial u_g / \partial p - \partial u / \partial p) p + (u_g - u)$$

なので，$\partial u_g / \partial p$ と $\partial u / \partial p$ を先に求めておくことにしよう．

$$u_g = e_1 A x'$$

より，

$$\partial u_g / \partial p = e_1 A \cdot \partial x' / \partial p$$

ここで

$$x = (p, \ q, \ 1-p-q)$$

なので

$$\partial x / \partial p = (1, \ 0, \ -1)$$
$$= e_1 - e_3$$

したがって

$$\partial u_g/\partial p = e_1 A \cdot \partial x'/\partial p$$
$$= e_1 A(e_1-e_3)'$$
$$= e_1 A e_1' - e_1 A e_3'$$
$$= u_{11} - u_{13}$$
$$= a+1$$

次に $\partial u/\partial p$ であるが
$$u = xAx'$$
より，積の微分の公式を用いると
$$\partial u/\partial p = \partial x/\partial p Ax' + xA\partial x'/\partial p$$
$$= (e_1-e_3)Ax' + xA(e_1-e_3)'$$
この項については先に $x=x^*$ を代入すると
$$\partial u/\partial p(x^*) = (e_1-e_3)Ax^{*\prime} + x^*A(e_1-e_3)'$$
$$= (1, 0, -1) \cdot 1/3a(1, 1, 1)'$$
$$\quad + 1/3a(1, 1, 1)(1, 0, -1)'$$
$$= 0+0$$
$$= 0$$
となる．

さらに，定常点では各戦略の利得は等しいので
$$u_g = u$$
これらより
$$f_{pp}(x^*) = (a+1-0) \cdot 1/3 + 0$$
$$= (a+1)/3$$
他の成分も同様に求めることができる．$f_{pq}(x^*)$ について，途中の計算を少し書いておくと，
$$f_p(x) = (u_g - u)p$$

第3章 レプリケーターダイナミクス

より

$$\partial f_p/\partial q = (\partial u_g/\partial q - \partial u/\partial q)p$$

ここで

$$\partial u_g/\partial q = e_1 A(e_2-e_3)'$$
$$= u_{12} - u_{13}$$
$$\partial u/\partial p(x^*) = (e_2-e_3)Ax^{*\prime} + x^*A(e_2-e_3)'$$
$$= 0$$

なので

$$f_{pq}(x^*) = 2/3$$

以下同様にして

$$f_{qp}(x^*) = -2/3$$
$$f_{qq}(x^*) = (a-1)/3$$

と分かる．

3.3.8.3　固有値と安定性の判定

以上の計算から，定常点 x^* についてのヤコビ行列は

$$\begin{pmatrix} (a+1)/3 & 2/3 \\ -2/3 & (a-1)/3 \end{pmatrix}$$

である．この行列の固有値を求めてみよう．

一般に，行列

$$\begin{pmatrix} a & b \\ c & d \end{pmatrix}$$

の固有方程式は

$$\lambda^2 - (a+d)\lambda + (ad-bc) = 0$$

である．これより，このヤコビ行列の固有方程式は

$$\lambda^2 - 2a/3\lambda + (a^2+3)/9 = 0$$

である．解の公式を用いて固有方程式を解くと固有値は

$$\lambda = a/3 \pm 1/\sqrt{3}\,i$$

となる．

　固有値が複素数なので，ダイナミクスは定常点の周りを回転する軌道を持つことがわかる．このとき，固有値の実部が正の場合，定常点は不安定，負の場合，安定となるので，定常点 x^* は

　　$a > 0$　　のとき　不安定
　　$a < 0$　　のとき　漸近安定

と判定することができる（図3.23）．

　$a = 0$ のときは，局所安定性解析だけからは判定はできないが，エントロピー関数を用いた解析によって，定常点はリャプノフ安定となることがわかる（Weibull 1995：77-78参照）．

[練習3.6]
　次の利得行列について，
　1　頂点以外の定常点をもとめよ．
　2　頂点以外の定常点の安定性を吟味せよ．

自分＼相手	G	T	P
G	0	1	-1
T	-1	0	1
P	2	-1	0

（変形じゃんけんゲーム）

3.3.9　モデルの安定性の含意

　ここまで，ベクトル図を描く方法と局所安定性解析の計算方法を紹介してきた．多くの場合，この二つの方法で安定性の判定は十分行えるが，これらの併

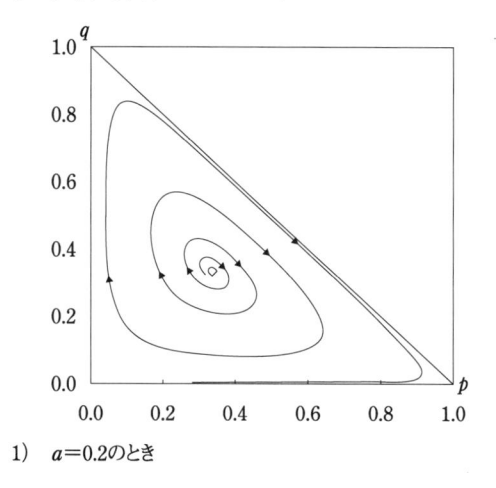

第3章　レプリケーターダイナミクス

1) $a=0.2$ のとき

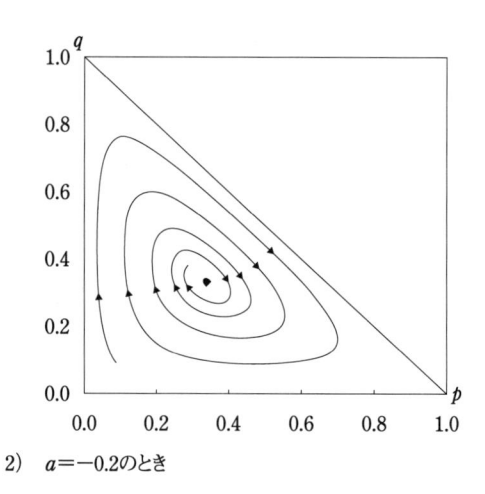

2) $a=-0.2$ のとき

図3.23

用でも判定が出来ない場合もありうる．そのような場合にはリャプノフ関数を用いるなどの方法を用いることになるが，そのような場合はほとんど生じないので本書では扱わない．

逆にいうと，「ベクトル図と局所安定性解析の併用でも判定が出来ない」ということはそれ自体有用な情報である．ダイナミクスを示す微分方程式は，現実から主要な要因を抽出してモデル化することで得られた近似の産物であることを思い出してほしい．それは完全なものではなく，実際にはモデル化されていない要因の作用が常に存在しているはずである．

定常点がはっきりと漸近安定，あるいは不安定の場合には，モデル外要因が多少作用しても安定，不安定という性質自体は変わらないことが期待できる．このような場合，ダイナミクスは**構造安定**であると呼ばれる．一方，安定か不安定か微妙な場合はモデル外要因の作用によって，どちらに転ぶか分からないといえる．このような場合，ダイナミクスは**構造不安定**であると呼ばれる．

もちろん，「はっきり」とか「微妙」とかの基準を厳密に立てることは出来ないが，「ベクトル図と局所安定性解析で判定が出来ない」場合は構造不安定である可能性が高いとはいうことができる．このような場合は頻繁に生じるものではないが，そのような場合には，数学的な分析を精緻化することのみにこだわるのではなく，現象のモデル化の精度をあげることも試みる必要があろう．

第4章 学習ダイナミクス

　第3章ではレプリケーターダイナミクスとその分析法について説明した．第4章では学習ダイナミクスについて解説する．レプリケーターダイナミクスと学習ダイナミクスではダイナミクスを駆動するマイクロプロセスが異なるが，微分方程式を立てた後の分析手順は共通している．

4.1　レプリケーターダイナミクスと学習ダイナミクス

　レプリケーターダイナミクスはプレーヤーの出生死滅によって駆動されるダイナミクスである．戦略は遺伝や教育によって親から子へ継承されることが仮定され，プレーヤーは生涯に渡って戦略を変えることはない．戦略のシェアは次世代に残す子供の数が戦略によって異なることによって変化していく．

　これに対し，プレーヤーが生きている間に戦略を変えることを仮定するダイナミクスを考えることもできる．このタイプのダイナミクスを **学習ダイナミクス** と総称する．現実の社会ではプレーヤーは様々な方法で戦略を変えているだろう．ある戦略で失敗すれば，それを変えるかもしれないし，他人がよさそうな戦略を採っていれば，それをまねするかも知れない．いろいろ考えた結果，現状では最善と判断する戦略を採ろうとすることもあるだろう．

　このときに，戦略を変える手続きには上のようにさまざまなものが考えられるので，学習ダイナミクスにも色々なタイプのものが考えられる．具体的には，試行錯誤ダイナミクス，模倣ダイナミクス，最適反応ダイナミクスなどが考えられている．

　以下ではまず，レプリケーターダイナミクスと学習ダイナミクスの特徴をおおまかに比較してから，学習ダイナミクスの各タイプについて順に詳しく見ていくことにしよう．

第4章 学習ダイナミクス

4.1.1 ゲームの繰り返しと戦略修正

　学習ダイナミクスの最大の特徴は，プレーヤーが戦略を変えることが想定される点にある．プレーヤーはゲームを繰り返して経験するうちに，戦略を変えたり変えなかったりする．戦略の変え方には，自分の手や他人の手を参照したり，自分の利得や他人の利得を参照したり，深く考えたり余り考えなかったり様々な方法がありうるが，いずれにせよ何らかの方法でプレーヤーは戦略を修正することになる．この戦略を修正する方法を **戦略修正アルゴリズム** と呼ぶことにしよう．学習ダイナミクスは，各プレーヤーが何らかの戦略修正アルゴリズムに従って戦略を変化させるときに生じるダイナミクスと定義することができる．

　戦略が修正されるということは，ゲームが繰り返して何回か行われることを意味している．逆にいうとゲームが1回切りしか行われない場合には学習ダイナミクスは生じない．ちなみに従来型のゲーム理論にも「繰り返しゲーム」というカテゴリーがあるが，従来の「繰り返しゲーム」は動学的なプロセスを扱うものではない．プレーヤーは事前に「繰り返しゲーム」の中でどう振舞うかについての行動プラン（この行動のプランをスーパー戦略という）を立てると想定され，この行動プラン（スーパー戦略）同士の間でのナッシュ均衡を考えるという静学的なアプローチが取られてきた．「繰り返しゲーム」という用語はこの種の静学的な分析法を採るときの用語なので，ここでは「繰り返しゲーム」とはいわず，「繰り返しのあるゲーム」とか「ゲームの繰り返し」などという言い方を使うことにしよう．

4.1.2 現象のタイムスケール

　学習ダイナミクスは，ゲームが複数回繰り返して行われる場合にプレーヤーが戦略を修正することによって生じるダイナミクスである．ダイナミクスの生じるタイムスケールは，ゲームが繰り返される頻度や，戦略の修正が起きる頻度に依存する．ゲームによっては一日に何回かプレーする機会があるものもあるだろうし，一年に一回とか数年に一回しかプレーする機会がないものもあるかもしれない．しかし，いずれの場合もプレーヤーが生きているうちに数回以上はゲームを行なう機会と戦略を変更する機会があることは期待できる．したがって，長くても一世代以内のタイムスケールで生じるダイナミクスであると

はいえる．実時間にして数年から数十年程度のタイムスケールであろう．

これに対し，レプリケーターダイナミクスの場合は出生死滅過程によってダイナミクスが駆動する．第3章の始めで述べたように想定されるタイムスケールは数十世代から数百世代で，実時間にして数百年から数千年以上が想定される．したがって，学習ダイナミクスによる分析は，短期的な現象を分析する場合に有用であり，レプリケーターダイナミクスによる分析は長期的な現象を分析する場合に有用であるといえる．

生物学的な現象の場合は，数千年から数万年というタイムスケールで起こることも多いが，社会科学が扱う現象は数年から数十年程度のタイムスケールのものがほとんどであろう．したがって，多くの社会科学的な現象の分析には学習ダイナミクスが用いられることになる．しかし，社会科学的な現象でも社会の起源や協力の進化といった大きな問題にかかわる現象は，長いタイムスケールで起きる現象なのでレプリケーターダイナミクスによる分析が有用であり必要となる．

レプリケーターダイナミクスと学習ダイナミクスの関係は学習の進化という点からも考察できるが，ここでは短期的な現象が学習ダイナミクス，長期的な現象がレプリケーターダイナミクスによる分析の守備範囲で，中間的なタイムスケールの場合には両者の併用が必要な場合があることを確認しておこう．

4.2 模倣ダイナミクス

以下では，具体的な学習ダイナミクスとして，模倣ダイナミクス，試行錯誤ダイナミクス，最適反応ダイナミクスについて見ていくことにする．模倣ダイナミクスは，プレーヤーが他者の戦略を真似ることによって生じるダイナミクス，試行錯誤ダイナミクスはプレーヤーが試行錯誤をして色々な戦略を試す場合に生じるダイナミクス，最適反応ダイナミクスはプレーヤーが他者の採用する戦略を経験的に推定して，それに対して自分の利得が最も高くなるように戦略を修正していくときに生じるダイナミクスである．

第4章では二人対称ゲームの場合を紹介する．二人非対称ゲームや，三人以上のゲームについては第5章で紹介することにしよう．

4.2.1 模倣と同調

模倣とは，簡単にいうと他のプレーヤーの戦略をまねすることである．他人の服装や仕草をまねして取り入れることは良くあるし，ものの考え方や生き方をまねるということもあるだろう．

模倣と良く似た現象に同調がある．他者をまねるという点で同調と模倣は共通している．相違点は，同調が多くの人が行っている行動を「みんなしてるから」という理由でまねるのに対し，模倣では他者の行動などを「いいな」と思ってまねる点にある．同調では周りと同じか違うかが大事であって，その行動そのものが良いかどうかはあまり問題にならないのに対し，模倣ではその行動が良いか悪いかが問題で，良ければまねするし悪ければまねしない（その結果相手と違う行動となってもかまわない）点が異なっているといえる．

もちろん実際の現象ではこれらの要素が混在しているが，理論的には模倣と同調を上のように区別することができる．同調によって発生するダイナミクスは「より多い戦略が増える」という単純なものになりやすい．以下では「いいな」と思ってまねをするタイプのダイナミクスを考えていくことにしよう．

4.2.2 仮定すべき事柄

模倣によってプレーヤーは戦略を変更し，それにつれて集団中の戦略シェアも変化していく．このようなダイナミクスを**模倣ダイナミクス**という．このプロセスをモデル化する上で，考慮すべき点を確認しておこう．

まず，一口に「他人の行動」といっても誰の行動をまねすると想定すればよいのであろうか．模倣対象についての仮定が必要である．次に「いいな」と思う場合の「良い悪い」を判断する基準はなんなのであろうか．評価基準についての仮定が必要である．さらに，他人の何をまねするのか（模倣事項），どういうときにまねするのか（模倣タイミング）についての仮定も必要であろう．

模倣対象については，集団中からランダムに選ぶ（たまたま道で会った人を対象とするなど）と想定することもできるし，集団の中でも景気のよさそうな人を対象にすると想定することもできる．

良い悪いの評価基準としては，たとえば，物質的な利得の大小を用いることができるが，なにかしら「いいな」と思えばよいのであるから，より主観性のある<効用>を評価基準とすることもできる．効用の高い行動を良い，低い行

動を悪いと評価するのである．この場合は，模倣しようとする人の効用と，模倣される人の効用の，どちらが評価基準として妥当かということが問題になる．たとえば，誰かが気にいって着ている服でも，他の人にはちっとも良くないというように，同じ服でも効用が違うことがありうる．この場合，良くないと思っている人はその服装をまねしようとはしないであろうから，評価の基準は「模倣しようとする人の効用」とすることが妥当と考えられる．

　他人の何をまねするのか（模倣事項）については経験的な研究が必要であるが，次の事柄が指摘できるであろう．まず，他人から見えにくい事柄よりも，見えやすい事柄の方が模倣の対象となりやすいと考えられる．たとえば下着や寝巻きよりも上着やコートの方が模倣されやすいし，流行の対象にもなりやすいであろう．また，複雑な事柄よりも単純な事柄の方が模倣されやすいと考えられる．ある人の人生観よりは，その人の持ち物の方が模倣されやすいであろう．複雑な事柄が模倣されるときには，単純化されて模倣される可能性も考えられる．その意味で，混合戦略（複数の戦略を確率的に組み合わせる）やスーパー戦略（相手の出方に応じた行動プラン）は一般に模倣されにくく，模倣される場合もそのままではなく単純化された純粋戦略として模倣されることが多いと予想できる．ここでは，単純な純粋戦略が模倣の対象となる場合を考えることにする．

　模倣のタイミングについては，すべてのプレーヤーが同じ頻度で他人の行動を参照しようとすると想定することもできるし，特に現状に不満をもっている人が高い頻度で自分の行動を変えようとすることも考えられる．この点については，両方のタイプのモデルを立てることができる．

4.2.3　街角模倣モデル

　ここではまず，もっとも単純なモデルとして次の事柄を仮定するモデルを考えよう．

［仮定］
- どのプレーヤーも同じ頻度で戦略の見直しをする．
- 戦略の比較対象は集団中からランダムに選ばれる．
- 各プレーヤーは微小時間 $\varDelta t$ の間に $r\varDelta t$ の確率で戦略の見直しをする．
- プレーヤー集団全体の人数は N 人で一定．

第4章 学習ダイナミクス

　これは街角で偶然出会った人の戦略をまねるかまねないかを意思決定するようなモデルなので，**街角模倣モデル**と呼ぶことにする．

　各プレーヤーは Δt の間に $r\Delta t$ の確率で戦略の見直しをするので，N を十分に大きい値とすると Δt の間に $rN\Delta t$ 人のプレーヤーが戦略の見直しを行うことになる．

　見直しを行うプレーヤーは集団中からランダムに一人，参照相手となるプレーヤーを選び出す．参照相手が自分よりも自分の効用関数でみて良い場合に，自分の戦略を参照相手の戦略に変更するものとする．ただし，以下では簡単のために効用関数はどのプレーヤーについても共通と仮定する．このようなマイクロプロセスを仮定するときに，集団全体ではどのようなマクロダイナミクスが生じるのであろうか．いくつかの具体的なゲームについて見てみよう．

[例4.1]　調整ゲーム
　　次の調整ゲームの場合について考えよう．

自分＼相手	A	B
A	2	0
B	0	1

　戦略Aのプレーヤーの割合を x，戦略Bのプレーヤーの割合を $1-x$ とする．プレーヤーはランダムに出会ってゲームを行うとすると，最近のプレーで効用 2 を獲得したプレーヤーの割合は x^2，効用 1 を獲得したプレーヤーの割合は $(1-x)^2$，効用 0 を獲得したプレーヤーの割合は $2x(1-x)$ となる．

　微小時間 Δt の間に $rN\Delta t$ 人のプレーヤーが戦略の見直しを行うが，そのうち

　　$x^2 rN\Delta t$ 人が　　　　最近の効用が2
　　$(1-x)^2 rN\Delta t$ 人が　　最近の効用が1
　　$2x(1-x) rN\Delta t$ 人が　　最近の効用が0

となる．ここで各プレーヤーは，参照相手の最近のゲーム結果が分かり，それと自分の最近のゲーム結果を比較して戦略を変更するかしないかを決めることができると仮定しよう．

このとき，戦略Aのプレーヤーが戦略Bに変更するのは，戦略Aで効用0のプレーヤーが，戦略Bで効用1のプレーヤーを参照相手に選んだ場合でその場合だけある．このとき戦略Aから戦略Bへの「流出」が発生する．

見直しを行なうプレーヤー $rN\Delta t$ 人のうち，

　　戦略Aで効用0のものは　$x(1-x)\,rN\Delta t$ 人，

これらのプレーヤーが戦略Bで効用1のプレーヤーを参照相手に選ぶ確率は

$$(1-x)^2$$

である．したがって

$$x(1-x)\,rN\Delta t \cdot (1-x)^2 人$$

が Δt の間にAからBに流出する人数となる．

一方，戦略Bから戦略Aに変更するのは，戦略がBで効用が0や1だったプレーヤーが戦略Aで効用が2だったプレーヤーを参照する場合である．この場合，戦略Aへの「流入」が発生する．

戦略Bのプレーヤーは全員効用が0か1なので，$rN\Delta t$ 人の見直しプレーヤーのうち，

$$(1-x)\,rN\Delta t \cdot x^2 人$$

のプレーヤーが，Δt の間に戦略をBからAに変更することになる．これがBからAへの流入である．

ここで戦略Aの人数は，Aへの流入人数からAからの流出人数を引いた人数だけ増減するはずである．したがって，

　　(Aの人数の変化) = (Aへの流入) − (Aからの流出)

となる．上の考察から

第4章　学習ダイナミクス

$$A への流入 = (1-x) rN\Delta t \cdot x^2$$
$$A への流出 = x(1-x) rN\Delta t \cdot (1-x)^2$$

なので

$$A の人数の変化 = (1-x) rN\Delta t \cdot x^2 - x(1-x) rN\Delta t \cdot (1-x)^2$$

である．

一方 Δt の間の，戦略Aのシェア x の変化を Δx とすると

$$\Delta x = A の人数の変化 / N$$

である．したがって

$$A の人数の変化 = N\Delta x$$

となる．これを上の式に代入すると

$$N\Delta x = (1-x) rN\Delta t \cdot x^2 - x(1-x) rN\Delta t \cdot (1-x)^2$$

両辺を $N\Delta t$ で割って $\Delta t \to 0$ とすると

$$\begin{aligned}dx/dt &= (1-x) r \cdot x^2 - x(1-x) r \cdot (1-x)^2 \\ &= rx(1-x)(x - (1-x)^2) \\ &= rx(x-1)(x^2 - 3x + 1)\end{aligned}$$

という微分方程式が得られる．これが街角模倣モデルのダイナミクス方程式である．

このダイナミクスを分析してみよう．2次方程式の解の公式を用いると

$$x^2 - 3x + 1 = (x - \alpha)(x - \beta)$$
$$ただし\quad \alpha = (3 - \sqrt{5})/2 \quad (約 0.38)$$
$$\beta = (3 + \sqrt{5})/2 \quad (約 2.62)$$

と因数分解できる．これよりダイナミクスのベクトル図は図4.1のようになる．したがって，

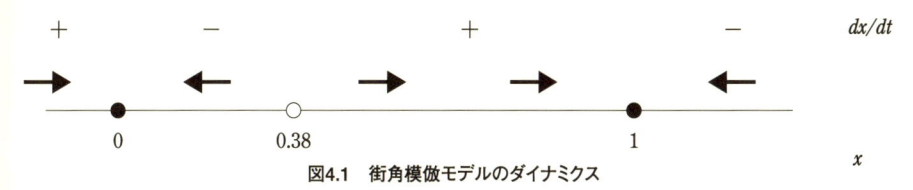

4.2 模倣ダイナミクス

```
    +        −        +        +        −       dx/dt
 →       ←           →       →        ←
 ●          ○                          ●
 0         0.38                        1         x
```

図4.1 街角模倣モデルのダイナミクス

$x=0$, $x=1$　が　漸近安定点
$x=(3-\sqrt{5})/2$　が　不安定定常点

であることがわかる．

ちなみに，利得表の値を効用ではなく適応度の増減とみなしてレプリケーターダイナミクスを求めると

$$dx/dt = x(1-x)(3x-1)$$

となり

$x=0$, 1　が　漸近安定点
$x=1/3$　が　不安定定常点

となる．

この場合，レプリケーターダイナミクスと模倣ダイナミクスはおおむね同じようなダイナミクスとなる．不安定定常点（ダイナミクスの分水嶺にあたる）の位置は若干異なるが，漸近安定点については両者は一致している．

[練習4.1]

次の利得表のゲームについて，街角模倣モデルのダイナミクスを求めよ．また，漸近安定点や不安定定常点を求めよ．

1 タカハトゲーム1

自分＼相手	H	D
H	1	4
D	0	2

2　タカハトゲーム2

自分＼相手	H	D
H	-1	4
D	0	2

4.2.4　不満・羽振りモデル

　街角模倣モデルでは，見直しの頻度はすべてのプレーヤーで同じで，模倣対象者は集団からランダムに選ばれた．しかし，戦略の見直しは効用の低い人が頻繁に行い，効用の高い人はあまり行わないかもしれない．プレーヤーが自らの効用の低さに不満をもち，頻繁に他者の戦略を参照しようとすることを仮定するモデルを**不満モデル**と呼ぶことにする．

　このとき，参照者も集団からランダムに等確率で選ばれるのではなく，「羽振り」の良い人がそうでない人よりも高い確率で選ばれるかもしれない．この場合，プレーヤーの効用が観察可能な経済的・社会的な「羽振り」と関連していることを仮定する必要があるが，なんらかのメカニズムで羽振りの良いプレーヤーが高い確率で参照されることを仮定するモデルを**羽振りモデル**と呼ぶことにする．

　以下では，不満による模倣と羽振りのよさによる参照の両方を仮定する**不満・羽振りモデル**を考えることにしよう．

［仮定の追加］
　以下のモデルでは，街角モデルに次の仮定を追加する．
- 最近の効用が u であったプレーヤーは，微小時間 dt の間に $r(u)\,dt$ の確率で戦略の見直しを行う．
- 最近の効用が u_1 であったプレーヤーは，効用が u_2 であったプレーヤーより参照される確率が $q(u_1)/q(u_2)$ 倍大きい．
- $r(u)$ は u についての減少関数．$q(u)$ は u についての増加関数．

　まず，見直しの仮定である．最近のプレーで効用が u であったプレーヤーは，微小時間 dt の間に $r(u)\,dt$ の確率で戦略の見直しを行うものとする．r

(u) は u についての減少関数だが，負にはならないものとしよう．このように仮定すれば効用が低いプレーヤーほど頻繁に見直しを行うことになる．なお，前節では微小時間を Δt として後で $\Delta t \to 0$ としたが，以下のモデルでは最初から微小時間を dt と置くことにする．

次に参照についての仮定である．最近のプレーで効用が u_1 であったプレーヤーは，効用が u_2 であったプレーヤーより $q(u_1)/q(u_2)$ 倍参照されやすいと仮定する．ここで $q(u)$ は u についての増加関数で，常に正の値をとるものとする．このように仮定すると効用の高いプレーヤーほど参照相手として選ばれやすいことになる．

たとえば，仮に $q(1)=1$, $q(2)=2$, とするならば，効用が 2 のプレーヤーは効用が 1 のプレーヤーよりも 2 倍の確率で他のプレーヤーに参照されることになる．ここで，すべてのプレーヤーの効用が 1 か 2 で，効用 1 のプレーヤーの割合が x_1，効用 2 のプレーヤーの割合が x_2 ならば，誰か一人参照相手のプレーヤーを選んだときにそのプレーヤーの効用が 1 である確率は

$$x_1/(x_1+2x_2)$$

となる．また参照プレーヤーの効用が 2 である確率は

$$2x_2/(x_1+2x_2)$$

となる．

一般には，効用 u_i のプレーヤーの割合が x_i で，参照されやすさが $q(u_i)$ に比例するとき，一人選んだ参照プレーヤーの効用が u_i である確率は

$$q(u_i)x_i/\Sigma_{[j]}q(u_j)x_j$$

となる．

[例4.2] 調整ゲーム

再び次の調整ゲームについて考えよう．不満・羽振りモデルの場合，どのようなダイナミクスが生じるのであろうか．

自分＼相手	A	B
A	2	0
B	0	1

まず，戦略Aのシェアをx，戦略Bのシェアを$1-x$とし，ランダムマッチングでゲームが行われているものとすると，最近のプレーで

効用2のプレーヤーの割合　x^2
効用1のプレーヤーの割合　$(1-x)^2$
効用0のプレーヤーの割合　$2x(1-x)$

となる．

微小時間dtの間に効用2のプレーヤーが見直しをする確率は$r(2)dt$なので，集団全体N人のうちでは$x^2Nr(2)dt$人の効用2のプレーヤーが戦略の見直しを行うことになる（Nは十分に大きいものとする）．効用1や効用0のプレーヤーについても同様である．

ここで，dtの間に戦略をAからBに変更する人数を求めることにしよう．AからBに変更するのは，戦略がAで効用が0であったプレーヤーが，戦略がBで効用が1であったプレーヤーを参照する場合である．

dtの間に戦略Aで効用0のプレーヤーのうち

$$x(1-x)Nr(0)dt \text{ 人}$$

が戦略の見直しを行う．これらのプレーヤーは集団から参照相手のプレーヤーを一人選び出すが，そのプレーヤーが戦略Bで効用1である確率は

$$q(1)(1-x)^2/(2q(0)x(1-x)+q(1)(1-x)^2+q(2)x^2)$$

である．以下，この式の分母をQと書くことにすれば，確率は

$$q(1)(1-x)^2/Q$$

となる．これより，戦略A・効用0のプレーヤーのうち，戦略B・効用1のプレーヤーを参照して戦略をBに変更する人数は

$$x(1-x)Nr(0)dt \cdot q(1)(1-x)^2/Q \text{ 人}$$

となる．これが，dtの間にAからBに流出する人数である．

次に，BからAに流入する人数を考える．戦略Bから戦略Aに変更するケースは，戦略B・効用0のプレーヤーが戦略A・効用2のプレーヤーを

参照する場合と，戦略B・効用1のプレーヤーが戦略A・効用2のプレーヤーを参照する場合の2通りある．

流出の場合と同様にそれぞれの人数を求めると，前者のケースでの流入は

$$x(1-x)Nr(0)dt \cdot q(2)x^2/Q \text{ 人}$$

であり，後者のケースでの流入は

$$(1-x)^2 Nr(1)dt \cdot q(2)x^2/Q \text{ 人}$$

人となる．これらの合計が微小時間 dt の間に戦略Aに流入する人数となる．

流入と流出の人数がわかれば，街角モデルと同様にAの割合 x についての微分方程式を立てることが出来る．

$$（Aの増減）＝（Aへの流入）－（Aからの流出）$$

であるから

$$\begin{aligned}
Ndx = & x(1-x)Nr(0)dt \cdot q(2)x^2/Q \\
& +(1-x)^2 Nr(1)dt \cdot q(2)x^2/Q \\
& -x(1-x)Nr(0)dt \cdot q(1)(1-x)^2/Q
\end{aligned}$$

両辺を Ndt で割ると

$$\begin{aligned}
dx/dt = & (x(1-x)r(0) \cdot q(2)x^2 + (1-x)^2 r(1) \cdot q(2)x^2 \\
& -x(1-x)r(0) \cdot q(1)(1-x)^2)/Q \\
= & x(1-x)(r(0) \cdot q(2)x^2 + (1-x)r(1) \cdot q(2)x \\
& -r(0) \cdot q(1)(1-x)^2)/Q \\
= & x(1-x)((r(0)q(2)-r(0)q(1)-r(1)q(2))x^2 \\
& +(r(0)q(1)+r(1)q(2))x-r(0)q(1))/Q
\end{aligned}$$

となる．これが不満・羽振りモデルにおける模倣ダイナミクス方程式である．

これは，どのようなダイナミクスになるのであろうか．このままでは，分かりにくいので仮に

第4章　学習ダイナミクス

$$r(0)=0.5 \quad r(1)=0.3 \quad r(2)=0.1$$
$$q(0)=1 \quad q(1)=3 \quad q(2)=5$$

として計算してみると

$$dx/dt = x(1-x)(x^2+9x-3)/2Q$$

となる．

この場合のベクトル図は図4.2のようになり，

$x=0, 1$　が　漸近安定点
$x=\alpha$　　が　不安定定常点
　　　ただし $\alpha=(-9+\sqrt{93})/2$　　（約0.32）

となる．街角モデルの場合と不安定定常点の位置がやや異なる（街角モデルでは約0.38，不満・羽振りモデルでは約0.32）が，定性的にはほぼ同じダイナミクスとなることが分かる．

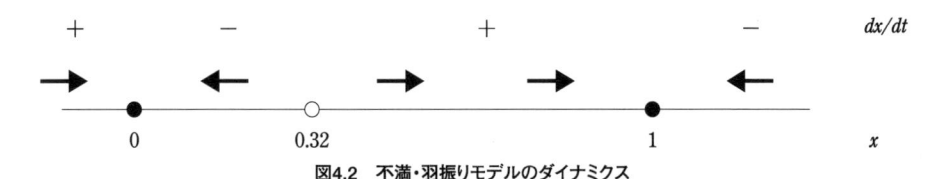

```
  +        −         +              −      dx/dt
  →        ←         →       →      ←
──●────────○─────────────────●─────────────
  0       0.32                1              x
```

図4.2　不満・羽振りモデルのダイナミクス

[練習4.2]

次のゲームについて，不満・羽振りモデルの模倣ダイナミクスを求めよ．また，

$$r(-1)=0.7 \quad r(0)=0.5 \quad r(2)=0.1 \quad r(4)=0.05$$
$$q(-1)=0.5 \quad q(0)=1 \quad q(2)=5 \quad q(4)=7$$

と置いて漸近安定点や不安定定常点を求めよ．

自分＼相手	H	D
H	−1	4
D	0	2

4.2.5 一般模倣ダイナミクス

街角モデル，不満・羽振りモデルのいずれにおいても調整ゲームの漸近安定状態は $x=0$ と $x=1$ であった．$x=0$ は集団全員が戦略Bを採る状態であり，$x=1$ は集団全員が戦略Aを採る状態で，ダイナミクスはいずれかの状態に収束して安定する．

ところで調整ゲームの静学解を考えると，両者がAを採る状態 (A, A) と両者がBを採る状態 (B, B) が strict ナッシュ均衡（手を変えると手を変えたプレーヤーが損をする状態）である．また，確率1/3でA，確率2/3でBを採る混合戦略をIとすると，両者がIを採る状態 (I, I) が strict ではないナッシュ均衡（手を変えても損にはならないが得にもならない状態）である．これらの静学解のうち，動学解（漸近安定状態）に対応するのは (A, A)，(B, B) の strict ナッシュ均衡である．「全員がA」あるいは「全員がB」という点が共通しているからである．

この結果から類推すると，ここで考えているダイナミクスでは strict ナッシュ均衡に対応する状態が漸近安定になる可能性が考えられる．以下では，一般の 2×2 対称ゲームの模倣ダイナミクスをたてることでこの予想を確認することにしよう．

表4.1の利得表を考える．モデルの仮定は基本的に不満・羽振りモデルと同じだが，さらに次の仮定を付け加える．

［追加の仮定］
- 効用 u_1 のプレーヤーが効用 u_2 のプレーヤーを参照したときに，自分の戦略を相手の戦略に変更する確率を $\psi(u_2 - u_1)$ とする．（ただし，ψ は0

表4.1 一般の 2×2 対称ゲーム

自分＼相手	A	B
A	a	b
B	c	d

第4章 学習ダイナミクス

から1までの値を取る u_2-u_1 に関する増加関数)

先ほどまでのモデルでは，参照相手の効用が高ければ相手の戦略を採用し（変更確率=1），低ければ採用しない（変更確率=0）ことを仮定していた．したがって，戦略変更確率 $\psi(u_2-u_1)$ が

$u_2 > u_1$ のとき $\psi(u_2-u_1)=1$

$u_2 < u_1$ のとき $\psi(u_2-u_1)=0$

となる場合を考えていたことになる．

これをもう少し一般化して，効用の差が小さいときは戦略をまねするかどうか微妙だが，相手の効用の方がずっと良いときには高い確率でまねをすることを想定したのが，ここで追加をした仮定である．参照相手の効用を見極める際に誤差がある場合や，相手のまねをすることにためらいがある場合には，妥当な仮定であろう．4.2.3節や4.2.4節のモデルで用いた仮定はこの場合の特殊ケースと考えることができる．

以下，この場合の模倣ダイナミクスを考えてみよう．

戦略Aのシェアを x，戦略Bのシェアを y とし，ランダムマッチングでゲームが行われているものとすると，最近のプレーで

効用が a のプレーヤーの割合　x^2

効用が b のプレーヤーの割合　xy

効用が c のプレーヤーの割合　xy

効用が d のプレーヤーの割合　y^2

となる．

微小時間 dt の間の見直しで戦略Aから戦略Bへの変更が生じるケースは，

1）効用 a の人が効用 c の人を参照した場合

2）効用 a の人が効用 d の人を参照した場合

3）効用 b の人が効用 c の人を参照した場合

4）効用 b の人が効用 d の人を参照した場合

の四通りがある．
　1）のケースで変更を行なう人数は全体人数 N が十分に多いとして

　　　　1）　$r(a)x^2 \cdot q(c)xy/Q \cdot \psi(c-a)N$ 人

である．(ただし $Q=q(a)x^2+q(b)xy+q(c)xy+q(d)y^2$)

　同様に，2）3）4）のケースで戦略をAからBに変更する人数はそれぞれ

　　　　2）　$r(a)x^2 \cdot q(d)y^2/Q \cdot \psi(d-a)N$ 人
　　　　3）　$r(b)xy \cdot q(c)xy/Q \cdot \psi(c-b)N$ 人
　　　　4）　$r(b)xy \cdot q(d)y^2/Q \cdot \psi(d-b)N$ 人

である．これらの合計が，dt の間のAからの流出人数である．
　次にAへの流入人数を考える．dt の間にAへの流入が生じるケースには

　5）　効用 c の人が効用 a の人を参照した場合
　6）　効用 c の人が効用 b の人を参照した場合
　7）　効用 d の人が効用 a の人を参照した場合
　8）　効用 d の人が効用 b の人を参照した場合

の四通りがある．
　流出の場合と同様に計算すると，それぞれの場合の流入人数は

　　　　5）　$r(c)xy \cdot q(a)x^2/Q \cdot \psi(a-c)N$ 人
　　　　6）　$r(c)xy \cdot q(b)xy/Q \cdot \psi(b-c)N$ 人
　　　　7）　$r(d)y^2 \cdot q(a)x^2/Q \cdot \psi(a-d)N$ 人
　　　　8）　$r(d)y^2 \cdot q(b)xy/Q \cdot \psi(b-d)N$ 人

となる．これらの合計が dt の間のAへの流入人数である．
　以上を

　　（Aの増減）＝（Aへの流入）－（Aからの流出）

に代入して，両辺を Ndt で割って整理すれば模倣ダイナミクス方程式が得ら

れる．煩雑になるので途中の計算は省略して結果だけ示せば

$$dx/dt = xyf(x,y)/Q \quad (\text{式}4.1)$$

ただし，

$$\begin{aligned}
f(x,y) = &x^2(r(c)q(a)\psi(a-c) - r(a)q(c)\psi(c-a)) \\
&+ xy(r(c)q(b)\psi(b-c) - r(b)q(c)\psi(c-b)) \\
&+ xy(r(d)q(a)\psi(a-d) - r(a)q(d)\psi(d-a)) \\
&+ y^2(r(d)q(b)\psi(b-d) - r(b)q(d)\psi(d-b))
\end{aligned}$$

となる．これがこの場合の模倣ダイナミクス方程式である．

これは

$u_2 > u_1$ のとき $\psi(u_2 - u_1) = 1$
$u_2 < u_1$ のとき $\psi(u_2 - u_1) = 0$

とすると，先の不満・羽振りダイナミクスに一致するし，$r(u)$，$q(u)$ を一定とすると始めの街角モデルに一致する．その意味で，このダイナミクスを一般模倣ダイナミクスと呼ぶことができる．

4.2.6 頂点の安定性

式4.1は $f(x,y)$ が煩雑であるが，式の形自体は簡単である．この式からまず $x=0$ と $y=0$ の時は模倣ダイナミクスは定常であることが分かる．つまり，状態空間の両端（頂点）は定常である．

では，頂点の安定性はどうであろうか．これについては次の命題が成立する．

［命題4.1］
2×2 対称ゲームの一般模倣ダイナミクスでは，純粋戦略プロファイル (I, I) が strict ナッシュ均衡ならば，頂点Ⅰは漸近安定である．

［証明］
戦略プロファイル (A, A) が strict ナッシュ均衡であるとする．このとき strict ナッシュ均衡の定義より $a > c$ である．

式4.1の $f(x,y)$ に $x=1$，$y=0$ を代入すると

$$f(1,0) = r(c)q(a)\psi(a-c) - r(a)q(c)\psi(c-a)$$

である.

r は負ではない減少関数,q は負ではない増加関数なので,$a>c$ のとき

$$r(c) > r(a) \geqq 0$$
$$q(a) > q(c) \geqq 0$$

である.

また,$a>c$ より

$$2a > 2c$$
$$a-c > c-a$$

であり,さらに ψ は負ではない増加関数なので

$$\psi(a-c) > \psi(c-a) \geqq 0$$

がいえる.

これらより,

$$r(c)q(a)\psi(a-c) > r(a)q(c)\psi(c-a)$$

なので

$$f(1,0) > 0$$

であることがわかる.

ここで $f(x,y)$ は連続な関数なので,$x=1$,$y=0$ に十分近い x, y の範囲では

$$f(x,y) > 0$$

が成立する.

これより,$x=1$ から x が少し小さくなってもそのずれが十分に小さければ常に

$$dx/dt > 0$$

となり，x は1に収束する．したがって頂点Aは漸近安定である．

戦略プロファイル (B, B) が strict ナッシュ均衡の場合も同様に証明できる．

[証明終わり]

この命題は，strict ナッシュ均衡に対応する頂点が漸近安定であるという，先ほどの予測を確認するものである．これは，一般模倣ダイナミクスに関する命題なので，街角モデル，不満・羽振りモデルを含む広いクラスの模倣ダイナミクスについて成立する．

命題4.1に関連して，次の命題が成立する．

[命題4.2]
2×2 対称ゲームの一般模倣ダイナミクスでは，純粋戦略プロファイル (I, I) がナッシュ均衡でなければ，頂点 I は不安定である．

[証明]
戦略プロファイル (A, A) がナッシュ均衡でないとする．このとき $a<c$ である．

命題4.1と同様に

$$f(1,0) = r(c)q(a)\psi(a-c) - r(a)q(c)\psi(c-a)$$

であるが，$a<c$ のときは

$$r(a) > r(c) \geq 0$$
$$q(c) > q(a) \geq 0$$
$$\psi(c-a) > \psi(a-c) \geq 0$$

である．したがって

$$f(1,0) < 0$$

$f(x,y)$ は連続な関数なので，$x=1$, $y=0$に十分近い x, y の範囲では

$$f(x,y) < 0$$

が成立する．これより頂点Aは不安定である．

戦略プロファイル (B, B) がナッシュ均衡でない場合も同様に証明できる．
[証明終わり]

　この頂点の安定，不安定に関する命題はレプリケーターダイナミクスの場合と共通している．この点で模倣ダイナミクスはレプリケーターダイナミクスと良く似たダイナミクスである．

　例えば，**表**4.2の囚人のジレンマゲームでは，(C, C) はナッシュ均衡ではなく (D, D) が strict ナッシュ均衡となるため，一般模倣ダイナミクスでは頂点Cが不安定で頂点Dが漸近安定となる．

　一方，怪我のコストの高いタカハトゲームでは，(H, H) も (D, D) もナッシュ均衡ではないので，頂点Hも頂点Dもどちらも不安定である．この場合，**練習**4.2でみたように内点に漸近安定点を持つことになる．この漸近安定点の位置は r や q や ψ の値に依存するので，レプリケーターダイナミクスの内点漸近安定点に一致する保障はない．この点で，模倣ダイナミクスはレプリケーターダイナミクスと異なっている．

4.3　試行錯誤ダイナミクス

　この節では，プレーヤーが試行錯誤で戦略を変更する場合を考えてみよう．試行錯誤による学習は，他の方法による学習に比べて必要とする情報量が少ないので，情報が少ない状況で進行する学習をモデル化するのに適している．ここでは，試行錯誤学習を仮定するモデルの一つとしてロスとエレブのモデルを紹介する（Roth & Erev 1995; Erev & Roth 1998 など）．

表4.2　囚人のジレンマゲーム

自分\相手	C	D
C	3	0
D	5	1

4.3.1 試行錯誤による学習

食事に行くときに「あの店はおいしかったのでまた行こう」とか「あそこはいまいちだったからやめておこう」といった形で意思決定をすることは，日常よく経験する事柄である．このように，複数の選択肢があるときに，結果の良かった選択肢を高い確率で採用したり，結果の悪かった選択肢を避けたりするタイプの学習を**試行錯誤**という．模倣と並んで広く用いられている学習の方略である．心理学の分野では強化学習と呼ばれることもある．

このアルゴリズムで学習をする場合，プレーヤーに必要とされる事柄は，行動の選択肢を幾つかもっていることと，行動の結果を評価する評価基準を持っていることの二つである．ある選択肢を採ったときにどうなるかを事前に知っておく必要はないし，他のプレーヤーの戦略を知る必要もない．また，他のプレーヤーの行動結果や利得について知る必要もない．もちろん，これらの情報があれば効率よく学習を行なうことができるが，試行錯誤学習はこれらの情報が手に入らないときにも使用することのできる，汎用性の高い学習アルゴリズムである．

学習という現象は植物よりも動物において一般的だが，これは動物が移動して危険を避けつつえさを採るという生活様式を採用しているためである．危険のありかもえさのありかも常に同じ場所にあるとは限らず，通常時々刻々所在が変化する．この状況で生活するためには，危険やえさのありかに応じて行動を変えることができたほうが有利である．学習という現象は，このような必要性を背景として進化してきたと考えられる（余談だが，必要性だけで進化が生じる訳ではない．一般に必要条件は十分条件と一致するとは限らないので，必要性を背景としつつ，様々な制約の中で進化が実現したりしなかったりするのが現実である）．

試行錯誤学習は学習のなかでももっとも基本的な学習で，良い結果（えさがあった，危険を避けられた，など）をもたらす行動を強化し，悪い結果（えさがなかった，危険な目にあったなど）をもたらす行動を抑制することが原型となっている．

この仕組みをもうすこし具体的にいうと，神経系の中に結果の良し悪しを判定する部門があって，「良い」結果の場合にはその行動をもたらした神経細胞の結合（シナプス結合）を強化する信号を発し，「悪い」結果の場合にはその結果をもたらしたシナプス結合を弱める信号を発して，神経結合を作り変えていく．このようにして，「良い」結果をもたらす行動が発生しやすいように神経

結合が作り変えられていくプロセスが試行錯誤学習である．

人間の場合は，「他人の経験から学ぶ」ことも多いが，「自分の経験から学ぶ」ことも依然として大きな位置を占めている．ここでは試行錯誤学習がどのようなダイナミクスをもたらすかを考えてみよう．

4.3.2 強化と忘却

ここでは，試行錯誤学習をモデル化する方法について考える．

まず試行錯誤の過程で変化していくものは何なのであろうか．表面的にはプレーヤーの行動が変化しているようにも見えるが，行動自体は変化していなくても，内心では「この店おいしくなくなってきたな」とか「あの携帯いいかも」といった評価の変化が生じている可能性がある．この内心の変化が大きくなると，実際の行動も変化すると考えられる．ロスとエレブはこの「内心の変化」を差分方程式の形で表現するモデルを考案した．

このモデルでは，プレーヤーはある戦略を採ろうとする「傾向」(propencity) を持つものと考える．この「傾向」が大きい戦略は高い確率で採用されるが，「傾向」の低い戦略は低い確率でしか採用されない．上の例でいう「内心の評価」がこの「傾向」に相当する．

プレーヤーがある戦略を実際に採ってみて，結果が良かったときには，その戦略に対する評価が上がり，その戦略を採ろうとする「傾向」が大きくなる．結果が悪かったときには，評価が下がり，その戦略を採ろうとする「傾向」が小さくなる．この現象は学習心理学の用語で **強化** (reinforcement) と呼ばれる．一般に高い利得は大きな強化をもたらし，低い利得や負の利得は小さな強化やマイナスの強化をもたらすことが知られている．

ただし，一度強化を受けても時間が経つとその効果は次第に失われていく．一度おいしいものを食べてもその印象は次第に薄れていくし，かつて嫌な体験をしてもその記憶は時間と共に薄れていくであろう．これが学習心理学でいう **忘却** の過程である．忘却についても様々な実験が行われているが，初期の忘却速度は速く，時間が経つにつれて速度が遅くなることが一般的な傾向のようである．

この強化と忘却という過程を取り入れて，ある戦略を採ろうとする「傾向」の変化を次のようにモデル化する．$P_{ij}(t)$ をプレーヤー i が時刻 t に戦略 j を採ろうとする傾向の大きさ，ϕ を忘却の速さを表すパラメーター（ただし $0 <$

$\phi<1$), $R_{ij}(t)$ を時刻 t に j に与えられる強化の大きさとして，時刻 $t+1$ における傾向の大きさ $P_{ij}(t+1)$ が

$$P_{ij}(t+1)=(1-\phi)P_{ij}(t)+R_{ij}(t) \qquad (式4.2)$$

となると考える．これがロス・エレブモデルの基本方程式である．

式4.2で忘却が無い場合を考えると，傾向 $P_{ij}(t)$ は強化 $R_{ij}(t)$ の分だけ増減する．また，強化が無い場合を考えると傾向 $P_{ij}(t)$ は毎期 $(1-\phi)$ の割合で減少していく．このとき初期の減少は比較的すみやかで，時間が経つにつれて減少のしかたは次第に緩やかになっていく．このような性質は，学習心理学で得られた知見と少なくとも定性的に一致しているといえる．

4.3.3 傾向性と行動

次に，心理的傾向と実際の行動との関係を考えておこう．Aを採りたくてBを採りたくない人は大体Aを採るであろうし，逆の人は大体Bを採るであろう．しかし，場合によってはAも採りたいしBも採りたいというケースや，AもBも採りたくないというケースも考えられる．これらの場合，プレーヤーは迷ったあげく，AまたはBを採る，あるいはどちらも採らないという行動をとるであろう．

どちらも採らないという選択肢がないものとすると，プレーヤーはAまたはBを確率的に採ると考えるのが，妥当な推論となる．AまたはBを採りたいと思う傾向が同程度ならば，AやBを採る確率は等しいと考えられるし，どちらかを採りたい傾向がやや大きい場合は，そちらを採る確率がやや大きくなるであろう．この状況を近似的にモデル化するために，「プレーヤーは戦略 i を採りたいと思う傾向に比例した確率で戦略 i を採る」という仮定がおかれることが多い．

この仮定のもとで，傾向性と行動の関係がどうなるかを考えておこう．まず二戦略の場合を考える．時刻 t でプレーヤー i が戦略Aを採りたいと思う傾向を $P_{ia}(t)$，プレーヤー i が戦略Bを採りたいと思う傾向を $P_{ib}(t)$ とするとき，プレーヤー i がAを採る確率 $x_{ia}(t)$ とBを採る確率 $x_{ib}(t)$ はそれぞれ

$$\begin{aligned} x_{ia}(t)&=P_{ia}(t)/(P_{ia}(t)+P_{ib}(t)) \\ x_{ib}(t)&=P_{ib}(t)/(P_{ia}(t)+P_{ib}(t)) \end{aligned} \qquad (式4.3)$$

となる．$x_{ij}(t)$ は $P_{ij}(t)$ に比例しているし，$x_{ia}(t)+x_{ib}(t)=1$ となり確率の要件を満たしていることを確認しておこう．

同様に，戦略が1から n まで n 個ある場合は

$$x_{ij}(t) = P_{ij}(t)/\Sigma P_{ik}(t)$$

となる．やはり，$x_{ij}(t)$ は $P_{ij}(t)$ に比例しているし，$\Sigma x_{ij}(t)=1$ となり確率の要件を満たしている．

ただしこの場合，$P_{ij}(t)<0$ となる場合があると確率が負になってしまって都合が悪い．そこで**式4.2**で，強化 $R_{ij}(t)$ は正または0だと考えるか，負の強化がある場合は $P_{ij}(t)=0$ となると，それ以上 $P_{ij}(t)$ は減らないことを仮定する必要がある．

4.3.4 傾向性の挙動

ここまでが，ロス・エレブモデルの基本的な枠組みである．この枠組みでダイナミクスを考えると，どのようなことが起こるのであろうか．傾向性パラメーター $P_{ij}(t)$ の挙動，戦略採用確率 $x_{ij}(t)$ の挙動の順に調べていこう．

まず，傾向性パラメーターの挙動を大まかに考えてみよう．**式4.2**において，強化パラメーター $R_{ij}(t)$ がもし一定の値 R だとすると，$P_{ij}(t)$ はどうなるのであろうか．

このとき

$$P_{ij}(t+1) = (1-\phi)P_{ij}(t) + R$$
$$= P_{ij}(t) + R - \phi P_{ij}(t)$$

より

$$P_{ij}(t+1) - P_{ij}(t) = R - \phi P_{ij}(t)$$

である．

これより，

$R > \phi P_{ij}(t)$ のとき P_{ij} は増加
$R < \phi P_{ij}(t)$ のとき P_{ij} は減少

することがわかる．

P_{ij}が定常となるのは，$R=\phi P_{ij}(t)$，つまり，

$$P_{ij}(t)=R/\phi \quad (式4.4)$$

のときである．P_{ij}がこれより大きいとP_{ij}は減少，小さいと増加するので，**式4.4のP_{ij}は漸近安定である**．

これより，強化$R_{ij}(t)$が一定の場合は傾向パラメーター$P_{ij}(t)$は強化の値を忘却パラメーターϕで割った値に収束することが分かる．

これが傾向性パラメーターの大まかな挙動である．強化値が大きいほど収束値は大きくなるし，忘却の割合が大きいほど収束値は小さくなる．強化値は実際には一定ではなく，ゲームの繰り返しごとに変化するはずであるが，強化値の平均が大きいと収束値が大きく，小さいと小さくなることがとりあえず予想される．

4.3.5 採用確率の挙動

次に，プレーヤーiによる戦略jの採用確率x_{ij}の挙動を考えよう．以下本章では，簡単のためにAとBの二戦略の場合を考える．n戦略の場合は第5章で考えることにする．このとき

$$x_{ia}(t)=P_{ia}(t)/(P_{ia}(t)+P_{ib}(t))$$

である．二戦略では，$x_{ia}(t)$の挙動を考えれば十分なので以下ではこれを単に$x_i(t)$と表記する．また，採用確率，傾向性について添え字iも省略して書くことにすると

$$x(t)=P_a(t)/(P_a(t)+P_b(t))$$

となる．

ここで計算上の工夫として

$$P(t)=P_a(t)+P_b(t)$$

と置くことにする．このとき

4.3 試行錯誤ダイナミクス

$$x(t) = P_a(t)/P(t)$$
$$P_a(t) = x(t)P(t)$$
$$P_b(t) = (1-x(t))P(t)$$

となる.

さて，以下では時刻 t と時刻 $t+1$ の間の x の変化 Δx を考えることにしよう．

$$\begin{aligned}\Delta x &= x(t+1) - x(t) \\ &= P_a(t+1)/P(t+1) - x(t) \\ &= ((1-x(t))P_a(t+1) - x(t)P_b(t+1))/P(t+1) \quad (式4.5)\end{aligned}$$

である．

ここで，

$$\begin{aligned}P_a(t+1) &= (1-\phi)P_a(t) + R_a \\ &= (1-\phi)x(t)P(t) + R_a \\ P_b(t+1) &= (1-\phi)P_b(t) + R_b \\ &= (1-\phi)(1-x(t))P(t) + R_b\end{aligned}$$

なので，これを式4.5の分子に代入すると

$$\begin{aligned}(式4.5)の分子 &= (1-x(t))((1-\phi)x(t)P(t) + R_a) \\ &\quad - x(t)((1-\phi)(1-x(t))P(t) + R_b) \\ &= (1-x(t))(1-\phi)x(t)P(t) + (1-x(t))R_a \\ &\quad - x(t)(1-\phi)(1-x(t))P(t) - x(t)R_b \\ &= (1-x(t))R_a - x(t)R_b \\ &= R_a - x(t)(R_a + R_b)\end{aligned}$$

となる．

以上より

$$\Delta x = (R_a - x(t)(R_a + R_b))/P(t+1) \quad (式4.6)$$

となることが分かる．**式4.6**を見れば戦略Aの採用確率 $x(t)$ の変化を知ることができる．

4.3.6 調整ゲームのダイナミクス

式4.6は具体的にはどのようなダイナミクスなのであろうか．次の調整ゲームを例にとって考えてみよう．

自分＼相手	A	B
A	3	1
B	1	2

ここで，利得表の数値はそれぞれの場合に戦略AやBを採ろうとする傾向性に与えられる強化値を表しているものとする．例えば，自分が戦略A，相手が戦略Aを採ったときに自分が戦略Aを採ろうとする傾向性に与えられる強化値 R_a は3である．このとき，戦略Bは採用されていないので，戦略Bを採ろうとする傾向性に与えられる強化値 R_b は0である．

このゲームを自分と相手の二人で繰り返してプレーする場合を考える．自分がAを採る確率を x，相手がAを採る確率を y とすると，自分と相手の戦略の組み合わせ（戦略プロファイル）は

確率 xy で　　　　　(A, A)
確率 $x(1-y)$ で　　　(A, B)
確率 $(1-x)y$ で　　　(B, A)
確率 $(1-x)(1-y)$ で　(B, B)

となる．これより R_a, R_b の値は

確率 xy で　　　　　　$R_a=3$, $R_b=0$
確率 $x(1-y)$ で　　　　$R_a=1$, $R_b=0$
確率 $(1-x)y$ で　　　　$R_a=0$, $R_b=1$
確率 $(1-x)(1-y)$ で　　$R_a=0$, $R_b=2$

である．

したがって，**式4.6**より Δx は

4.3 試行錯誤ダイナミクス

確率 xy で　　　　　　$3(1-x)/((1-\phi)P(t)+3)$
確率 $x(1-y)$ で　　　　$(1-x)/((1-\phi)P(t)+1)$
確率 $(1-x)y$ で　　　　$-x/((1-\phi)P(t)+1)$
確率 $(1-x)(1-y)$ で　　$-2x/((1-\phi)P(t)+2)$

となる．

　分母が少しずつ異なるが，ダイナミクスの概略を知るために大体同じ値と考えて Δx の期待値を求めると，次のようになる．ちなみに，ϕ が十分小さな値のときには，式4.4より $P(t)=P_a(t)+P_b(t)$ が大きな値となるので，分母が同じ値と考えても近似的には差し支えない．

　このとき，分母を k（一定）としたときの Δx の期待値 $E[\Delta x]$ は

$$\begin{aligned}E[\Delta x]&=(xy\cdot 3(1-x)+x(1-y)\cdot(1-x)\\&\quad -(1-x)y\cdot x-(1-x)(1-y)\cdot 2x)/k\\&=x(1-x)(3y+(1-y)-y-2(1-y))/k\\&=x(1-x)(3y-1)/k\quad\text{(式4.7)}\end{aligned}$$

という簡単な式になる．

　同様な計算を Δy についても行なうと

$$E[\Delta y]=y(1-y)(3x-1)/k\quad\text{(式4.8)}$$

となる．この二つの式が調整ゲームを自分と相手の二人で繰り返し行なった場合の試行錯誤ダイナミクス方程式となる．

　式4.7，式4.8から，ベクトル図を描いてみよう．このダイナミクスは自分がAを採る確率 x と相手がAを採る確率 y の二つの変数を持つので，状態空間は直線ではなく平面となる．また x と y の範囲は

$$0\leq x\leq 1$$
$$0\leq y\leq 1$$

であるので，状態空間は $(0,0)$，$(0,1)$，$(1,0)$，$(1,1)$ を頂点とする正方形になる．

　まず定常点を考えると，式4.7から $E[\Delta x]=0$ となるのは

第4章 学習ダイナミクス

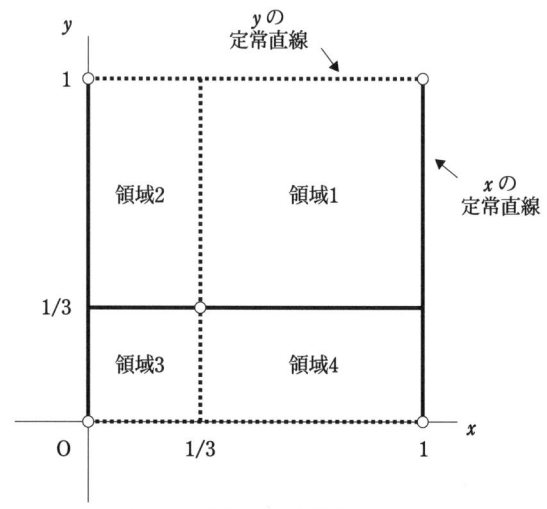

図4.3 調整ゲームの定常点

$x=0, \ x=1, \ y=1/3$

である．これを図4.3の太線で示す．また，式4.8から $E[\Delta y]=0$ となるのは

$y=0, \ y=1, \ x=1/3$

である．これを図4.3の点線で示す．この太線と点線の交点がダイナミクスの定常点であるが，それは状態空間の4頂点と $(1/3, 1/3)$ の5点となる．

次にダイナミクスの方向を矢印で記入する．定常直線で状態空間は四つの領域に分割されるが，それぞれの領域で

	Δx の期待値	Δy の期待値
領域1	+	+
領域2	+	−
領域3	−	−
領域4	−	+

となる．それぞれ右上，右下，左下，左上に矢印を記入すると図4.4のベクトル図が出来上がる．これが，二人調整ゲームの試行錯誤ダイナミクスを示すベクトル図である．

これより，

(0, 0), (1, 1) が漸近安定点
(0, 1), (1, 0) が不安定点
(1/3, 1/3) が鞍点

となることが分かる．(1, 1) は両者がA, (0, 0) は両者がBを採る状態で，調整ゲームの strict ナッシュ均衡である．これより，試行錯誤ダイナミクスでも，strict ナッシュ均衡が漸近安定となることが予想される．

4.3.7 2×2ゲームのダイナミクス

上の結果は，Δx や Δy の期待値を求めることで得られた結果である．実際には，x や y は確率的に変化するので期待値の方向にそのまま変化していくわ

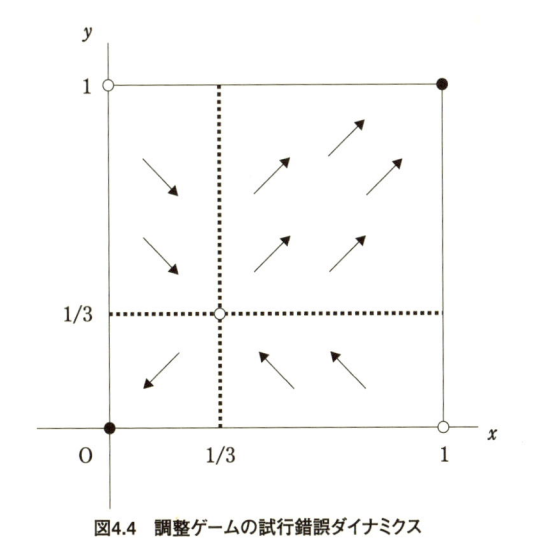

図4.4 調整ゲームの試行錯誤ダイナミクス

第4章 学習ダイナミクス

けではなく，変化の方向にはある程度の散らばりがある．しかし，ダイナミクスが収束する場合には，変化の方向の散らばりも小さくなり，収束点付近ではほぼ期待値の方向に変化するようになる．したがって，Δx や Δy の期待値を求めて分析する前節の方法は，ダイナミクスの収束が起きる場合には有用である．

ここでは，前節の方法を用いて一般の 2×2 対称ゲームのダイナミクスを考えてみよう．模倣ダイナミクスの場合と同様に次のゲームを考える．a, b, c, d はそれぞれの場合の強化を表す正の数である．

自分＼相手	A	B
A	a	b
B	c	d

自分がAを採る確率を x，相手がAを採る確率を y とする．このとき，自分がAやBを採ろうとする傾向パラメーターに与えられる強化値 R_a, R_b はそれぞれ

確率 xy で　　　　　　$R_a = a, \ R_b = 0$
確率 $x(1-y)$ で　　　　$R_a = b, \ R_b = 0$
確率 $(1-x)y$ で　　　　$R_a = 0, \ R_b = c$
確率 $(1-x)(1-y)$ で　　$R_a = 0, \ R_b = d$

となる．

このとき，Δx は式4.6より

確率 xy で　　　　　　$a(1-x)/((1-\phi)P(t)+a)$
確率 $x(1-y)$ で　　　　$b(1-x)/((1-\phi)P(t)+b)$
確率 $(1-x)y$ で　　　　$-cx/((1-\phi)P(t)+c)$
確率 $(1-x)(1-y)$ で　　$-dx/((1-\phi)P(t)+d)$

となる．

ここでも計算の簡略化のために，これらの分母を一定値 k とみなすと

4.3 試行錯誤ダイナミクス

$$E[\Delta x] = (xy \cdot a(1-x) + x(1-y) \cdot b(1-x)$$
$$- (1-x)y \cdot cx - (1-x)(1-y) \cdot dx)/k$$
$$= x(1-x)(ay + b(1-y) - cy - d(1-y))/k$$

となる．

ここで $ay+b(1-y)$ は自分が戦略Aを採ったときの期待効用 u_{1a} に等しい．また，$cy+d(1-y)$ は自分が戦略Bを採ったときの期待効用 u_{1b} である．これらを用いると

$$E[\Delta x] = x(1-x)(u_{1a} - u_{1b})/k \quad (式4.9)$$

同様に Δy の期待値について計算すると

$$E[\Delta y] = y(1-y)(u_{2a} - u_{2b})/k \quad (式4.10)$$

となる．ただし，u_{2a} は相手がAを採ったときの相手の期待効用，u_{2b} は相手がBを採ったときの相手の期待効用である．

式4.9，式4.10が一般の 2×2 対称ゲームのダイナミクス方程式である．これより，試行錯誤ダイナミクスでは

1) $(0, 0), (0, 1), (1, 0), (0, 0)$ の各頂点が定常点
2) 期待効用の大きい戦略の採用確率が増加する

ことがわかる．2）は分母が一定とみなした場合の近似的な結果であるが，分かりやすい性質である．

4.3.8 頂点の安定性

式4.9，式4.10から状態空間の頂点が定常であることが分かるが，頂点の安定性についてはどうであろうか．これについては，次の命題が成立する．

[命題4.3]
二人二戦略対称ゲームで戦略プロファイル (I, J) が strict ナッシュ均衡であれば，(I, J) は試行錯誤ダイナミクスの漸近安定状態である．

第4章 学習ダイナミクス

[証明]

戦略プロファイル (A, A) が strict ナッシュ均衡の場合を考えると、このとき $a>c$ である。ここで、

$$f_1(x, y) = u_{1a} - u_{1b}$$
$$f_2(x, y) = u_{2a} - u_{2b}$$

を考えると

$$f_1(1, 1) = a - c > 0$$
$$f_2(1, 1) = a - c > 0$$

である。f_1, f_2 は連続関数なのでこれより $x=1, y=1$ の近傍に

$$f_1(x, y) > 0$$
$$f_2(x, y) > 0$$

となる領域が存在する。式4.9、式4.10より、この領域では

$$E[\Delta x] > 0$$
$$E[\Delta y] > 0$$

なので $x=1, y=1$、つまり戦略プロファイル (A, A) を採る状態は漸近安定である。(B, B) が strict ナッシュ均衡の場合も同様に証明できる。

次に戦略プロファイル (A, B) が strict ナッシュ均衡の場合を考えると、このとき $c>a, b>d$ である。これより

$$f_1(1, 0) = b - d > 0$$
$$f_2(1, 0) = a - c < 0$$

となる。f_1, f_2 は連続関数なので $x=1, y=0$ の近傍に

$$f_1(x, y) > 0$$
$$f_2(x, y) < 0$$

となる領域が存在する。この領域では

$E[\Delta x] > 0$

$E[\Delta y] < 0$

なので $x=1$，$y=0$，つまり戦略プロファイル (A, B) を採る状態は漸近安定である．(B, A) が strict ナッシュ均衡の場合も同様に証明できる．

［証明終わり］

この命題は，頂点に対応する戦略プロファイルが strict ナッシュ均衡であれば，その頂点が漸近安定であることを示している．逆に，頂点に対応する戦略プロファイルがナッシュ均衡でなければ，次の命題が成立する．

［命題4.4］
二人二戦略対称ゲームで戦略プロファイル (I, J) がナッシュ均衡でなければ，(I, J) は試行錯誤ダイナミクスで不安定である．

［証明略］

これらの命題は，静学解を求めることで試行錯誤ダイナミクスにおける安定性を判定できる場合があることを示している．

4.3.9 二人モデルと集団モデル

4.3.6から4.3.8までで考察してきたモデルは二人のプレーヤーが繰り返して何回かゲームを行なうことを想定したモデルである．これに対し，レプリケーターダイナミクスや模倣ダイナミクスで想定してきたのは，プレーヤーの集団があってその中からプレーヤーがランダムに選ばれてゲームを行なう状況であった．

後者では集団中の戦略のシェア（頻度）を考え，シェアの変化を考えるというアプローチが可能であったのに対し，前者ではプレーヤーが二人しかいないため「戦略のシェア」を考えるアプローチは余り意味がない．そこで，前者では「戦略のシェア」の代わりに各々のプレーヤーがある戦略を採用する確率を考え，この「採用確率」のダイナミクスを考える，というアプローチを採ることになった．

このように，両者はダイナミクスを考えるという点では共通しているが，想

定する状況や，変化するものの中味が大きく異なっているので，違うタイプのモデルだと考えておいた方がよい．ここでは，前者のタイプのモデルを**二人モデル**（一般には非集団モデル），後者のタイプのモデルを**集団モデル**と呼ぶことにしよう．

社会の中で，ある考え方や行動のパターンが広まっていったり消滅したりする現象をモデル化するには，集団モデルが適している．一方，夫婦の間で役割分担が出来上がっていくプロセスや，寡占企業同士の駆け引き，隣国同士の相互作用などを考えるときには，ランダムマッチングを仮定する集団モデルよりもここで紹介した二人モデルの方が適している．

このように，いずれのモデルにも分析に適した社会現象がある．試行錯誤ダイナミクスについてはここまで二人モデルのみを紹介してきたが，集団モデル型の試行錯誤ダイナミクスは考えられないのであろうか．以下ではこの点について考えてみよう．

4.3.10 集団型試行錯誤ダイナミクス

2×2ゲーム

自分＼相手	A	B
A	a	b
B	c	d

をランダムマッチングで行なっているプレーヤーの集団を考える．各プレーヤーはロス・エレブ型の試行錯誤学習で戦略を修正しているものとする．このとき，集団内の戦略採用頻度はどのように変化するのであろうか．

プレーヤーiが戦略jを採ろうとする傾向性$P_{ij}(t)$は

$$P_{ij}(t+1)=(1-\phi)P_{ij}(t)+R_{ij}(t)$$

にしたがって変化する．このとき，プレーヤーiが戦略Aを採る確率を$x_i(t)$とすると，その変化Δx_iは

$$\Delta x_i=(R_{ia}-x(t)(R_{ia}+R_{ib}))/(P_{ia}(t+1)+P_{ib}(t+1))$$

となる．ここまでは**4.3.5節**の考察と同じである．

ここで，x を集団中の x_i の平均とすると，集団中からランダムに一人選んだ相手が戦略Aを採る確率は x となる．このとき，プレーヤー i がAやBを採ろうとする傾向パラメーター $P_{ia}(t)$, $P_{ib}(t)$ に与えられる強化値 R_{ia}, R_{ib} はそれぞれ

確率 $x_i x$ で	$R_{ia}=a$, $R_{ib}=0$
確率 $x_i(1-x)$ で	$R_{ia}=b$, $R_{ib}=0$
確率 $(1-x_i)x$ で	$R_{ia}=0$, $R_{ib}=c$
確率 $(1-x_i)(1-x)$ で	$R_{ia}=0$, $R_{ib}=d$

となる．

これより，Δx_i は

確率 $x_i x$ で	$(1-x_i)a/((1-\phi)P_{ia}(t)+a)$
確率 $x_i(1-x)$ で	$(1-x_i)b/((1-\phi)P_{ia}(t)+b)$
確率 $(1-x_i)x$ で	$-x_i c/((1-\phi)P_{ia}(t)+c)$
確率 $(1-x_i)(1-x)$ で	$-x_i d/((1-\phi)P_{ia}(t)+d)$

となる．

分母が少しずつ異なるが，ここでもこれらをおおむね同じと考えて Δx_i の期待値 $E[\Delta x_i]$ を求めると

$$E[\Delta x_i]\text{の分子} = x_i x(1-x_i)a + x_i(1-x)(1-x_i)b$$
$$\qquad - (1-x_i)x x_i c - (1-x_i)(1-x)x_i d$$
$$= x_i(1-x_i)(xa+(1-x)b-xc-(1-x)d)$$

ここで $xa+(1-x)b$ はプレーヤー i が戦略Aを採ったときの期待効用 u_{ia} に等しく，$xc+(1-x)d$ は戦略Bを採ったときの期待効用 u_{ib} に等しいので，

$$E[\Delta x_i] = x_i(1-x_i)(u_{ia}-u_{ib})/\text{分母} \qquad (\text{式}4.11)$$

となる．

これより $u_{ia}>u_{ib}$ のとき $E[\Delta x_i]$ は増加し，$u_{ia}<u_{ib}$ のとき $E[\Delta x_i]$ は減少することがわかる．ところで，この結果は任意のプレーヤー i について成立す

る．ここで

$$\Delta x = \Sigma \Delta x_i / N$$

であるので，任意のプレーヤーについて $\Delta x_i > 0$ ならば $\Delta x > 0$，$\Delta x_i < 0$ ならば $\Delta x < 0$ である．また任意のプレーヤーについて u_{ia}，u_{ib} は一定なのでこれらを u_a，u_b と書くことができる．

以上より，

$u_a > u_b$ のとき $\Delta x > 0$
$u_a < u_b$ のとき $\Delta x < 0$

であることがわかる．

4.3.11 集団型ダイナミクスの性質

式4.11から，集団型試行錯誤ダイナミクスの性質について幾つかの命題が導ける．まず，状態空間の頂点の定常性についてである．ちなみに，二戦略の集団モデルでは，集団中で戦略Aが採用される確率の平均 x が分かれば，戦略Bが採用される確率の平均 $1-x$ も分かるので，状態空間は $0 \leq x \leq 1$ の線分（単位単体）となる．状態空間の頂点は，単位単体の両端 $x=0$ と $x=1$ である．

状態空間の頂点について次の命題が成立する．

［命題4.5］

2×2 対称ゲームの集団型試行錯誤ダイナミクスにおいて，状態空間の頂点は定常点である．

［証明］

$x=0$ の場合を考えると，$x=x_i/N$ と $x_i \geq 0$ より，$x=0$ のときは任意のプレーヤー i について $x_i=0$ である．このとき**式**4.9より任意の i について $\Delta x_i = 0$ である．したがって $\Delta x = 0$．ゆえに $x=0$ は定常点である．

$x=1$ の場合は，$0 \leq x_i \leq 1$ より任意の i について $x_i=1$ である．したがって，任意の i について $\Delta x_i = 0$ なので $\Delta x = 0$．ゆえに $x=1$ は定常点である．

［証明終わり］

4.3 試行錯誤ダイナミクス

二人モデルの場合と同様に，集団モデルの場合も状態空間の頂点は定常点である．頂点の安定性については次の命題が成立する．

[命題4.6]
2×2対称ゲームにおいて，戦略プロファイル (I, I) が strict ナッシュ均衡であるならば，戦略 I に対応する頂点は，集団型試行錯誤ダイナミクスにおいて漸近安定である．

[証明]
戦略プロファイル (A, A) が strict ナッシュ均衡の場合を考える．このとき $a > c$ である．式4.11において $f(x) = u_{ia} - u_{ib}$ とおくと

$$f(1) = a - c > 0$$

である．

$f(x)$ は連続な関数なので，$f(1) > 0$ より $x = 1$ の近傍に

$$f(x) > 0$$

となる領域があることがわかる．したがって，x が1から少しずれても，ずれが十分小さければ

$$E[\Delta x_i] > 0$$

となる．ゆえに，戦略Aに対応する頂点 $x = 1$ は漸近安定である．

戦略プロファイル (B, B) が strict ナッシュ均衡の場合も同様に証明できる．
[証明終わり]

[命題4.7]
2×2対称ゲームにおいて，戦略プロファイル (I, I) がナッシュ均衡でなければ，戦略 I に対応する頂点は，集団型試行錯誤ダイナミクスにおいて不安定である．

[証明略]

例えば，戦略プロファイル (A, A) がナッシュ均衡でなければ，$a < c$ とな

ることから証明できる．

このように，各プレーヤーが試行錯誤で戦略を修正する場合の平均戦略採用頻度に関しても，レプリケーターダイナミクスや模倣ダイナミクスと同様の命題が成立する．

4.4　最適反応ダイナミクス

試行錯誤は非常に単純な学習アルゴリズムで，自分の利得さえ分かれば実行可能なのでほとんどいつでもどこでも使うことができる．模倣も比較的単純であるが，他のプレーヤーの戦略や自分にとっての利得が認識できることが必要条件で，試行錯誤よりは多くの情報を必要とする．ちなみに，いずれの学習アルゴリズムにおいても，プレーヤーは利得表の全体像については知る必要はなく，その場で使われている戦略と実現した利得がわかれば十分であった．

一方，状況によってはプレーヤーが利得表の全体像を把握し，様々な仮想的な状況についても自らの（あるいは他者の）利得がどうなるかを知る事ができる場合もある．プレーヤーが大きな関心をもっている事柄については，多くの時間とエネルギーを情報収集に投入し，詳しい状況を把握するようになるかもしれない．このような場合には，プレーヤーは他のプレーヤーの戦略についての情報から「どうすれば利得を最も大きくできるか」を推論し，その推論にもとづいた行動を採ることが可能になるであろう．

このように，プレーヤーが利得構造と他者の戦略について把握し，これらの情報を用いて利得が最大になるように意思決定する場合に生じるダイナミクスを **最適反応ダイナミクス** という．プレーヤーが，他者の戦略分布に対して最適に反応することが想定されるからである．この節では，このような場合にどのようなダイナミクスが生じるかを見てみよう．

4.4.1　集団タイプのモデル

最適反応ダイナミクスについても集団タイプのモデルと非集団タイプのモデルが可能であり必要である．試行錯誤ダイナミクスでは非集団モデルを先に紹介したが，最適反応ダイナミクスでは集団モデルの方が簡単なので，そちらから紹介しよう．

4.4 最適反応ダイナミクス

集団タイプの最適反応ダイナミクスモデルでは，プレーヤーは集団中でどの戦略がどの程度の頻度で使用されているか（＝集団中の戦略分布）を常に，あるいは時々，なんらかの方法でモニターすることが想定される．それは，世論調査やマーケティングリサーチによってかもしれないし，自らが過去に対戦した相手の戦略頻度から推定したものかもしれない．実際には，これらの推定は誤差を含んでいるはずだが，一次近似としてプレーヤーは集団中の戦略分布を正確に把握できるものとしてモデルの構築を進めることにしよう．

まず，次の仮定を置く．

[仮定]
- 各プレーヤーは dt の間に rdt の確率で戦略分布のモニターを行う
- 各プレーヤーはモニターされた戦略分布に対して最適な戦略に自らの戦略を変更する
- 最適な戦略が複数ある場合には，それらのうちからランダムに選ぶ

実際には，戦略分布の認知にも利得表に含まれる利得の認知にも誤差があるため，複数の戦略の期待利得が大体同じ時に，プレーヤーがどれを選ぶかは誤差の範囲で様々に変化しうる．より厳密なモデルでは誤差の分布を考慮した確率モデルを立てることになるが，ここではまず期待利得が厳密に等しい場合のみランダムに戦略が選ばれることを仮定することにする．

この場合，集団中の戦略シェアはどのように変化するのであろうか．模倣，試行錯誤の場合と同様に調整ゲームの場合についてまず考えてみよう．

[例4.3] 調整ゲーム

次の調整ゲームの場合を考える．

自分＼相手	A	B
A	2	0
B	0	1

集団中のAのシェアを x，Bのシェアを $1-x$ とする．微小時間 dt の間にプレーヤーは rdt の確率で戦略シェアのモニターを行い，その時点で

の最適戦略に戦略を変更する．

ここで，Aのシェアが x のときの各戦略の期待利得を考えると，

Aの期待利得 $=2x$
Bの期待利得 $=1-x$

である．これより $x>1/3$ のときにはAが最適戦略，$x<1/3$ のときにはBが最適戦略であることがわかる．

したがって $x>1/3$ のときを考えると，戦略分布のモニターをしたプレーヤーのうち，現在の戦略がAの者は戦略Aのままであるが，現在の戦略がBのプレーヤーは戦略をAに変更することになる．集団の人数を N 人とすると「分布のモニターをしたプレーヤーのうち戦略がBの者」は

$N(1-x) \cdot rdt$ 人

なので，これが微小時間 dt の間にAに流入する人数となる．また，同じ期間にAから流出する人数は0人である．この間のAのシェア x の変化を dx とすると，

$Ndx=$（Aへの流入）$-$（Aからの流出）
$\quad\quad\ =rN(1-x)dt$

より，$x>1/3$ のときのダイナミクスは

$dx/dt=r(1-x)$

となる．

逆に，$x<1/3$ のときは戦略分布のモニターを行ったプレーヤーはすべて戦略をBにする．このとき，BからAへの流入は発生せず，AからBへの流出は $Nx \cdot rdt$ 人となる．これより，この場合のダイナミクスは

$dx/dt=-rx$

となる．

$x=1/3$ の場合はどうであろうか．このとき，AとBの期待利得が等しくなるが，このような場合はランダムに戦略を選ぶと仮定しているので，Aからの流出が $1/3rNdt/2$ 人，Aへの流入が $2/3rNdt/2$ 人となる．したがって，この場合

$dx/dt=r/6$

となる．

まとめると，この調整ゲームの集団型最適反応ダイナミクスは

$x > 1/3$ のとき $dx/dt = r(1-x)$
$x < 1/3$ のとき $dx/dt = -rx$
$x = 1/3$ のとき $dx/dt = r/6$

となる．

このダイナミクスを分析してみよう．まず，$x=0$，$x=1$ のときに $dx/dt = 0$ となるので，状態空間の両端は定常点である．次にベクトル図は図4.5 となるので，$x=0$，$x=1$ は漸近安定点であることがわかる．

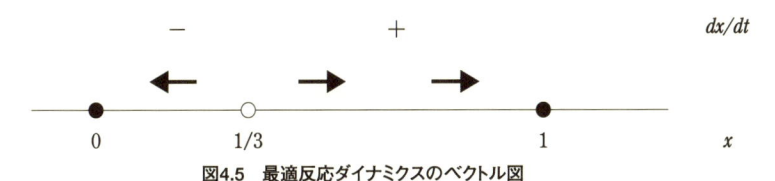

図4.5 最適反応ダイナミクスのベクトル図

ちなみに，dx/dt のグラフを書くと図4.6となる．$x=1/3$で不連続なグラフとなるが，これは今は期待利得が厳密に等しい場合のみ，ランダムな戦略変更が行われると仮定しているためである．次節で考えるように誤差を考慮にいれて，期待利得が概ね等しい場合にはランダムな戦略変更が行われると仮定すると，点線のような連続なグラフとなる．

[練習4.3]
　タカハトゲーム1，2の最適反応ダイナミクスを求めよ．また漸近安定点と収束域をレプリケーターダイナミクスと比較せよ．

4.4.2　一般の2×2ゲームの場合

次に，一般の二人二戦略ゲームの場合を考えてみよう．利得表は

自分＼相手	A	B
A	a	b
B	c	d

第4章 学習ダイナミクス

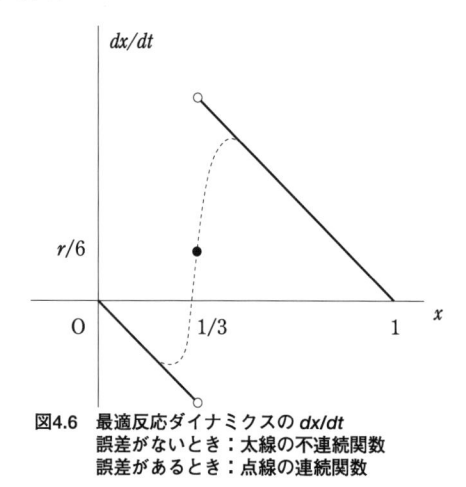

図4.6 最適反応ダイナミクスの *dx/dt*
誤差がないとき：太線の不連続関数
誤差があるとき：点線の連続関数

で，プレーヤーは N 人の集団中でランダムマッチングゲームを行なっているものとする．

戦略Aのシェアを x，微小時間 dt の間にシェアのモニタリングを行なう確率も rdt で先ほどと同じとする．シェアのモニタリングを行なったプレーヤーは，そのシェアのもとでの各戦略の期待利得 u_a, u_b を計算する．このとき

$$u_a = ax + b(1-x)$$
$$u_b = cx + d(1-x)$$

である．

ここで次の誤差の仮定を追加する．

［仮定の追加］

・シェアのモニタリングを行なったプレーヤーは
　　　確率　$\psi(u_a - u_b)$　　で戦略A
　　　確率　$1 - \psi(u_a - u_b)$　で戦略B
　を採る．（ψ は 0〜1 の値を取る増加関数）

$\psi(x)$ は，例えば図4.7のような関数である．$\psi(x)$ を $x<0$ のときに 0，$x=0$ のときに $1/2$，$x>0$ のときに 1 とすると 4.4.1節で考えた場合に一致する．したがって，この仮定は先のモデルの仮定の拡張となっている．一般には，

4.4 最適反応ダイナミクス

シェアの認知や利得表の認知，期待利得の計算などに誤差があると考えられるので，期待利得の差が大きいときには得な方の戦略を採る確率が高く，差が小さいときにはそれぞれの戦略を採る確率も接近すると考えることが自然となる．ψ はこの「誤差」の効果を表現した誤差関数と考えることができる．以下，この仮定のもとでダイナミクスを考えることにしよう．

微小時間 dt の間に戦略シェアをモニターをするプレーヤーは $Nrdt$ 人である．このうち戦略がBであるプレーヤーの割合は $1-x$ で，これらのプレーヤーは確率 $\psi(u_a-u_b)$ で戦略をAに変更する．したがって，微小時間 dt の間のAへの流入は

$$Nrdt(1-x) \cdot \psi(u_a-u_b) \text{人}$$

である．

一方，モニターをしたプレーヤーのうち戦略がAであるものの割合は x であり，これらのプレーヤーが戦略をBに変更する確率は $1-\psi(u_a-u_b)$ なので，この間のAからの流出は

$$Nrdtx \cdot (1-\psi(u_a-u_b)) \text{人}$$

である．

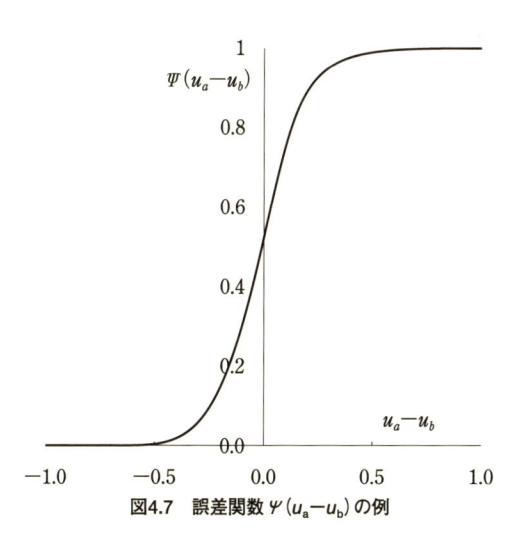

図4.7 誤差関数 $\psi(u_a-u_b)$ の例

第4章　学習ダイナミクス

これより，微小時間 dt の間のA人数の変化 Ndx は

$$Ndx = Nrdt(1-x)\cdot\psi(u_a-u_b) - Nrdtx\cdot(1-\psi(u_a-u_b))$$

となる．両辺を Ndt で割ると

$$\begin{aligned}dx/dt &= r(1-x)\cdot\psi(u_a-u_b) - rx\cdot(1-\psi(u_a-u_b))\\ &= r(\psi(u_a-u_b) - x\psi(u_a-u_b) - x + x\psi(u_a-u_b))\\ &= r(\psi(u_a-u_b) - x) \quad\text{（式4.12）}\end{aligned}$$

となる．これが，一般の 2×2 ゲームにおける最適反応ダイナミクスとなる．

4.4.3　集団型二戦略最適反応ダイナミクスダイナミクスの挙動

式4.12はどのようなダイナミクスを表しているのであろうか．
式からすぐに分かることは

$$\begin{aligned}\psi(u_a-u_b) &> x \quad\text{のとき}\quad x\text{は増加}\\ \psi(u_a-u_b) &< x \quad\text{のとき}\quad x\text{は減少}\\ \psi(u_a-u_b) &= x \quad\text{のとき}\quad x\text{は定常}\end{aligned}$$

となることである．u_a-u_b は x を含む値なので，$y=\psi(u_a-u_b)$ のグラフと $y=x$ のグラフを描いてどちらが上に来るかを調べれば，x の増減を知る事が出来る．

$$\begin{aligned}u_a-u_b &= ax+b(1-x)-cx-d(1-x)\\ &= (a-b-c+d)x+b-d\end{aligned}$$

であり，かつ ψ は増加関数なので

$$\begin{aligned}a-b-c+d &> 0 \quad\text{のとき}\ \psi(u_a-u_b)\text{ は } x \text{について増加関数}\\ a-b-c+d &< 0 \quad\text{のとき}\ \psi(u_a-u_b)\text{ は } x \text{について減少関数}\end{aligned}$$

となる．

先に減少関数となる場合を調べておくと，この場合 $y=\psi(u_a-u_b)$ のグラフと $y=x$ のグラフは図4.8のように必ず一点で交わる（$0\leq\psi\leq1$ に注意）．この交点を μ とすると $x=\mu$ は定常点で，また

$x > \mu$ のとき x は減少

$x < \mu$ のとき x は増加

となるので，$x = \mu$ は漸近安定である．つまり

$$a + d < b + c$$

のとき，集団型二戦略最適反応ダイナミクスは唯一の内点漸近安定点を持つ．

次に $a - b - c + d > 0$ のときは $\psi(u_a - u_b)$ は x についての増加関数となるが，グラフの形状によって $y = x$ との交点の数は様々な場合がありうる．例えば，図4.9は誤差が小さい場合に相当するが，このときは交点が三つある．一方，図4.10は誤差が大きい場合に相当するが，このときは交点が一つとなる．誤差関数が一様な単調増加ではなく，くねくねしているような場合には交点の数は無数の場合も考えられるが，$\psi(u_a - u_b)$ が $u_a = u_b$ の付近で傾きが大きく，それ以外の場合は傾きが小さい 図4.7のタイプの場合のみを考えると，交点は一つの場合と三つの場合がメジャーケースで，グラフが接する特殊ケースの場合に交点が二つの場合が発生することになる．

交点が一つの場合は減少の場合と同様にこの交点が唯一の漸近安定状態となる．交点が三つの場合は，図4.9から分かるように両端付近の交点が漸近安定で真ん中の交点が不安定となる．以上より，

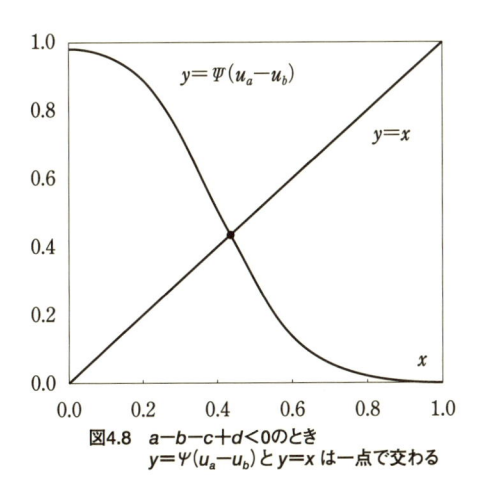

図4.8　$a - b - c + d < 0$ のとき $y = \psi(u_a - u_b)$ と $y = x$ は一点で交わる

第4章 学習ダイナミクス

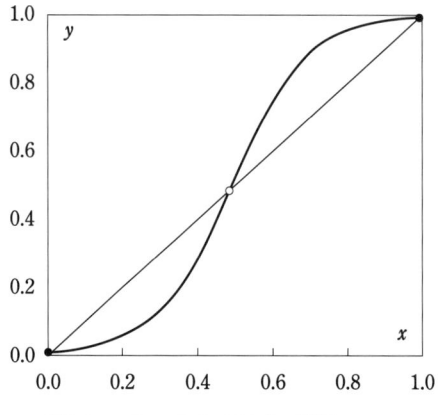

図4.9 $a-b-c+d>0$のとき その1
誤差が小さい場合，グラフは三点で交わる

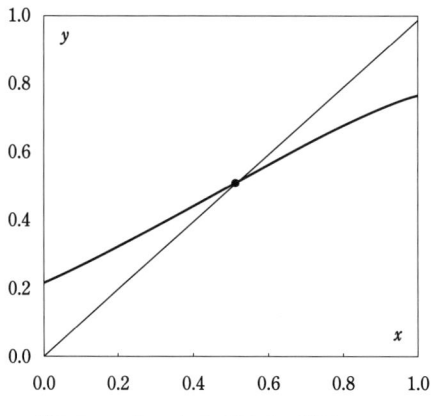

図4.10 $a-b-c+d>0$のとき その2
誤差が大きい場合，グラフは一点で交わる

$$a+d>b+c$$

のとき，集団型二戦略最適反応ダイナミクスは唯一の内点漸近安定点を持つか，二つの内点漸近安定点を持つ場合がある．

4.4.4 2×2ゲームの場合分け

このように，漸近安定点の位置は ψ の形状に依存するが，利得や戦略シェアをモニターするときの誤差が小さい場合は，ψ は図4.7のように u_a が u_b より十分小さいときはほぼ0で，$u_a=u_b$ の付近で急激に増加し，u_a が u_b より十分大きいときほぼ1となる．以下ではこの場合について考察をしておこう．

この場合は，$u_a=u_b$ となる x が $0<x<1$ の範囲で存在するかどうかで場合分けすると便利である．$u_a=u_b$ となる x が内点の範囲で存在するのは**3.2.3節**で考察した通り

$$a<c \quad かつ \quad d<b$$

かまたは

$$a>c \quad かつ \quad d>b$$

のときである．これらの場合とそれ以外の場合を順に検討する．

1) $a<c$ かつ $d<b$ のとき

この場合は $a+d<b+c$ となるので ψ は x についての減少関数になる．期待利得が $u_a=u_b$ となるのは

$$x=(b-d)/(-a+b+c-d)$$

のときであるが，この x を λ とすると，ψ は λ 付近で急速に1付近から0付近まで減少することになる．したがって，λ 付近で $y=\psi$ は $y=x$ と交わるので，内点漸近安定点もおおむね λ となる．チキンゲームやコストの高いタカハトゲームの場合に相当する．

2) $a>c$ かつ $d>b$ のとき

この場合は $a+d>b+c$ となるので ψ は x についての増加関数になる．今

度は ψ は $x=\lambda$ の付近で急速に 0 付近から 1 付近まで増加するので，$y=\psi$ と $y=x$ は 0 付近，λ 付近，1 付近の三箇所で交わることになる．このうち両側の二つが漸近安定で真ん中の一つが不安定なので，この場合の内点漸近安定点はおおむね 0 とおおむね 1 となる．調整ゲームの場合に相当する．

3) $a<c$ かつ $b<d$ のとき

この場合は常に $u_a<u_b$ となるので，u_a が u_b より十分小さいとすると ψ はほとんど 0 となる．$y=\psi$ の傾きは正の場合と負の場合がありうるが，いずれの場合も $y=x$ との交点はほとんど 0 である．したがって，この場合の内点漸近安定点はおおむね 0 である．

4) $a>c$ かつ $b>d$ のとき

この場合は常に $u_a>u_b$ となるので，u_a が u_b より十分大きいとすると ψ はほとんど 1 となる．$y=\psi$ と $y=x$ との交点はほとんど 1 なので，内点漸近安定点はおおむね 1 である．

集団型最適反応ダイナミクスは前節で考察したように常に内点漸近安定点を持ち，この点が他のダイナミクスとは異なっている．しかし，戦略シェアのモニタリングや利得計算の誤差が小さい場合は，例えば調整ゲームの漸近安定点はおおむね 0 と 1 となり，他のダイナミクスの結果とほぼ一致する．他のタイプのゲームについても同様のことがいえる．

4.4.5 非集団タイプのモデル

次に非集団型の最適反応ダイナミクスモデルを考えてみよう．具体的には二人のプレーヤーが，繰り返してゲームを行なっている場合を想定して最適反応ダイナミクスを考える．

集団型のモデルとは異なり，非集団型のモデルでは「戦略のシェア」という変数はあまり意味を持たない．このため非集団型の試行錯誤モデルでは，ある戦略を採る傾向性という変数を考えて，ダイナミクスを分析したが，ここでは他のプレーヤーの採る **傾向性の認知** という変数を考えて，どのようなダイナミクスが生じるのかを探ることにしよう．

例えば，二人で繰り返してじゃんけんをしているときに，「この相手はグー

が多い」とか「チョキはあまり出さない」といった特徴に気づくかもしれない．その場合には，こちらはパーを出せば高い確率で勝つことができる．そう考えてパーを増やすと，今度は相手が「パーが多い奴だ」と思ってチョキの数を増やしてくるかもしれない．そうすると今度はこちらもグーの数を増やして…というダイナミクスが生じることが考えられる．

　ここで，「グーが多い」とか「チョキはあまり出さない」とかいう知識が，他のプレーヤーについての＜傾向性の認知＞に相当する．この＜傾向性の認知＞は相手プレーヤーの過去の行動から経験的に形成されると考えることができる．じゃんけんの場合，大抵の人は利得表が頭に入っているので，＜傾向性の認知＞が形成されると，これに対して最適反応をすることが可能となる．

　こちらが＜傾向性の認知＞に対して最適反応すると，今度は相手がこちらに対する＜傾向性の認知＞を形成（あるいは更新）し，それに対して最適反応するかもしれない．そうすると，相手の行動パターンが変化するので，こちらも相手に対する＜傾向性の認知＞を更新し…というダイナミクスが生じると考えられる．以上のアイディアをきちんと定式化したものが**仮想プレイ**（Fictitious Play）モデルである．

4.4.6　仮想プレイ（Fictitious Play）モデル

　仮想プレイモデルは最適反応ダイナミクスモデルの中では最も古典的なモデルである．最初のアイディアはすでに1950年代に提出されている（Brown 1951）．調整ゲームを例にとって基本デザインを紹介しよう．

1\2	A	B
A	2	0
B	0	1

　各プレーヤーはそれぞれ相手がどの戦略をどの程度出しやすいか，についての認知をもっていると考える．時刻 t においてプレーヤー i が持っている，「プレーヤー j の戦略 k の出しやすさについての認知」を $P_{ijk}(t)$ とする．これが傾向性の認知である．

　この傾向性の認知は相手の実際の行動をみて修正される．すなわち，時刻 t でプレーヤー j が k を出したときには

第4章 学習ダイナミクス

$$P_{ijk}(t+1) = (1-\phi)P_{ijk}(t) + 1$$

k を出さなかったときには

$$P_{ijk}(t+1) = (1-\phi)P_{ijk}(t)$$

となると考える．ここで ϕ （$0<\phi<1$）は過去の情報を忘れていくことを示す忘却のパラメーターである．

場合分けによって式が異なるのは計算上不便なので，$\delta_{jk}(t)$ という量を導入する．これはプレーヤー j が時刻 t に戦略 k を採るときに値が 1，時刻 t に戦略 k を採らないときに値が 0 となる量である．これを用いると傾向性の認知の変化式は

$$P_{ijk}(t+1) = (1-\phi)P_{ijk}(t) + \delta_{jk}(t)$$

となる．

プレーヤー i はこの傾向性の認知をもちいて，相手がある戦略を出す確率を推定する．具体的には，プレーヤー j が戦略 k を出す確率を

$$x_{ijk}(t) = P_{ijk}(t) / \Sigma P_{ijl}(t)$$

と予測すると考える．$x_{ijk}(t)$ は「プレーヤー j が戦略 k を出す確率についてのプレーヤー i の予測」を表す．

次にプレーヤー i は，予測確率 $x_{ijk}(t)$ を用いて，自らがある戦略をとったときの予想期待利得を計算し，予想期待利得が最大となる戦略を時刻 t に採ると仮定する．プレーヤー i が時刻 t に戦略 k を採る確率を $q_{ik}(t)$ とする．最適反応の仮定のもとでは $q_{ik}(t)$ は 0 か 1 の値であるが，後に認知に誤差のある場合を考えると，0 や 1 以外の値も採るようになる．

初期のモデルでは

$$P_{ijk}(t+1) = P_{ijk}(t) + 1 \quad (j \text{ が } k \text{ を出したとき})$$
$$= P_{ijk}(t) \quad (j \text{ が } k \text{ を出さなかったとき})$$

という忘却がないセッティングであった．

このモデルでは P_{ijk} が無限に大きくなり，ダイナミクスの速さが無限に遅くなるなどの不自然な点が生じるため，ここでは忘却のあるモデルを紹介する．

プレーヤー j もプレーヤー i と同様に意思決定して，戦略 k を $q_{jk}(t)$ の確率で採る．この時刻 t における戦略選択を見て，プレーヤー i は j についての傾向性の認知を更新することになる．

4.4.7 調整ゲームのダイナミクス

かなり複雑なセッティングであるが，以上の仮定のもとでどのようなダイナミクスが生じるのか，調整ゲームの場合について具体的に考えてみよう．

変数が沢山あるので，どれに注目すると分かりやすくなるのか迷うところであるが，相手の採る戦略の予測確率 $x_{ijk}(t)$ をメインに考えると，状態を示す変数の数が少なくてすむため最も簡単である．以下，$x_{ijk}(t)$ のダイナミクスを考える方向で計算を進め，他の変数は消去する方針でいくことにしよう．

まず，プレーヤー2が戦略Aを採る確率についてプレーヤー1が持つ予測値 $x_{12a}(t)$ のダイナミクスについて考える．

$$\Delta x_{12a}(t) = x_{12a}(t+1) - x_{12a}(t)$$

として，これに

$$x_{12a}(t+1) = P_{12a}(t+1) / \Sigma P_{12k}(t+1)$$

を代入して計算すると，

$$\Delta x_{12a}(t) = P_{12a}(t+1)/\Sigma P_{12k}(t+1) - x_{12a}(t)$$
$$= (P_{12a}(t+1) - x_{12a}(t)\Sigma P_{12k}(t+1))/\Sigma P_{12k}(t+1)$$

ここで分子に

$$P_{12a}(t+1) = (1-\phi)P_{12a}(t) + \delta_{2a}(t)$$
$$= (1-\phi)x_{12a}(t)\Sigma P_{12k}(t) + \delta_{2a}(t)$$
$$\Sigma P_{12k}(t+1) = (1-\phi)\Sigma P_{12k}(t) + \Sigma \delta_{2k}(t)$$
$$= (1-\phi)\Sigma P_{12k}(t) + 1$$

（プレーヤー2はAかBかどちらかを採るので $\Sigma \delta_{2k}(t) = 1$）

を代入すると

第4章　学習ダイナミクス

$$\text{分子} = (1-\phi)x_{12a}(t)\Sigma P_{12k}(t) + \delta_{2a}(t)$$
$$\qquad - x_{12a}(t)((1-\phi)\Sigma P_{12k}(t)+1)$$
$$= \delta_{2a}(t) - x_{12a}(t)$$

したがって，

$$\Delta x_{12a}(t) = (\delta_{2a}(t) - x_{12a}(t))/((1-\phi)\Sigma P_{12k}(t)+1)$$

となる．

　この式の中で，$x_{12a}(t)$ と $\Sigma P_{12k}(t)$ は確定した値であるが，$\delta_{2a}(t)$ はプレーヤー2がAを出せば1，Bを出せば0となる量で値が確定していない．ただし，プレーヤー2がAやBを出す確率はそれぞれ $q_{2a}(t)$ と $1-q_{2a}(t)$ なので，$\delta_{2a}(t)$ の期待値 $E[\delta_{2a}]$ は

$$E[\delta_{2a}] = q_{2a}(t) \cdot 1 + (1-q_{2a}(t)) \cdot 0$$
$$= q_{2a}(t)$$

となることが分かる．

　これより，$\Delta x_{12a}(t)$ の期待値 $E[\Delta x_{12a}]$ を求めると

$$E[\Delta x_{12a}] = (q_{2a}(t) - x_{12a}(t))/((1-\phi)\Sigma P_{12k}(t)+1) \quad (式4.13)$$

である．プレーヤー2についても同様に計算すると

$$E[\Delta x_{21a}] = (q_{1a}(t) - x_{21a}(t))/((1-\phi)\Sigma P_{21k}(t)+1) \quad (式4.14)$$

となる．これらが非集団型最適反応ダイナミクスの式である．これらは変化の期待値なので変化そのものではないが，試行錯誤の場合と同様にダイナミクスが収束する場合には期待値も収束するため，その場合には有用な近似となる．

　さて，式4.13によると $q_{2a}(t) > x_{12a}(t)$ のとき，$x_{12a}(t)$ は期待値として増加し，$q_{2a}(t) < x_{12a}(t)$ のとき，$x_{12a}(t)$ は期待値として減少することが分かる．最適反応の仮定のもとではプレーヤーは期待利得の高い戦略を必ず採るので，

$$u_{2a}(t) > u_{2b}(t) \quad \text{のとき} \quad q_{2a}(t) = 1$$
$$u_{2a}(t) < u_{2b}(t) \quad \text{のとき} \quad q_{2a}(t) = 0$$

4.4 最適反応ダイナミクス

である.これより

$$0 < x_{12a}(t) < 1$$

のときには,

$u_{2a}(t) > u_{2b}(t)$ のとき
　　$q_{2a}(t) > x_{12a}(t)$ なので $E[\Delta x_{12a}] > 0$
$u_{2a}(t) < u_{2b}(t)$ のとき
　　$q_{2a}(t) < x_{12a}(t)$ なので $E[\Delta x_{12a}] < 0$

となることが分かる.

調整ゲームの利得表のもとでは

$$u_{2a}(t) = 2x_{21a}(t)$$
$$u_{2b}(t) = 1 - x_{21a}(t)$$

なので,たとえば $u_{2a}(t) > u_{2b}(t)$ となるのは

$$2x_{21a}(t) > 1 - x_{21a}(t)$$
$$x_{21a}(t) > 1/3$$

のときである.これより,

$x_{21a}(t) > 1/3$ のとき $E[\Delta x_{12a}] > 0$
$x_{21a}(t) < 1/3$ のとき $E[\Delta x_{12a}] < 0$

である.$x_{21a}(t)$ の増減についても同様に考えると,

$x_{12a}(t) > 1/3$ のとき $E[\Delta x_{21a}] > 0$
$x_{12a}(t) < 1/3$ のとき $E[\Delta x_{21a}] < 0$

となる.

これで,$q_{1a}(t)$ と $q_{2a}(t)$ を消去できたので,$x_{12a}(t)$ と $x_{21a}(t)$ についてのベクトル図を描くことができる.**図4.11**が変化の方向についてのベクトル図である.これより,$x_{12a}(t)$ と $x_{21a}(t)$ は

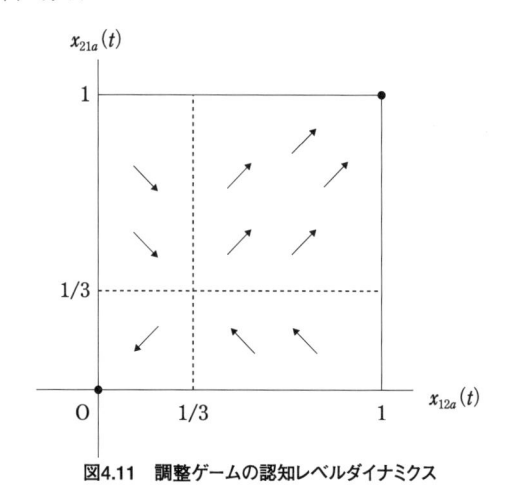

第4章 学習ダイナミクス

図4.11 調整ゲームの認知レベルダイナミクス

$$(x_{12a}(t), x_{21a}(t)) = (0,\ 0),\ (1,\ 1)$$

に収束することが分かる．

［練習4.4］
　タカハトゲーム2と囚人のジレンマゲームについて，非集団最適反応ダイナミクスのベクトル図を描け．

4.4.8 行動レベルのダイナミクス

　前節で調整ゲームのダイナミクスを考えたが，これは $x_{ijk}(t)$ についてのダイナミクスであった．$x_{ijk}(t)$ は他のプレーヤーが，ある戦略を採る確率についての予測値であったから，これは行動レベルのダイナミクスではなく，プレーヤーの認知レベルでのダイナミクスである．認知レベルのダイナミクスを考察することが，最適反応ダイナミクスの大きな特徴であるが，それはそうとして，プレーヤーの行動レベルのダイナミクスはどうなっているのであろうか．その点について確認しておこう．

　プレーヤーの行動を示すパラメーターは $q_{1a}(t)$ や $q_{2a}(t)$ である．最適反応を仮定する場合，これらは通常0と1の値しかとらない．二戦略ゲームで二つの戦略の利得が等しい場合に確率1/2でどちらかの戦略を採ると考えると，q_{jk}

図4.12 行動レベルダイナミクスの状態空間

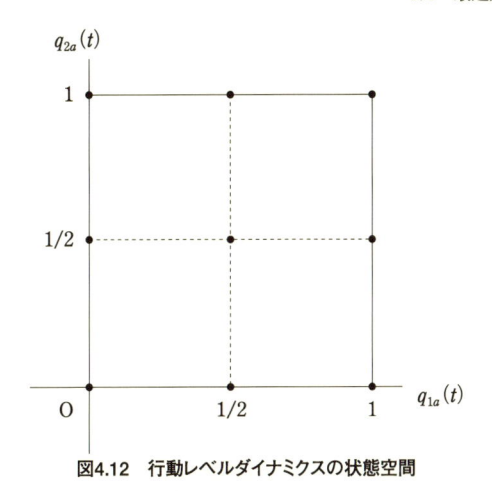

(t) は1/2となる場合もあることになる．この場合を含めても，0，1/2，1の3値であり，$q_{1a}(t) - q_{2a}(t)$ 平面上では図4.12に示された9点のみが系のとりうる状態となる．したがって，これらの点から点への移動が行動レベルの最適反応ダイナミクスとなる．

先ほどの調整ゲームの場合でみてみよう．図4.13は認知レベルダイナミクスの軌道である．たとえば①で示された軌道群では，$x_{12a}(t)$ が 0 付近に留まる一方で $x_{21a}(t)$ が 1 付近から 0 付近まで減少している．この場合，常に $x_{12a}(t) < 1/3$ なので $q_{1a}(t)$ は常に 0 である．また

$x_{21a}(t) > 1/3$ のとき $q_{2a}(t) = 1$
$x_{21a}(t) = 1/3$ のとき $q_{2a}(t) = 1/2$
$x_{21a}(t) < 1/3$ のとき $q_{2a}(t) = 0$

なので，行動レベルダイナミクスの軌道は $q_{1a}(t) - q_{2a}(t)$ 平面上では

(0, 1) → (0, 1/2) → (0, 0)

と移動することになる（図4.14の①）．

同様に，認知レベルの軌道②は行動レベルでは

(1, 0) → (1/2, 0) → (0, 0)

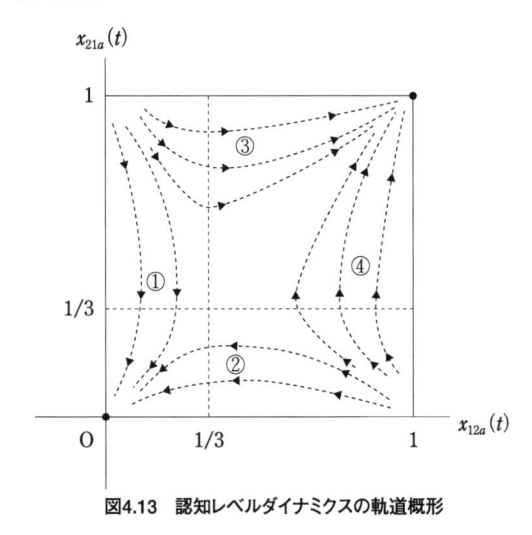

第4章 学習ダイナミクス

図4.13 認知レベルダイナミクスの軌道概形

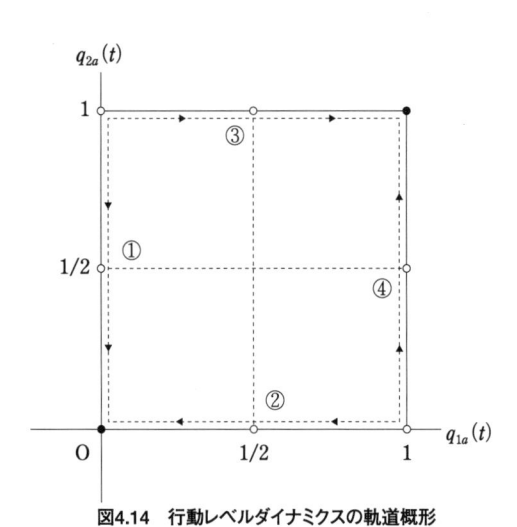

図4.14 行動レベルダイナミクスの軌道概形

であるし（図4.14の②），認知レベルの③，④は行動レベルの③，④の軌道に対応する．

このように，認知レベルでは異なる軌道（たとえば図4.13の①にあたる軌道群）であっても行動レベルでは同じ軌道（たとえば図4.14の①）になる場合がある．これは，最適反応の仮定により異なる認知のもとでも同じ行動が採られる場合があるため，そのために行動レベルの軌道の縮退現象が起きることになる．逆にいうと，行動レベルのダイナミクスは情報量が少ないので前節のように認知レベルのダイナミクスを考える方が系の振る舞いを適切に記述することができる．

4.4.9 頂点の定常性と安定性

認知レベルのダイナミクスに戻って，この場合の状態空間の頂点の定常性と安定性を調べておこう．

状態空間の頂点はこれまで登場したどのダイナミクスでも定常であったが，最適反応ダイナミクスでは**定常とは限らない**．たとえば，調整ゲームの例では

$$(x_{12a}(t), x_{21a}(t)) = (0,\ 1)$$

は定常ではない．$x_{21a}(t) = 1$なので$q_{2a}(t) = 1$であるが，これを**式4.13**に代入すると

$$E[\Delta x_{12a}(t)] = (q_{2a}(t) - x_{12a}(t))/((1-\phi)\Sigma P_{12}k(t) + 1)$$

$$= 1/((1-\phi)\Sigma P_{12k}(t) + 1) > 0$$

となるので，$(0, 1)$は定常ではないことが分かる（ちなみに$E[\Delta x_{21a}(t)]$は負）．

一般に状態空間の頂点について，次の命題が成立する．

［命題4.7］
2×2の対称ゲームにおいて，ある純粋戦略プロファイルがナッシュ均衡でないときには，この戦略プロファイルに対応する頂点は最適反応ダイナミクスの定常点ではない．

［証明］

第4章　学習ダイナミクス

A，B二戦略のゲームにおいて戦略プロファイル（A，A）がナッシュ均衡でないとすると，戦略Aに対する最適反応はBである．

（A，A）に対応する状態空間の頂点は $(x_{12a}(t), x_{21a}(t))=(1, 1)$ であるが，このとき $(q_{1a}(t), q_{2a}(t))=(0, 0)$ である（Aに対する最適反応はBだから）．

これより

$$E[\Delta x_{12a}(t)] = -1/((1-\phi)\Sigma P_{12k}(t)+1) < 0$$
$$E[\Delta x_{21a}(t)] = -1/((1-\phi)\Sigma P_{12k}(t)+1) < 0$$

なので（1，1）は定常ではない．（B，B）がナッシュ均衡でないときも同様に証明できる．

次に（A，B）がナッシュ均衡でないとすると，Aに対する最適反応がAであるか，またはBに対する最適反応がBである（両方の場合もある）．

（A，B）に対応する状態空間の頂点は $(x_{12a}(t), x_{21a}(t))=(0, 1)$ である．Aに対する最適反応がAの場合は $x_{21a}(t)=1$ のとき $q_{2a}(t)=1$ であるが，このとき

$$E[\Delta x_{12a}(t)] = (q_{2a}(t) - x_{12a}(t))/((1-\phi)\Sigma P_{12k}(t)+1)$$
$$= 1/((1-\phi)\Sigma P_{12k}(t)+1) > 0$$

となるので（0，1）は定常ではない．Bに対する最適反応がBの場合は $E[\Delta x_{21a}(t)] < 0$ となり，やはり定常ではない．

（B，A）がナッシュ均衡でない場合も同様に証明できる．

［証明終わり］

レプリケーターダイナミクスの場合は潜在的に有利な戦略が存在しても，実際にそれが集団中に存在しなければそれが増えることはない．模倣ダイナミクスの場合は存在しない戦略が模倣されることはないし，試行錯誤ダイナミクスの場合は傾向性のない戦略が試されることはない．このような訳で，状態空間の頂点は常に（不安定な場合はあっても）定常であった．

一方，最適反応ダイナミクスでは今まで使われていない戦略であっても，プレーヤーの頭の中に存在していれば（＝認知レベルで存在していれば）利得の比較の対象となりうるし，それで利得が最大と判断されれば実際にもその戦略が採

4.4 最適反応ダイナミクス

られることになる．このような訳で最適反応ダイナミクスでは不安定な頂点は定常にもなりえないのである．

逆に安定性については次の命題が成立する．

［命題4.8］
2×2 の対称ゲームにおいて，ある純粋戦略プロファイルが strict ナッシュ均衡のときには，この戦略プロファイルに対応する頂点は最適反応ダイナミクスの漸近安定な定常点である．

［証明］
戦略プロファイル (A, A) が strict ナッシュ均衡とすると，戦略Aに対する最適反応はAである．

(A, A) に対応する状態空間の頂点は $(x_{12a}(t), x_{21a}(t)) = (1, 1)$ であるが，このとき $(q_{1a}(t), q_{2a}(t)) = (1, 1)$ である．

これより

$$E[\Delta x_{12a}] = 0$$
$$E[\Delta x_{21a}] = 0$$

なので $(1, 1)$ は定常である．

次に，相手が確率 x で A を採るときに自分がAを採るときの期待利得を $u_a(x)$，Bを採るときの期待利得を $u_b(x)$ とすると，Aに対する最適反応がAなので

$$u_a(1) > u_b(1)$$

が成立する．

このとき利得関数は x について連続なので，ある $\varepsilon' > 0$ が存在して，$0 < \varepsilon < \varepsilon'$ を満たす任意の ε に対して

$$u_a(1-\varepsilon) > u_b(1-\varepsilon)$$

とすることができる（図4.15参照）．

これより $0 < \varepsilon < \varepsilon'$ を満たす ε について，$x_{12a}(t) = 1 - \varepsilon$ に対する最適反応はAなので $q_{1a}(t) = 1$ である．同様に $x_{21a}(t) = 1 - \varepsilon$ のとき $q_{2a}(t) = 1$ である．

第4章　学習ダイナミクス

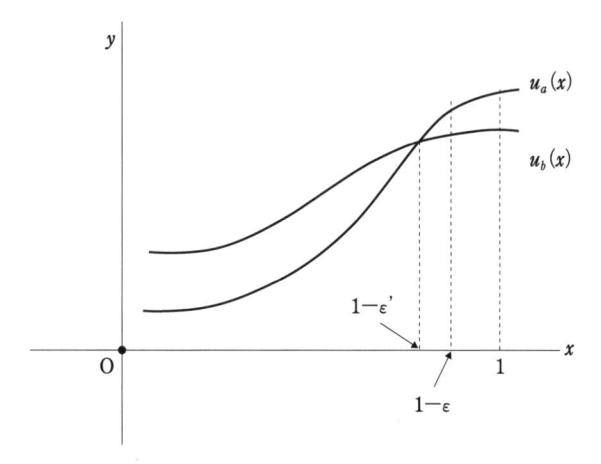

図4.15　$u_a(1) > u_b(1)$ のときは，$u_a(1-\varepsilon) > u_b(1-\varepsilon)$ となる領域が存在する

したがって，

$$E[\Delta x_{12a}] = \varepsilon / ((1-\phi)\Sigma P_{12k}(t) + 1) > 0$$
$$E[\Delta x_{21a}] = \varepsilon / ((1-\phi)\Sigma P_{12k}(t) + 1) > 0$$

となるので，(1, 1) は漸近安定である．

他の戦略プロファイルが strict ナッシュ均衡の場合も同様の手順で証明することができる．

［証明終わり］

このように，定常性が安定性を含意するところが，最適反応ダイナミクスの大きな特徴といえる．

［練習4.5］
　上は期待利得の計算に誤差がない場合の結果であるが，誤差がある場合はどのようになるか．4.4.2のモデルを参考にして考察せよ．

4.4.10 試行錯誤と最適反応の対戦

　ここまでは，相互作用に参加するプレーヤーがすべて同じ学習アルゴリズムを採用している場合を考えてきた．しかし，実際には異なる学習アルゴリズムを持つプレーヤーが集団中に存在する場合や，学習アルゴリズムが異なるプレーヤー同士が対戦する場合もあるであろう．ここではそのような場合の例として，試行錯誤アルゴリズムを採用するプレーヤーと最適反応アルゴリズムを採用するプレーヤーが対戦する場合を考えてみよう．その他の場合については，この結果からある程度類推することができる．

　具体的なセッティングは次の通り．プレーヤー1を試行錯誤プレーヤー，プレーヤー2を最適反応プレーヤーとする．試行錯誤プレーヤーは4.3節で考えたロス・エレブ型アルゴリズム，最適反応プレーヤーは4.4節後半で考えてきた仮想プレー型アルゴリズムを採用しているとしよう．

　ゲームとしては次のタカハトゲーム（資源争奪ゲーム）を考える．

1\2	H	D
H	−1	4
D	0	2

　時刻 t にプレーヤー1が戦略Hを採る確率を $x_{1h}(t)$ とすると式4.9より

$$E[\Delta x_{1h}] = x(1-x)(u_{1h} - u_{1d})/分母 \quad (式4.15)$$

である．一方，時刻 t にプレーヤー1が戦略Hを採る確率についてプレーヤー2が持つ認知を $x_{21h}(t)$ とすると式4.14より

$$E[\Delta x_{21h}] = (x_{1h}(t) - x_{21h}(t))/分母 \quad (式4.16)$$

となる．

　式4.16より，

$$x_{21h}(t) < x_{1h}(t) \quad のとき \quad E[\Delta x_{21h}] > 0$$
$$x_{21h}(t) > x_{1h}(t) \quad のとき \quad E[\Delta x_{21h}] < 0$$

である．これを $x_{1h}(t)$ を横軸，$x_{21h}(t)$ を縦軸にとった状態平面上に図示すると図4.16となる．

ところで上のゲームの場合，$x_{21h}(t)<2/3$ のときは戦略Hがプレーヤー2にとっての最適反応，$x_{21h}(t)>2/3$ のときは戦略Dがプレーヤー2にとっての最適反応である．したがって，図4.17の点線（$x_{21h}(t)=1/3$）より下の領域ではプレーヤー2は戦略Hを採り，点線より上の領域ではプレーヤー2は戦略Dを採る．

プレーヤー2がHを採るときは，$u_{1h}<u_{1d}$，プレーヤー2がDを採るときは，$u_{1h}>u_{1d}$ となるので，式4.15より

$$\text{点線の下の領域では} \quad E[\Delta x_{1h}]<0$$
$$\text{点線の上の領域では} \quad E[\Delta x_{1h}]>0$$

となることが分かる．これより図4.17のような矢印を描くことができる．

これらの情報を総合してベクトル図を描くと図4.18となる．図より，漸近安定状態は

$$x_{1h}(t)=0, \ x_{21h}(t)=0 \ （1がDを採り，2がそう思ってHを採る）$$
$$x_{1h}(t)=1, \ x_{21h}(t)=1 \ （1がHを採り，2がそう思ってDを採る）$$

の二つであることが分かる．

前者はプレーヤー2が得をする漸近安定状態であり，後者はプレーヤー1が得をする漸近安定状態である．ベクトル図から分かるように，前者に収束する領域の方が後者に収束する領域よりも広い．この結果は，最適反応アルゴリズムを採るプレーヤーの方が，試行錯誤アルゴリズムを採るプレーヤーよりも得になりやすいことを示している．

一般に，最適反応アルゴリズムは試行錯誤アルゴリズムよりも多くの情報と認知資源を用いるアルゴリズムなので，高い利得を獲得できるのは当然のように思われる．しかし，実はそうではない場合も存在する．次の利得表は怪我のコストが更に大きい場合のタカハトゲームである．

1\2	H	D
H	-5	4
D	0	2

4.4 最適反応ダイナミクス

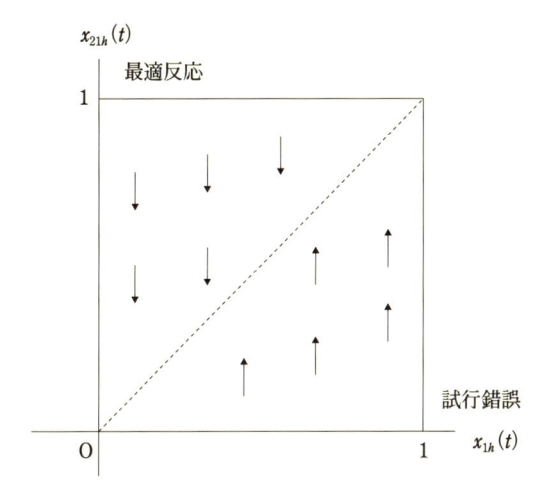

図4.16 2が1のタカ採用確率に対して持つ認知 x_{21h} の増減

このゲームでは，プレーヤー2にとっての最適反応は $x_{21h}(t) < 2/7$ のときに戦略H，$x_{21h}(t) > 2/7$ のときに戦略Dである．これより，試行錯誤対最適反応のベクトル図は図4.19のようになり，今度は最適反応プレーヤーがDを採り，試行錯誤プレーヤーがHを採る漸近安定状態の方が収束域が広くなる．例えば，

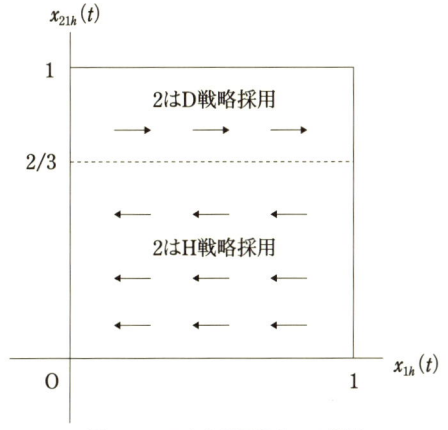

図4.17 1のタカ採用確率 x_{1h} の増減

第4章　学習ダイナミクス

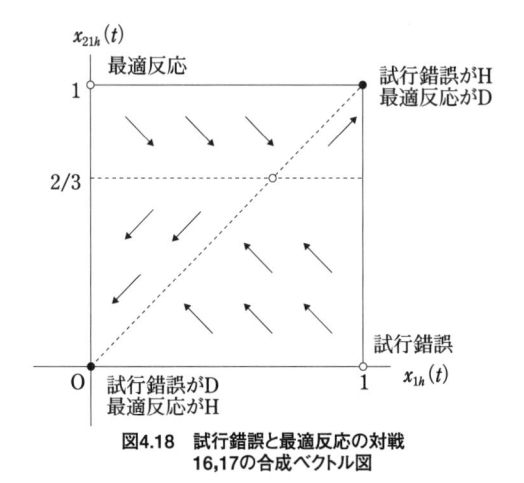

**図4.18　試行錯誤と最適反応の対戦
16,17の合成ベクトル図**

　デフォルトで相手の戦略をHとDの半々と推定する最適反応プレーヤーは，よほど謙虚な試行錯誤プレーヤーと出会わない限り不利な方の漸近安定状態に追い込まれることになる．

　タカハトゲーム（一般にはチキンゲーム）は「無理が通れば道理が引っ込む」タイプのゲームで，このような場合には＜洗練された＞アルゴリズムが有利になるとは限らない．同様の現象は集団中に試行錯誤プレーヤーと最適反応プレーヤーが存在してランダムマッチングでゲームを行なう場合や，最後通牒ゲームのような展開形のゲームでも生じる場合がある（第5章で紹介する）．洗練されたアルゴリズムは，一般論としては有利になることが多いが，例外もあることに注意する必要がある．

4.4 最適反応ダイナミクス

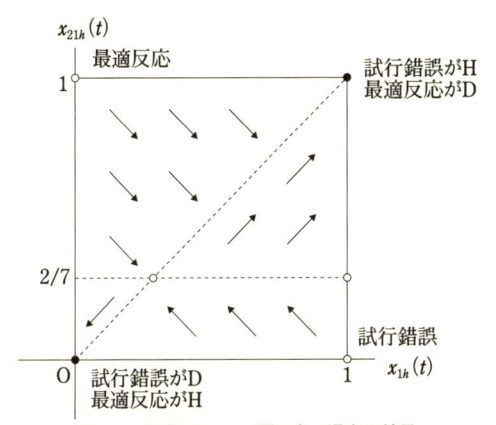

図4.19 怪我のコストが更に高い場合の結果
「試行錯誤がタカ」の領域が広くなる

第5章 非対称ゲームのダイナミクス

第3章，第4章では対称ゲームのダイナミクスについて見てきた．この章では非対称ゲームのダイナミクスについて見てみよう．

5.1 非対称ゲーム

5.1.1 非対称ゲームと対称ゲーム

対称ゲームと非対称ゲームとは，どのように違うのであろうか．

対称ゲームは一口でいうと，「立場による違い」がないゲームだということができる．例えばタカハトゲームの場合，プレーヤーが対等の立場で資源を争い，強弱や所有・非所有による立場の違いがなければ対称タカハトゲームとなる．

これに対し，非対称ゲームは「立場による違い」のあるゲームだということができる．社会的な場面では，立場の違うプレーヤーの間で相互作用（＝ゲーム）が行われることも多い．売り手と買い手，教師と生徒，投手と打者，夫と妻などの間で行われるゲームの場合，プレーヤーの立場によって採り得る戦略や結果として得られる利得に，一般に違いが出てくる．例えば，売り手と買い手の例では，売り手の戦略としては，値上げする，値下げする，よい品物を売る，粗悪な品物を売る，などがありうるし，買い手の戦略としては買う，買わない，たくさん買う，少し買う，他で買う，他で買うと見せかける，などがあるであろう．また売り手の利得が，売値と原価の差なのに対し，買い手の利得は商品の効用と売値に相当する貨幣の効用との差となるであろう．

このように，立場の違いによって戦略や利得に違いのあるゲームを **非対称ゲーム** という．ちなみに，戦略と利得の両方が異なっていなくてもどちらか一方

が異なっていればそのゲームは非対称ゲームとなる．たとえば，強いプレーヤーと弱いプレーヤーがタカハトゲームを行う場合，戦略としては攻撃を仕掛けるタカ戦略と待機するハト戦略の二つが両方の立場に共通して考えられるが，喧嘩になったときの利得は強いプレーヤーと弱いプレーヤーで異なってくる．仮に強いプレーヤーが怪我をする確率を1/3，弱いプレーヤーが怪我をする確率を2/3，怪我のコストを6，資源の価値を4として考えると，タカ対タカの利得は

$$（強い方の利得）=1/3・(-6)+2/3・4=2/3$$
$$（弱い方の利得）=2/3・(-6)+1/3・4=-8/3$$

となる．したがって，この場合の利得表は

強い方＼弱い方	タカ	ハト
タカ	2/3, -8/3	4, 0
ハト	0, 4	2, 2

となる．このように，立場によって利得構造が異なる場合はやはり非対称ゲームである．ちなみに，この非対称タカハトゲームの場合どのようなダイナミクスが生じるかは5.2節で分析してみることにしよう．

5.1.2 集団モデルと非集団モデル

非対称ゲームの静学的な分析方法は，やはりナッシュ均衡を求めることである．期待利得を最大化しようとするプレーヤーが，ゲームの利得構造と他のプレーヤーの戦略を知っているとき，どのような戦略プロファイルが安定となるかを考えるのが静学モデルである．

では，動学モデルはどうなるのであろうか．大きく分けて，二つの方法が存在する．一つはプレーヤーの集団を想定し，集団中の戦略シェアの変化を考える集団型のモデルである．対称ゲームの集団モデルの場合，プレーヤーは一つの集団の中でランダムにマッチングして対戦すると考えるが，非対称ゲームの集団モデルの場合は，プレーヤーは立場ごとに「立場集団」を作ると考え，各立場集団内での戦略シェアの変化を考えることになる．

例えば，売り手と買い手のゲームでは，「売り手の集団」と「買い手の集団」を考え，売り手の集団からランダムに選ばれた売り手と，買い手の集団からランダムに選ばれた買い手が相互作用を行い，その結果によって売り手も買い手も戦略の修正を行うことを想定する．この戦略修正によって生じる，売り手集団内や買い手集団内における戦略頻度の変化を求めるのが，非対称ゲームの集団モデルである．観光地の朝市のように，多くの売り手と多くの買い手がランダムに相互作用するときなどに，リアリティのあるアプローチとなる．

一方，商店街のライバル店同士の場合は，ランダムに選ばれた店同士が相互作用すると考えるのではかなり無理がある．あるクラスの担任と生徒の相互作用，夫と妻の相互作用，アメリカ・ロシア・中国などの国家間の相互作用なども，「集団からランダムに選ばれて相互作用」という想定が妥当ではない例である．

これらの場合には，決まったメンバーが繰り返し相互作用を行うことを想定する非集団型のモデルを用いることなる．非集団型モデルでは各プレーヤーは試行錯誤によって自らの戦略を修正したり，相手プレーヤーの戦略採用傾向の認知を修正したりすることが想定される．この場合，対称ゲームの非集団モデルで用いた方法をほとんどそのまま応用することができる．

5.2 非対称レプリケーターダイナミクス

非対称ゲームの出生死滅ダイナミクスモデルが非対称レプリケーターダイナミクスである．レプリケーターダイナミクスはプレーヤーの出生死滅による戦略シェアの変化を考察するので集団モデルのみが存在する．

5.2.1 非対称タカハトゲーム

5.1節で紹介した非対称タカハトゲームを例にあげて，非対称レプリケーターダイナミクスを導入しよう．**表**5.1の利得表を用いる．

まず立場集団として，強いプレーヤーの集団と弱いプレーヤーの集団を考える．これは文字通り，強いプレーヤーの集団と弱いプレーヤーの集団が存在すると考えてもよいが，相手より強いときにはこうするが，弱いときにはこうする，という条件付戦略のダイナミクスを「強いプレーヤーの集団」「弱いプレーヤーの集団」という仮想の集団のダイナミクスとみなして考察していると考

第5章 非対称ゲームのダイナミクス

表5.1 非対称タカハトゲームの利得表

強い方＼弱い方	タカ	ハト
タカ	2/3, -8/3	4, 0
ハト	0, 4	2, 2

えることもできる．以下では強いプレーヤーの集団を集団1，弱いプレーヤーの集団を集団2と呼ぶことにする．

集団1のなかでタカ戦略を採るプレーヤーの割合をx，ハト戦略を採るプレーヤーの割合を$1-x$，集団2のなかでタカ戦略を採るプレーヤーの割合をy，ハト戦略を採るプレーヤーの割合を$1-y$とする．このとき，xとyのダイナミクスはどうなるのであろうか．次の仮定を置いて考えることにしよう．

［仮定］
- 各集団ではプレーヤーはdtの間にある確率で何人かの子供を残して死亡する．
- dtの間に出生死滅イベントの発生する確率は，集団1では$r_1 dt$，集団2では$r_2 dt$である．
- 子供の数の期待値wは，1から利得uだけ増減した値　$w=1+u$　である．

集団1でタカ戦略をとる個体数をp_{1h}，ハト戦略をとる個体数をp_{1d}とし，集団1の個体数全体をp_1とする．このとき

$$p_1 = p_{1h} + p_{1d}$$

である．また，集団1のタカ戦略の平均適応度をw_{1h}，平均利得をu_{1h}，ハト戦略の平均適応度をw_{1d}，平均利得をu_{1d}とする．

微小時間dtの間のp_{1h}の変化をdp_{1h}とすると，これはこの間の出生と死滅の差に等しいので

5.2 非対称レプリケーターダイナミクス

$$dp_{1h} = w_{1h}r_1 dt \cdot p_{1h} - r_1 dt \cdot p_{1h}$$
$$= (w_{1h} - 1) r_1 dt p_{1h}$$
$$= r_1 u_{1h} dt p_{1h}$$

これより

$$dp_{1h}/dt = r_1 u_{1h} p_{1h}$$

となる．同様に，集団1のハト戦略者については

$$dp_{1d}/dt = r_1 u_{1d} p_{1d}$$

が成り立つ．また，これらを合計すると

$$dp_1/dt = r_1 (u_{1h} p_{1h} + u_{1d} p_{1d})$$

となる．

ここで集団1のタカ戦略の頻度は x なので

$$x = p_{1h}/p_1$$
$$xp_1 = p_{1h}$$

両辺を t で微分して

$$dx/dt \cdot p_1 + x \cdot dp_1/dt = dp_{1h}/dt$$
$$dx/dt \cdot p_1 = dp_{1h}/dt - x \cdot dp_1/dt$$

右辺に上の結果を代入すると

$$dx/dt \cdot p_1 = r_1 u_{1h} p_{1h} - x r_1 (u_{1h} p_{1h} + u_{1d} p_{1d})$$

両辺を p_1 で割って，$x = p_{1h}/p_1$, $1-x = p_{1d}/p_1$ に注意すると

$$dx/dt = r_1 u_{1h} x - x r_1 (u_{1h} x + u_{1d}(1-x))$$

ここで $u_{1h} x + u_{1d}(1-x)$ は集団1における平均利得なので，これを u_1 とおくと上の式は

第5章 非対称ゲームのダイナミクス

$$dx/dt = r_1 u_{1h} x - x r_1 u_1$$
$$= r_1(u_{1h} - u_1)x \qquad (式5.1)$$

となる．これが x についての微分方程式である．

集団2についても同様に，微小時間 dt の間の出生死滅イベントの発生確率を $r_2 dt$，タカ戦略の平均利得を u_{2h}，集団2全体の平均利得を u_2 とすると

$$dy/dt = r_2(u_{2h} - u_2)y \qquad (式5.2)$$

となる．これが y についての微分方程式である．

5.2.2 非対称タカハトゲームのベクトル図

各集団からランダムに選ばれたプレーヤーが対戦すると考えると，集団1のタカ戦略者は確率 y で集団2のタカ戦略者と，確率 $1-y$ で集団2のハト戦略者と対戦することになる（表5.2）．

したがって，集団1のタカ戦略者の平均利得 u_{1h} は

$$u_{1h} = 2/3 y + 4(1-y) = -10/3 y + 4$$

となる．また，集団1のハト戦略者の平均利得 u_{1d} は

$$u_{1d} = 0y + 2(1-y) = -2y + 2$$

となる．

集団1にはタカ戦略が x，ハト戦略が $1-x$ の割合で存在するので，集団1全体の平均利得 u_1 は

$$u_1 = x u_{1h} + (1-x) u_{1d}$$

表5.2 ランダムマッチングの場合の対戦相手の戦略

集団1 \	集団2	y タカ	$1-y$ ハト
x	タカ	2/3, -8/3	4, 0
$1-x$	ハト	0, 4	2, 2

5.2 非対称レプリケーターダイナミクス

$$= x(-10/3y+4)+(1-x)(-2y+2)$$
$$= -4/3xy+2x-2y+2$$

となる．

同様に集団2のタカの利得 u_{2h}，ハトの利得 u_{2d}，集団の平均利得 u_2 は

$$u_{2h} = -8/3x+4(1-x) = -20/3x+4$$
$$u_{2d} = 0x+2(1-x) = -2x+2$$
$$u_2 = yu_{2h}+(1-y)u_{2d}$$
$$ = -14/3xy-2x+2y+2$$

となる．

これらを**式5.1**, **式5.2**に代入すると，x，yのダイナミクスを示す微分方程式は

$$dx/dt = r_1(u_{1h}-u_1)x$$
$$= r_1(-10/3y+4+4/3xy-2x+2y-2)x$$
$$= r_1(4/3xy-2x-4/3y+2)x$$
$$= 4/3r_1x(1-x)(3/2-y)$$
$$dy/dt = r_2(u_{2h}-u_2)y$$
$$= r_2(-20/3x+4+14/3xy+2x-2y-2)y$$
$$= r_2(14/3xy-14/3x-2y+2)y$$
$$= 14/3xr_2y(1-y)(3/7-x)$$

となる．

これらを用いてベクトル図を書いてみよう．状態空間をまず確認すると，

$$0 \leq x \leq 1 \quad , \quad 0 \leq y \leq 1$$

より，xy平面上で$(0,0)$, $(1,0)$, $(1,1)$, $(0,1)$の四点を頂点とする正方形が非対称タカハトゲームの状態空間となる．

このなかで，$dx/dt=0$となるのは$x=0$, 1と$y=3/2$の場合であるが，yは0から1までの値なので，この範囲では$2-4/3y>0$である．したがって，状態空間の内部では

219

第5章 非対称ゲームのダイナミクス

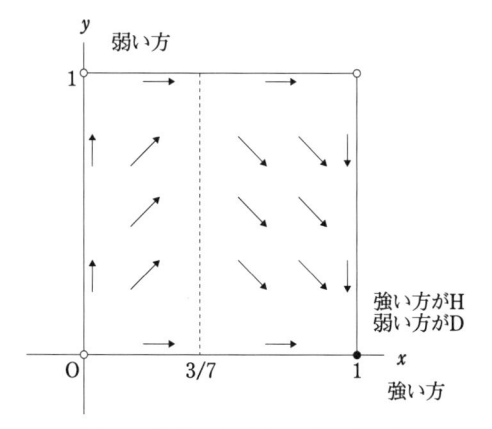

図5.1 非対称タカハトゲームのベクトル図

$$dx/dt > 0$$

となる．

次に $dy/dt = 0$ となるのは，$y=0$，1 と $x=3/7$ の場合である．したがって

$0 < x < 3/7$ のとき $dy/dt > 0$
$3/7 < x < 1$ のとき $dy/dt < 0$

となる．

これより，ベクトル図は図5.1のようになる．状態空間の各頂点が定常点となり，それ以外には定常点はない．$0<x<3/7$ の領域では x も y も増加するので右上に向かうダイナミクスとなるが，$3/7<x<1$ の領域では x が増加で，y が減少なので右下に向かうダイナミクスとなる．収束点は右下隅の定常点 $(1, 0)$ で，それ以外の定常点は不安定である．したがって，$(1, 0)$ が唯一の漸近安定点である．

以上より，例で考えた非対称タカハトゲームでは，強いプレーヤーが常にタカ戦略をとり，弱いプレーヤーが常にハト戦略をとるようになると予測できる．

[練習5.1]
　　怪我のコストが10の非対称タカハトゲームの利得表は**表5.3**となる．こ

5.2 非対称レプリケーターダイナミクス

表5.3 怪我のコストが高い非対称タカハトゲーム

強い方＼弱い方	タカ	ハト
タカ	-2/3, -16/3	4, 0
ハト	0, 4	2, 2

の場合のレプリケーターダイナミクスはどのようになるか．
1) 微分方程式を書き下せ
2) 軌道の概形と漸近安定点を求めよ

練習5.1の利得表の場合，図5.2に示すように漸近安定点は(1, 0)と(0, 1)の二つ存在する．(1, 0)の方は強い方がタカ，弱い方がハトを採る状態を表し直感的にも理解しやすい安定状態である．一方，(0, 1)の方は強い方がハト，弱い方がタカを採る直感に反する安定状態である．このような安定状態を **逆説的な安定状態** ということがある．非対称タカハトゲームでは初期状態によって，逆説的な安定状態が実現する可能性がある．

5.2.3 追跡・逃走ゲーム

捕食被食の関係（食う食われるの関係）は動物にとって死活問題である．ここ

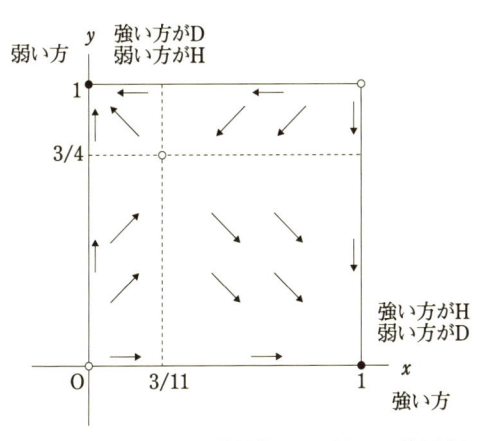

図5.2 怪我のコストが大きい非対称タカハトゲームのダイナミクス

第5章 非対称ゲームのダイナミクス

表5.4 追跡・逃走ゲームの利得表

被食者＼捕食者	右	左
右	−1, 1	1, −1
左	1, −1	−1, 1

　では，非対称ゲームのもう一つの事例として被食者が捕食者に追われる場面について考えてみよう．

　今あなたは捕食者に追われている被食者である．一瞬茂みに逃げ込んだが，次に右に逃げるか左に逃げるか迷っている．どちらに逃げても同じようなものだが，捕食者が反対側に行ってくれれば助かる可能性が高い．このようなときに「もっぱら右に逃げる戦略」と「もっぱら左に逃げる戦略」を考えることにする．

　今度はあなたが捕食者である．獲物を追跡していて一瞬見失ってしまった．右か左かどちらかに逃げたものと思われるがどちらに逃げたかは分らない．正しい方向に追えば，追いつける可能性はあるが，ぐずぐずしていると逃げられてしまう．一瞬の判断が必要になるが，このとき「もっぱら右に行く戦略」と「もっぱら左に行く戦略」を考えることにする．

　被食者が右に逃げ，捕食者が右に追うと，被食者が捕まる可能性が高い．このときの被食者の利得を−1，捕食者の利得を1とする．被食者が右に逃げ，捕食者が左に追うと，被食者が逃げ延びる可能性が高い．このときの被食者の利得を1，捕食者の利得を−1とする．被食者が左に逃げた場合も同様に考えると，**表**5.4の利得表を得ることができる．

　これは，いわゆるコイン当てゲーム（表か裏かを当てるゲーム）と同じ利得表であるし，サッカーのペナルティーキック（キッカーは右に蹴るか左に蹴るか，キーパーはどちらに跳ぶかが戦略）や野球のスクイズなどスポーツの場面でも同様の利得状況がよく出現する．スポーツの分析では学習ダイナミクスを用いるべきだが，捕食・被食の場合はレプリケーターダイナミクスでも分析できる．この場合，どのようなダイナミクスになるのであろうか．

　被食者集団中の「右」戦略の割合を x，捕食者集団中の「右」戦略の割合を y とする．タカハトゲームの場合と同様に期待利得を求めて **式**5.1, **式**5.2に代入すると，次のようになる．

5.2 非対称レプリケーターダイナミクス

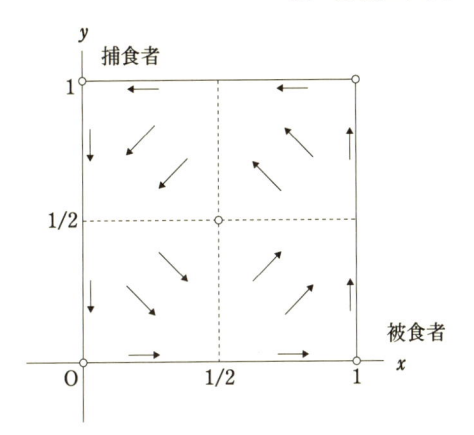

図5.3 追跡・逃走ゲームのダイナミクス

$$dx/dt = 4r_1 x(1-x)(1/2-y)$$
$$dy/dt = 4r_2 y(1-y)(x-1/2)$$

これより，

$0 < y < 1/2$のとき　$dx/dt > 0$
$1/2 < y < 1$のとき　$dx/dt < 0$

また，

$0 < x < 1/2$のとき　$dy/dt < 0$
$1/2 < x < 1$のとき　$dy/dt > 0$

となることがわかる．

　この情報を用いてベクトル図を書くと，図5.3のようになる．このダイナミクスは $(1/2, 1/2)$ を内点定常点とし，それ以外の状態では左回りのダイナミクスとなっている．すなわち，右に逃げる被食者が多い時には，右に追う捕食者が増え，右に追う捕食者が増えると左に逃げる被食者が増え，左に逃げる被食者が増えると……という循環を繰り返すことが分る．いわゆる，堂々回りのダイナミクスである．

5.2.4 内点定常点の安定性

では，この循環の行く末はどうなるのであろうか．循環を続けながら，次第に内点定常点 (1/2, 1/2) に収束していくのであろうか．それとも，同じ軌道を循環して内点定常点のまわりを回り続けるのだろうか．あるいは次第に軌道が広がっていて，最終的に頂点をつたって循環する軌道に近付いていくのであろうか．

これは内点定常点 (1/2, 1/2) の安定性の問題である．漸近安定ならば軌道は収束，リャプノフ安定ならば同じ軌道を循環，不安定ならば軌道は次第に広がって発散することになる．定常点の安定性は局所安定性解析である程度知ることができるが，この場合はヤコビ行列の固有値が純虚数（実部が0の複素数）となり，二次以上の近似分析を行わなければ正確な結果を得ることはできない．しかし，この微分方程式の場合は直接軌道の方程式を求めることで，内点定常点がリャプノフ安定であることを示すことができる．計算がやや複雑であるが，局所安定性解析では判定できない場合のテクニック例として紹介しよう．

まず，

$$dy/dx = dy/dt \div dx/dt$$

であることを利用して，dy/dx を求めると

$$dy/dx = r_2 y(1-y)(2x-1)/r_1 x(1-x)(1-2y)$$

となる．

これは変数分離形の微分方程式に変形できて

$$r_1(1-2y)/y(1-y)\,dy = r_2(2x-1)/x(1-x)\,dx$$

となる．両辺を積分して

$$r_1 \int (1-2y)/y(1-y)\,dy = r_2 \int (2x-1)/x(1-x)\,dx$$
$$r_1 \int (1/y - 1/(1-y))\,dy = r_2 \int (-1/x + 1/(1-x))\,dx$$
$$r_1 (\log y + \log(1-y)) = r_2(-\log x - \log(1-x)) + c$$
$$r_1 \log y(1-y) = -r_2 \log x(1-x) + c$$
$$r_1 \log y(1-y) + r_2 \log x(1-x) = c$$

5.2 非対称レプリケーターダイナミクス

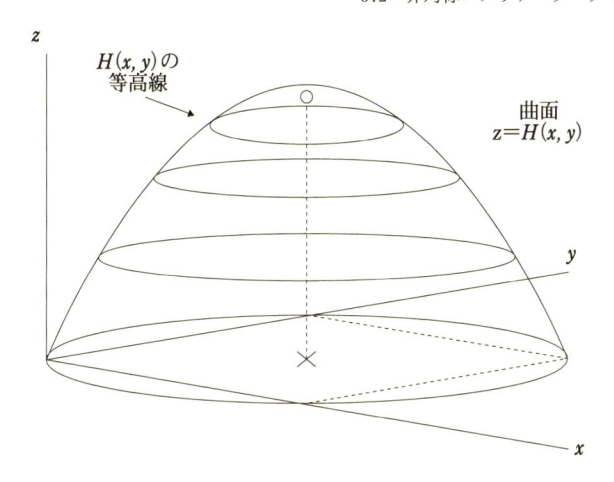

図5.4 $Z=H(x,y)$ のグラフ
$H(x,y)=$ 一定を満たす等高線（＝軌道）は閉じた曲線になる

$$\log[y(1-y)]^{r_1}[x(1-x)]^{r_2}=c$$
$$[y(1-y)]^{r_1}[x(1-x)]^{r_2}=C \quad (式5.3)$$

これより，このダイナミクスにしたがって x と y が変化するときには，常に左辺が一定の値になっていることがわかる．

ここで，$0\leq x\leq 1$, $0\leq y\leq 1$ を定義域とする関数

$$H(x, y)=[x(1-x)]^{r_2}[y(1-y)]^{r_1}$$

を考えると，$[x(1-x)]^{r_2}$ は $x=1/2$ で最大値をとり，$[y(1-y)]^{r_1}$ は $y=1/2$ で最大値をとるので，$H(x, y)$ は $(x, y)=(1/2, 1/2)$ で最大となる．また，$x=0$, 1, $y=0$, 1 で $H(x, y)$ は最小値 0 となる．したがって，$z=H(x, y)$ は内点定常点を頂点とするグラフとなることが分る（図5.4）．

図5.4から，$H(x, y)=$ 一定を満たす等高線を考えると，内点定常点を巡る閉じた曲線となる．内点定常点以外の任意の x, y から出発したダイナミクスでは，式5.3から $H(x, y)$ の値は一定に保たれるので軌道は常にこの等高線に沿ったものとなる．つまり，軌道は閉じた曲線となり定常点に収束すること

第5章 非対称ゲームのダイナミクス

も発散することも無いことがわかる．したがって，内点定常点はリャプノフ安定点である．

5.2.5 2×2ゲームのダイナミクス

非対称タカハトゲームと追跡・逃走ゲームのダイナミクスについて見てきた．非対称タカハトゲームでは内点定常点はない場合とある場合があったが，ある場合でも不安定（鞍点）であった．また追跡・逃走ゲームの内点定常点はリャプノフ安定で，漸近安定となることはなかった．対称タカハトゲームの内点定常点が漸近安定であったのと比べると対照的である．

では，一般の二人二戦略の非対称ゲームの場合はどうであろうか．やはり，内点定常点が漸近安定になることはないのであろうか．結論からいうと，一般の2×2非対称ゲームでも，レプリケーターダイナミクスの内点定常点は漸近安定にはならない．ただし，証明は若干面倒なので，ここではそのアウトラインだけを紹介することにしよう．

一般の2×2非対称ゲームの利得表は表5.5のようになる．

立場1のプレーヤーの集団1における戦略Aの割合をx，立場2のプレーヤーの集団2における戦略Aの割合をyとする．また，集団iにおける戦略Aの平均利得をu_{iA}，戦略Bの平均利得をu_{iB}，集団iの平均利得をu_iとすると，

$$dx/dt = r_1(u_{1A} - u_1)x$$
$$dy/dt = r_2(u_{2A} - u_2)y$$

が，レプリケーターダイナミクス方程式になる．

ここで上式に$u_1 = xu_{1A} + (1-x)u_{1B}$を代入すると，

表5.5 一般の二人二戦略非対称ゲーム

立場1 \ 立場2	A	B
A	a, e	b, g
B	c, f	d, h

5.2 非対称レプリケーターダイナミクス

$$dx/dt = r_1(u_{1A} - xu_{1A} - (1-x)u_{1B})x$$
$$= r_1(u_{1A} - u_{1B})(1-x)x$$

となる.

$$u_{1A} - u_{1B} = ay + b(1-y) - cy - d(1-y)$$
$$= (a-b-c+d)y + b-d$$

なので,

$$dx/dt = r_1((a-b-c+d)y + b-d)(1-x)x \quad (式5.4)$$

となる.

同様に,

$$dy/dt = r_2(u_{2A} - u_{2B})(1-y)y$$
$$= r_2((e-f-g+h)x + f-h)(1-y)y \quad (式5.5)$$

となる.

以下では, 内点について考察するので $0<x<1$, $0<y<1$ の場合を考える. この範囲では,

$$(1-x)x(1-y)y > 0$$

なので, 式5.4, 式5.5をそれぞれ $(1-x)x(1-y)y$ で割ると

$$dx/dt = r_1((a-b-c+d)y + b-d)/(1-y)y \quad (式5.6)$$
$$dy/dt = r_2((e-f-g+h)x + f-h)/(1-x)x \quad (式5.7)$$

となる. 同じ正の値で割っているのでダイナミクスの速さは変化するが, ダイナミクスの方向は変わらない. したがって, 軌道の形も変化しない.

式5.6, 式5.7のダイナミクスは

$$dx/dt = f(y)$$
$$dy/dt = g(x)$$

の形をしている. この形のダイナミクスは, $f(y)$ を x で偏微分すると 0, $g(x)$ を y で偏微分すると 0 なので, ヤコビ行列を求めると常に対角成分が 0

第5章 非対称ゲームのダイナミクス

になる．ヤコビ行列の対角成分の和を，そのダイナミクスの**発散**と呼ぶが，流体力学の分野では発散が常に0のダイナミクスは「体積不変」のダイナミクスと呼ばれ，内部に収束点を持たないことが知られている（Weibull 1995, p175）．

式5.6，式5.7のダイナミクスは，ヤコビ行列の対角成分が0なので体積不変のダイナミクスである．したがって内点収束点が存在せず，内点定常点があってもそれが漸近安定になることがない．

一般の2×2非対称ゲームのダイナミクスの軌道も，状態空間の内部では**式5.6，式5.7**の軌道と同じなので，内点定常点が漸近安定になることはない．

5.2.6 頂点の安定性

内点に漸近安定点がないということは，漸近安定点があるとすれば，それは状態空間の辺か頂点にあるということになる．5.2.5節と同様の考察で頂点以外の辺には定常点は存在しないことがわかるので，漸近安定点があるとすればそれは頂点に限られることになる．したがって，頂点の安定性を吟味すれば非対称レプリケーターダイナミクスの漸近安定点をすべて知る事ができる．ここでは，二戦略非対称ゲームについて頂点の安定性を吟味してみよう．

表5.5のゲームのレプリケーターダイナミクスは**式5.4，式5.5**より

$$dx/dt = r_1((a-b-c+d)y+b-d)(1-x)x$$
$$dy/dt = r_2((e-f-g+h)x+f-h)(1-y)y$$

である．状態空間の頂点は $(x, y) = (0, 0), (1, 0), (0, 1), (1, 1)$ の4つであるが，ここでは $(x, y) = (1, 1)$ の安定性を吟味する．

$$f(x, y) = dx/dt, \quad g(x, y) = dy/dt$$

としてヤコビ行列を求めてみよう．

まず，f, g を x, y でそれぞれ偏微分すると

$$\partial f/\partial x = r_1((a-b-c+d)y+b-d)(1-2x)$$
$$\partial f/\partial y = r_1(a-b-c+d)(1-x)x$$
$$\partial g/\partial x = r_2(e-f-g+h)(1-y)y$$
$$\partial g/\partial y = r_2((e-f-g+h)x+f-h)(1-2y)$$

これにそれぞれ，$(x, y) = (1, 1)$ を代入すると

$$\partial f / \partial x = r_1(c-a)$$
$$\partial f / \partial y = 0$$
$$\partial g / \partial x = 0$$
$$\partial g / \partial y = r_2(g-e)$$

となる．したがって，ヤコビ行列は

$$\begin{bmatrix} r_1(c-a) & 0 \\ 0 & r_2(g-e) \end{bmatrix}$$

となり，対角行列（非対角成分がすべて0の行列）となることがわかる．

対角行列は対角成分がそのまま固有値となるので，ヤコビ行列の固有値 λ は

$$\lambda = r_1(c-a), \ r_2(g-e)$$

これらがいずれも負のときに定常点は漸近安定となるので，頂点 $(1, 1)$ が漸近安定となる十分条件は

$$a > c \quad \text{かつ} \quad e > g$$

である．

　ここで $a > c$ かつ $e > g$ のとき，戦略プロファイル (A, A) は strict ナッシュ均衡である．つまり上の結果は，戦略プロファイル (A, A) が strict ナッシュ均衡ならば頂点 $(1, 1)$ が漸近安定であることを示している．上と同様の分析を行うと，

　　戦略プロファイル (A, B) が strict ナッシュ均衡ならば
　　　頂点 $(1, 0)$ が漸近安定
　　戦略プロファイル (B, A) が strict ナッシュ均衡ならば
　　　頂点 $(0, 1)$ が漸近安定
　　戦略プロファイル (B, B) が strict ナッシュ均衡ならば

第5章 非対称ゲームのダイナミクス

頂点 (0, 0) が漸近安定

となることが分かる．

5.2.7 三戦略ゲームの場合

strict ナッシュ均衡は静学解の一種であるが，二戦略非対称ゲームの場合，strict ナッシュ均衡に対応する戦略分布が漸近安定になることが示された．静学解は求めることが容易な場合が多いので，静学解が動学解に一致するケースは実用上便利である．次に三戦略非対称ゲームの場合について同様な結果が得られるか見てみよう．

三戦略非対称ゲームの利得表は一般に表5.6となる．

立場1のプレーヤーの集団を集団1，立場2のプレーヤーの集団を集団2とし，集団1における戦略 S_i のシェアを x_i，集団2における戦略 S_i のシェアを y_i とすると（i は1〜3の整数），レプリケーターダイナミクス方程式は

$$dx_i/dt = r_1(u_{1i} - u_1)x_i$$
$$dy_i/dt = r_2(u_{2i} - u_2)y_i$$

となる．ここで，r_j は集団 j での出生死滅過程の発生率，u_{ji} は集団 j での戦略 i の平均利得，u_j は集団 j 全体の平均利得である（j は1〜2の整数）．

以下，局所安定性解析を用いて状態空間の頂点の安定性を吟味するわけだが，その準備として利得をベクトルを用いて表記しておく．

たとえば，u_{11} は

$$u_{11} = a_{11}y_1 + a_{12}y_2 + a_{13}y_3$$

であるが，ここで行列 A とベクトル y を

表5.6 三戦略非対称ゲームの利得表

立場1 \ 立場2	S_1	S_2	S_3
S_1	a_{11}, b_{11}	a_{12}, b_{12}	a_{13}, b_{13}
S_2	a_{21}, b_{21}	a_{22}, b_{22}	a_{23}, b_{23}
S_3	a_{31}, b_{31}	a_{32}, b_{32}	a_{33}, b_{33}

5.2 非対称レプリケーターダイナミクス

$$A = \begin{bmatrix} a_{11} & a_{12} & a_{13} \\ a_{21} & a_{22} & a_{23} \\ a_{31} & a_{32} & a_{33} \end{bmatrix}$$

$$y = (y_1, \ y_2, \ y_3)$$

とすると

$$u_{11} = e_1 A y'$$

と簡潔に表現することができる (e_i は第 i 成分が 1 で後が 0 の単位ベクトル,$'$ は転置行列を示す記号).

一方, u_{21} は

$$u_{21} = b_{11} x_1 + b_{21} x_2 + b_{31} x_3$$

であるが, 行列 B とベクトル x を

$$B = \begin{bmatrix} b_{11} & b_{12} & b_{13} \\ b_{21} & b_{22} & b_{23} \\ b_{31} & b_{32} & b_{33} \end{bmatrix}$$

$$x = (x_1, \ x_2, \ x_3)$$

とすると

$$u_{21} = x B e_1'$$

と表現することができる.

また, 集団 1 の平均利得 u_1 は

$$\begin{aligned} u_1 &= x_1 u_{11} + x_2 u_{12} + x_3 u_{13} \\ &= x A y' \end{aligned}$$

集団 2 の平均利得 u_2 は

第5章 非対称ゲームのダイナミクス

$$u_2 = y_1 u_{21} + y_2 u_{22} + y_3 u_{23}$$
$$= xBy'$$

と表現できる．

したがって，利得の行列表記を用いるとレプリケーターダイナミクス方程式は

$$dx_i/dt = r_1(e_i Ay' - xAy')x_i$$
$$dy_i/dt = r_2(xBe_i' - xBy')y_i$$

と書き直すことができる．

この表記を用いて，以下では頂点 $(x, y) = (e_1, e_1)$，つまり戦略分布 $x = (1, 0, 0)$，$y = (1, 0, 0)$ の安定性を検討してみよう．

三戦略ゲームのダイナミクスは変数が6個あるように見えるが，$x_1 = 1 - x_2 - x_3$，$y_1 = 1 - y_2 - y_3$ に注意すれば，

$$dx_2/dt = r_1(e_2 Ay' - xAy')x_2$$
$$dx_3/dt = r_1(e_3 Ay' - xAy')x_3$$
$$dy_2/dt = r_2(xBe_2' - xBy')y_2$$
$$dy_3/dt = r_2(xBe_3' - xBy')y_3$$

の四変数ダイナミクスの安定性を吟味すれば良いことが分る．以下

$$f_2 = dx_2/dt \qquad g_2 = dy_2/dt$$
$$f_3 = dx_3/dt \qquad g_3 = dy_3/dt$$

としてヤコビ行列を求めていこう．

まず，$f_2 = dx_2/dt$ を x_2 で偏微分すれば

$$\partial f_2/\partial x_2 = r_1(e_2 Ay' - xAy') - r_1(\partial x/\partial x_2 Ay')x_2$$

となる．これに $(x, y) = (e_1, e_1)$ を代入すると

$$\partial f_2/\partial x_2(e_1, e_1) = r_1(e_2 A e_1' - e_1 A e_1')$$
$$= r_1(a_{21} - a_{11})$$

となる．

次に f_2 を x_3 で偏微分すれば

$$\partial f_2/\partial x_3 = -r_1(\partial x/\partial x_3 Ay')x_2$$

となる．これに $(x, y) = (e_1, e_1)$ を代入すると $x_2 = 0$ なので

$$\partial f_2/\partial x_3(e_1, e_1) = 0$$

である．

y_2, y_3 についても同様に偏微分して (e_1, e_1) を代入すると

$$\partial f_2/\partial y_2 = r_1(e_2 A(\partial y/\partial y_2)' - xA(\partial y/\partial y_2)')x_2 \text{ より}$$
$$\partial f_2/\partial y_2(e_1, e_1) = 0$$
$$\partial f_2/\partial y_3 = r_1(e_2 A(\partial y/\partial y_3)' - xA(\partial y/\partial y_3)')x_2 \text{ より}$$
$$\partial f_2/\partial y_3(e_1, e_1) = 0$$

となる．

このように，ヤコビ行列の対角成分以外はすべて 0 となるので，以下対角成分のみを求めると

$$\partial f_3/\partial x_3 = r_1(e_3 Ay' - xAy') - r_1(\partial x/\partial x_3 Ay')x_3$$
$$\partial f_3/\partial x_3(e_1, e_1) = r_1(e_3 Ae_1' - e_1 Ae_1')$$
$$= r_1(a_{31} - a_{11})$$
$$\partial g_2/\partial y_2 = r_2(xBe_2' - xBy') - r_2(xB(\partial y/\partial y_2)')y_2$$
$$\partial g_2/\partial y_2(e_1, e_1) = r_2(e_1 Be_2' - e_1 Be_1')$$
$$= r_2(b_{12} - b_{11})$$
$$\partial g_3/\partial y_3 = r_2(xBe_3' - xBy') - r_2(xB(\partial y/\partial y_3)')y_3$$
$$\partial g_3/\partial y_3(e_1, e_1) = r_2(e_1 Be_3' - e_1 Be_1')$$
$$= r_2(b_{13} - b_{11})$$

以上より，ヤコビ行列は

第5章 非対称ゲームのダイナミクス

$$\begin{bmatrix} r_1(a_{21}-a_{11}) & 0 & 0 & 0 \\ 0 & r_1(a_{31}-a_{11}) & 0 & 0 \\ 0 & 0 & r_2(b_{12}-b_{11}) & 0 \\ 0 & 0 & 0 & r_2(b_{13}-b_{11}) \end{bmatrix}$$

という対角行列となる．対角行列の固有値は対角成分と一致するので，これらの対角成分がすべて負のときには戦略分布 (e_1, e_1) は漸近安定となる．したがって

$$a_{21} < a_{11} \qquad b_{12} < b_{11}$$
$$a_{31} < a_{11} \qquad b_{13} < b_{11}$$

のときに，(e_1, e_1) は漸近安定となることがわかる．

この条件は戦略プロファイル (S_1, S_1) が strict ナッシュ均衡である条件と同じである．したがって戦略プロファイル (S_1, S_1) が strict ナッシュ均衡であるとき，戦略分布 (e_1, e_1) は漸近安定となる．

以上の結果は他の頂点 (e_i, e_j) の場合についても同様に成り立つ．また，一般の $n \times m$ 非対称ゲーム（立場1の戦略が n 個，立場2が m 個の戦略を持つゲーム）の場合についても同様の枠組みで証明することができる．したがって，頂点の安定性について一般に次の命題が成立する．

[命題5.1]
一般の $n \times m$ ゲームについて，戦略プロファイル (S_i, S_j) が strict ナッシュ均衡であるとき，戦略分布 (e_i, e_j) はレプリケーターダイナミクスにおいて漸近安定である．

[証明略]

以上のように，非対称レプリケーターダイナミクスでは strict ナッシュ均衡となる戦略プロファイルに対応する頂点が漸近安定となることがわかった．次に非対称ゲームにおける学習ダイナミクスについて見ていくことにしよう．

5.3 非対称模倣ダイナミクス

この節では,非対称ゲームの模倣ダイナミクスについて考察する.模倣が可能になるのは,同じ立場のプレーヤーが複数存在する場合なので,模倣ダイナミクスには非集団モデルは存在しない.この点でレプリケーターダイナミクスと類似しているが,ダイナミクスの挙動も似た特性を持っている.

以下ではまず,非対称タカハトゲームについて模倣ダイナミクスを導入し,ついでレプリケーターダイナミクスとの類似点や相違点について考察していこう.

5.3.1 非対称タカハトゲーム

ここでは怪我のコストの高い非対称タカハトゲームを例にとって,模倣ダイナミクスを導入する.利得表は5.2節のものを若干簡略化した表5.7を用いる.モデルのセッティングは4.2.3節で考察した街角模倣モデルを非対称ゲーム用にアレンジしたものとする.

具体的な仮定は次の通り.

[仮定]
- 立場 J のプレーヤーは微小時間 dt の間に $r_j dt$ の確率で戦略の見直しをする.
- 戦略の比較対象は同じ立場の集団中からランダムに選ぶ.
- 比較対象の利得が自分より高いときには,対象プレーヤーの戦略を模倣する.
- 立場 J のプレーヤー集団の人数は N_j 人.

表5.7 簡略化した非対称タカハトゲーム

強い方\弱い方	タカ	ハト
タカ	$-1, -5$	$4, 0$
ハト	$0, 4$	$2, 2$

第5章 非対称ゲームのダイナミクス

　以下では強いプレーヤーの集団を集団1，弱いプレーヤーの集団を集団2とする．

　集団1では割合 x のプレーヤーがタカ戦略を採り，集団2では割合 y のプレーヤーがタカ戦略を採っていて，各集団からランダムに選ばれたプレーヤーが随時対戦を行っているとする．この仮定のもとでどのようなダイナミクスが生じるのであろうか．

　まず，集団1について考える．微小時間 dt の間に戦略を見直すプレーヤーの人数は $N_1 r_1 dt$ 人である．このうち，戦略をタカからハトに変えるのは「戦略がタカで効用が -1」のプレーヤーが「戦略ハトで効用 0 や 2」のプレーヤーを参照した場合である．見直しプレーヤーの中で「タカで -1」の人数は $xyN_1 r_1 dt$ 人で，参照相手が「ハトで 0 や 2」である確率は $(1-x)$ である．したがって，この間のタカからハトへの流出は

$$xyN_1 r_1 dt \cdot (1-x) \text{ 人}$$

である．

　一方，戦略をハトからタカに変えるのは「ハト」のプレーヤーが「タカで 4」のプレーヤーを参照した場合である．見直しプレーヤーの中で「ハト」の人数は $(1-x)N_1 r_1 dt$ 人，参照相手が「タカで 4」である確率は $x(1-y)$ なので，この間のタカからハトへの流出は

$$(1-x)N_1 r_1 dt \cdot x(1-y) \text{ 人}$$

である．

　微小時間 dt の間の x の変化を dx とすると，集団1におけるタカ戦略の人数変化は $N_1 dx$ 人となる．

$$\text{人数変化} = \text{流入} - \text{流出}$$

なので

$$N_1 dx = (1-x)N_1 r_1 dt \cdot x(1-y) - xyN_1 r_1 dt \cdot (1-x)$$

両辺を $N_1 dt$ で割って

$$dx/dt = r_1(1-x)x(1-y) - r_1 xy(1-x)$$
$$= 2r_1 x(1-x)(1/2-y) \quad （式5.8）$$

となる．これが x のダイナミクスを示す微分方程式である．

次に集団2について考える．微小時間 dt の間に戦略を見直すプレーヤーの人数は $N_2 r_2 dt$ 人である．このうち，タカからハトへの流出が生じるのは「タカで-5」のプレーヤーが「ハト」のプレーヤーを参照した場合である．したがって，この間のタカからの流出人数は

$$xy N_2 r_2 dt \cdot (1-y) \text{ 人}$$

である．一方，ハトからタカへの流入が生じるのは，「ハト」が「タカで4」を参照した場合なので，この間のタカへの流入人数は

$$(1-y)N_2 r_2 dt \cdot y(1-x) \text{ 人}$$

である．

微小時間 dt の間の y の変化を dy とすると

$$N_2 dy = (1-y)N_2 r_2 dt \cdot y(1-x) - xy N_2 r_2 dt \cdot (1-y)$$
$$dy/dt = r_2(1-y)y(1-x) - r_2 xy(1-y)$$
$$= 2r_2 y(1-y)(1/2-x) \quad （式5.9）$$

となる．これが y のダイナミクスを示す微分方程式である．

式5.8より，$dx/dt=0$ となるのは $x=0$，1と $y=1/2$ のときである．また式5.9より $dy/dt=0$ となるのは $y=0$，1と $x=1/2$ のときである．これより，ダイナミクスの定常点は状態空間の頂点四つと $(x,y)=(1/2,1/2)$ であることが分かる．

変数の増減を調べると

$y<1/2$ のとき x 増加，　$y>1/2$ のとき x 減少
$x<1/2$ のとき y 増加，　$x>1/2$ のとき y 減少

なので，ベクトル図は図5.5のようになり，

第5章 非対称ゲームのダイナミクス

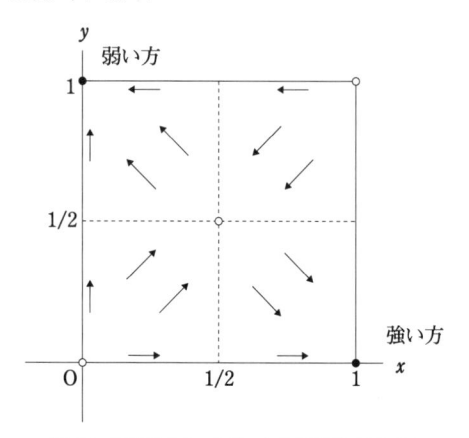

図5.5 非対称タカハトゲームの模倣ダイナミクス

(1, 0)(0, 1)が漸近安定点
(1/2, 1/2)が鞍点
(0, 0)(1, 1)が不安定定常点

となることが分かる．

この場合，模倣ダイナミクスとレプリケーターダイナミクス（図5.2）は定性的に似た挙動を示し，いずれも（1, 0）（0, 1）が漸近安定点となる．つまり模倣ダイナミクスの場合も逆説的な漸近安定点（0, 1）を持つ．異なる点は，それぞれの漸近安定点に収束する初期条件で，模倣ダイナミクスの方がより広い範囲の初期状態から逆説的な漸近安定点（0, 1）に収束する点である．

[練習5.2] 追跡・逃走ゲーム

次の追跡・逃走ゲームについて模倣ダイナミクスを求め，レプリケーターダイナミクスの挙動と比較せよ．

逃走者＼追跡者	右	左
右	$-1, 1$	$1, -1$
左	$1, -1$	$-1, 1$

[解答]

逃走者中の右シェアを x,追跡者中の右シェアを y とすると

$$dx/dt = 2r_1 x(1-x)(1/2 - y)$$
$$dy/dt = 2r_2 y(1-y)(x - 1/2)$$

となり,リャプノフ安定点 (1/2, 1/2) のまわりを左回りに回転するダイナミクスとなる.

5.3.2 一般の非対称模倣ダイナミクス

次に,一般の非対称模倣ダイナミクスを考えてみよう.第4章の一般モデルと同様に次の仮定を追加する.

[仮定]

- 集団 J で最近の利得が u であったプレーヤーは,dt の間に $r_j(u)\,dt$ の確率で戦略の見直しを行う.$r_j(u)$ は u についての減少関数.
- 最近の利得が u_1 であったプレーヤーは,効用が u_2 であったプレーヤーより $q(u_1)/q(u_2)$ 倍参照されやすい.$q(u)$ は u についての増加関数.
- 利得 u_1 のプレーヤーが利得 u_2 のプレーヤーを参照したときに,戦略を利得 u_2 の戦略に変更する確率は $\psi(u_2 - u_1)$.ただし,ψ は 0 から 1 までの値を取る $u_2 - u_1$ に関する増加関数.

以下では二戦略非対称ゲームの場合を考えよう.利得表は次のようになる.

立場1 \ 立場2	S_1	S_2
S_1	a_{11}, b_{11}	a_{12}, b_{12}
S_2	a_{21}, b_{21}	a_{22}, b_{22}

立場 J のプレーヤーの集団を集団 J とする.また集団1における戦略 S_1 のシェアを x_1,戦略 S_2 のシェアを x_2,集合2における戦略 S_1 のシェアを y_1,戦略 S_2 のシェアを y_2 とする.

このとき,微小時間 dt の間の S_1 からの流出を考えると

$$r_1(a_{11})\,q(a_{21})\,\psi(a_{21} - a_{11})\,x_1 y_1 x_2 y_1 / Q_1 \cdot N_1 dt$$

第5章 非対称ゲームのダイナミクス

$$+ r_1(a_{11}) q(a_{22}) \psi(a_{22}-a_{11}) x_1 y_1 x_2 y_2 / Q_1 \cdot N_1 dt$$
$$+ r_1(a_{12}) q(a_{21}) \psi(a_{21}-a_{12}) x_1 y_2 x_2 y_1 / Q_1 \cdot N_1 dt$$
$$+ r_1(a_{12}) q(a_{22}) \psi(a_{22}-a_{12}) x_1 y_2 x_2 y_2 / Q_1 \cdot N_1 dt$$
$$= \Sigma_{[i]} \Sigma_{[j]} r_1(a_{1i}) q(a_{2j}) \psi(a_{2j}-a_{1i}) x_1 x_2 y_i y_j / Q_1 \cdot N_1 dt \quad 人$$

である．ただし，

$$Q_1 = \Sigma_{[i]} \Sigma_{[j]} x_i y_j q(a_{ij})$$

同様に考えると，dt の間の S_1 への流入は

$$\Sigma_{[i]} \Sigma_{[j]} r_1(a_{2i}) q(a_{1j}) \psi(a_{1j}-a_{2i}) x_1 x_2 y_i y_j / Q_1 \cdot N_1 dt \quad 人$$

となる．

これらより，集団1における S_1 のシェア x_1 の時間変化は

$$dx_1/dt = x_1 x_2 (\Sigma_{[i]} \Sigma_{[j]} r_1(a_{2i}) q(a_{1j}) \psi(a_{1j}-a_{2i}) y_i y_j$$
$$- \Sigma_{[i]} \Sigma_{[j]} r_1(a_{1i}) q(a_{2j}) \psi(a_{2j}-a_{1i}) y_i y_j) / Q_1 \quad (式5.10)$$

となる．

一方，集団2における S_1 のシェア y_1 の時間変化を同様の手順で求めると

$$dy_1/dt = y_1 y_2 (\Sigma_{[i]} \Sigma_{[j]} r_2(b_{i2}) q(b_{j1}) \psi(b_{j1}-b_{i2}) x_i x_j$$
$$- \Sigma_{[i]} \Sigma_{[j]} r_2(b_{i1}) q(b_{j2}) \psi(b_{j2}-b_{i1}) x_i x_j) / Q_2 \quad (式5.11)$$

ただし，

$$Q_2 = \Sigma_{[i]} \Sigma_{[j]} x_i y_j q(b_{ij})$$

となる．

式5.10，式5.11で表されるダイナミクスが一般の二戦略非対称ゲームの模倣ダイナミクスとなる．

5.3.3 ダイナミクスの性質

式5.10，式5.11は煩雑であるが，

$$f(y_1, y_2) = \Sigma_{[i]} \Sigma_{[j]} r_1(a_{2i}) q(a_{1j}) \psi(a_{1j}-a_{2i}) y_i y_j$$
$$- \Sigma_{[i]} \Sigma_{[j]} r_1(a_{1i}) q(a_{2j}) \psi(a_{2j}-a_{1i}) y_i y_j$$

5.3 非対称模倣ダイナミクス

$$g(x_1,\ x_2) = \Sigma_{[i]}\Sigma_{[j]} r_2(b_{i2}) q(b_{j1}) \psi(b_{j1} - b_{i2}) x_i x_j$$
$$- \Sigma_{[i]}\Sigma_{[j]} r_2(b_{i1}) q(b_{j2}) \psi(b_{j2} - b_{i1}) x_i x_j$$

と置くならば,

$$dx_1/dt = x_1 x_2 f(y_1,\ y_2)/Q_1 \quad (式5.12)$$
$$dy_1/dt = y_1 y_2 g(x_1,\ x_2)/Q_2 \quad (式5.13)$$

と書き直すことができる．

$x_1 + x_2 = 1$, $y_1 + y_2 = 0$に注意すれば，**式5.12**，**式5.13**からは

$$(x_1,\ y_1) = (0,\ 0),\ (1,\ 0),\ (0,\ 1),\ (1,\ 1)$$

の四点が必ず定常であることがわかる．つまり，状態空間の頂点は常に定常である．内点に定常点があるかどうかは$f(y_1,\ y_2)$，$g(x_1,\ x_2)$に依存する．

次にQ_1，Q_2は常に正なので，ダイナミクスの方向は$f(y_1,\ y_2)$，$g(x_1,\ x_2)$の符号で決まる．このことより頂点の安定性について次の命題が成立する．

[命題5.2]
戦略プロファイル$(S_i,\ S_j)$がstrictナッシュ均衡ならば，戦略分布$(e_i,\ e_j)$は一般模倣ダイナミクスの漸近安定状態である．

[証明]
戦略プロファイル$(S_1,\ S_1)$がstrictナッシュ均衡の場合について証明する．
戦略プロファイル$(S_1,\ S_1)$がstrictナッシュ均衡のとき，

$$a_{11} > a_{21} \qquad b_{11} > b_{12}$$

が成立する．
このとき，r_1，r_2が減少関数，q，ψが増加関数であることを用いると

$$f(1,\ 0) = r_1(a_{21}) q(a_{11}) \psi(a_{11} - a_{21}) - r_1(a_{11}) q(a_{21}) \psi(a_{21} - a_{11}) > 0$$
$$g(1,\ 0) = r_2(b_{12}) q(b_{11}) \psi(b_{11} - b_{12}) - r_2(b_{11}) q(b_{12}) \psi(b_{12} - b_{11}) > 0$$

となる．
$f(y_1,\ y_2)$と$g(x_1,\ x_2)$は連続な関数なので，これより$x_1 = 1$，$y_1 = 1$の近傍

第5章 非対称ゲームのダイナミクス

に常に

$$f(y_1, y_2) > 0$$
$$g(x_1, x_2) > 0$$

となる領域があることが分かる．**式5.12**，**式5.13**からこの領域では常に

$$dx_1/dt > 0$$
$$dy_1/dt > 0$$

なので，定常点 $(x_1, y_1) = (1, 1)$ は漸近安定状態である．言い換えると，戦略分布 (e_1, e_1) は漸近安定状態である．

他の戦略プロファイルが strict ナッシュ均衡のときも同様に証明することができる．

［証明終わり］

このように，非対称模倣ダイナミクスでも strict ナッシュ均衡である戦略プロファイルに対応する頂点は漸近安定である．この点で非対称模倣ダイナミクスは非対称レプリケーターダイナミクスと共通している．

一方，**式5.12**，**式5.13**は分母に Q_1，Q_2 という項を含んでいる．これらは x_1，y_1 を共に含む変数なので，非対称レプリケーターダイナミクスのように **式5.12**，**式5.13**を共通の式で割って

$$dx_1/dt = f(y_1)$$
$$dy_1/dt = g(x_1)$$

の形に変形することはできない．このことは，非対称模倣ダイナミクスは一般には体積不変のダイナミクスではないことを示している．

5.4 非対称試行錯誤ダイナミクス

非対称の試行錯誤ダイナミクスには，集団型のモデルと非集団型のモデルの両方が可能である．第4章2節では 2×2 ゲームの場合に絞って考察したが，ここでは $n \times m$ 戦略の場合に拡張して考察してみよう．

5.4 非対称試行錯誤ダイナミクス

5.4.1 非集団型 $n \times m$ 戦略試行錯誤ダイナミクス

$n \times m$ 戦略非対称ゲームはプレーヤー1が n 個，プレーヤー2が m 個の戦略を持つ二人ゲームである．ここでは，第4章3節のモデルをこの場合に拡張することを試みる．

時刻 t にプレーヤー i が戦略 S_j を採用する傾向性を $p_{ij}(t)$ とする．ここで，ロス・エレブ型の試行錯誤学習が行なわれると仮定すると

$$p_{ij}(t+1) = (1-\phi) p_{ij}(t) + R_{ij}(t)$$

となる．ただし，$R_{ij}(t)$ は時刻 t に $p_{ij}(t)$ に与えられる強化である．

次に，時刻 t にプレーヤー i が戦略 S_j を採用する確率を $x_{ij}(t)$ とし，これが $p_{ij}(t)$ に比例するとすると

$$x_{ij}(t) = p_{ij}(t) / \Sigma_{[k]} p_{ik}(t)$$

となる．

これより S_j の採用確率の変化 Δx_{ij} は

$$\begin{aligned}
\Delta x_{ij} &= x_{ij}(t+1) - x_{ij}(t) \\
&= p_{ij}(t+1) / \Sigma_{[k]} p_{ik}(t+1) - x_{ij}(t) \\
&= (p_{ij}(t+1) - x_{ij}(t) \Sigma_{[k]} p_{ik}(t+1)) / \Sigma_{[k]} p_{ik}(t+1)
\end{aligned}$$

ここで

$$\Sigma_{[k]} p_{ik}(t+1) = (1-\phi) \Sigma_{[k]} p_{ik}(t) + \Sigma_{[k]} R_{ik}(t)$$

を用いて Δx_{ij} の分子を計算すると

$$\begin{aligned}
\Delta x_{ij} \text{の分子} &= p_{ij}(t+1) - x_{ij}(t) \Sigma_{[k]} p_{ik}(t+1) \\
&= (1-\phi) p_{ij}(t) + R_{ij}(t) - (1-\phi) x_{ij}(t) \Sigma_{[k]} p_{ik}(t) \\
&\quad - x_{ij}(t) \Sigma_{[k]} R_{ik}(t) \\
&= (1-\phi) p_{ij}(t) + R_{ij}(t) - (1-\phi) p_{ij}(t) \\
&\quad - x_{ij}(t) \Sigma_{[k]} R_{ik}(t) \\
&= R_{ij}(t) - x_{ij}(t) \Sigma_{[k]} R_{ik}(t)
\end{aligned}$$

となる．したがって

第5章 非対称ゲームのダイナミクス

$$\Delta x_{ij} = (R_{ij}(t) - x_{ij}(t)\Sigma_{[k]}R_{ik}(t))/((1-\phi)\Sigma_{[k]}p_{ik}(t) + \Sigma_{[k]}R_{ik}(t))$$
(式5.14)

である．

以下では特にプレーヤー1に注目して，プレーヤー1が戦略 S_i を採る確率の変化の期待値 $E[\Delta x_{1i}]$ を考えることにしよう．

式5.14より，

$$\Delta x_{1i} = (R_{1i}(t) - x_{1i}(t)\Sigma_{[k]}R_{1k}(t))/((1-\phi)\Sigma_{[k]}p_{1k}(t) + \Sigma_{[k]}R_{1k}(t))$$

である．

ここで，プレーヤー1が戦略 S_i，プレーヤー2が戦略 S_j を採るときのプレーヤー1の利得は正の値 a_{ij}，プレーヤー2の利得は正の値 b_{ij} で，これらはそれぞれの戦略に与えられる強化の大きさに等しいとする．時刻 t でプレーヤー1が S_i を採る確率は $x_{1i}(t)$，プレーヤー2が S_j を採る確率は $x_{2j}(t)$ なので，時刻 t に S_i に与えられる強化 $R_{1i}(t)$ が

$$R_{1i}(t) = a_{ij}$$

となる確率は $x_{1i}(t)x_{2j}(t)$ である．また，このとき，他の戦略に与えられる強化は0なので

$$\Sigma_{[k]}R_{1k}(t) = a_{ij}$$

となる．

一方，時刻 t にプレーヤー1が S_i 以外の戦略 S_h をとり，プレーヤー2が S_j を採る確率は $x_{1h}(t)x_{2j}(t)$ であるが，このとき S_h に与えられる強化は a_{hj}，それ以外の戦略に与えられる強化は0なので

$$R_{1i}(t) = 0$$
$$\Sigma_{[k]}R_{1k}(t) = a_{hj}$$

となる．

場合分けを避けるために，プレーヤー1が時刻 t に戦略 S_i を採るときに値が1，戦略 S_i を採らないときに値が0となる量 $\delta_{1i}(t)$ を導入する．このとき，

5.4 非対称試行錯誤ダイナミクス

強化の大きさは $x_{1h}(t)x_{2j}(t)$ の確率で

$$R_{1i}(t) = \delta_{1i}(t) a_{hj}$$
$$\Sigma_{[k]} R_{1k}(t) = a_{hj}$$

となる．

これより

$$E[\Delta x_{1i}] = \Sigma_{[h]} \Sigma_{[j]} a_{hj} (\delta_{1i}(t) - x_{1i}(t)) x_{1h}(t) x_{2j}(t) / ((1-\phi) \Sigma_{[k]} p_{1k}(t) + a_{hj})$$

分母に含まれる a_{hj} がゲームの結果ごとに異なる値となるが，a_{hj} に比べて $\Sigma_{[k]} p_{1k}(t)$ が十分大きな値であるとき（ϕ が十分小さな値で $p_{1k}(t)$ が定常に近いときなど）には分母はおおむね一定の値と考えることができる．

このとき，分子を計算すると

$E[\Delta x_{1i}]$ の分子
$= \Sigma_{[h]} \Sigma_{[j]} a_{hj} (\delta_{1i}(t) - x_{1i}(t)) x_{1h}(t) x_{2j}(t)$
$= \Sigma_{[h]} \delta_{1i}(t) x_{1h}(t) \Sigma_{[j]} a_{hj} x_{2j}(t) - x_{1i}(t) \Sigma_{[h]} x_{1h}(t) \Sigma_{[j]} a_{hj} x_{2j}(t)$

$\Sigma_{[j]} a_{hj} x_{2j}(t)$ はプレーヤー 1 が時刻 t に S_h を採ったときの期待利得なので，これを $u_{1h}(t)$ と表すと

$$E[\Delta x_{1i}] \text{の分子} = \Sigma_{[h]} \delta_{1i}(t) x_{1h}(t) u_{1h}(t) - x_{1i}(t) \Sigma_{[h]} x_{1h}(t) u_{1h}(t)$$

$\delta_{1i}(t)$ は $h=i$ のときに 1，それ以外のときに 0 なので

$$\Sigma_{[h]} \delta_{1i}(t) x_{1h}(t) u_{1h}(t) = x_{1i}(t) u_{1i}(t)$$

また，$\Sigma_{[h]} x_{1h}(t) u_{1h}(t)$ は時刻 t におけるプレーヤー 1 の期待利得なので，これを $u_1(t)$ と表すと

$$E[\Delta x_{1i}] \text{の分子} = x_{1i}(t) u_{1i}(t) - x_{1i}(t) u_1(t)$$
$$= x_{1i}(t) (u_{1i}(t) - u_1(t))$$

となる．

以上より，

第5章　非対称ゲームのダイナミクス

$$E[\Delta x_{1i}] = x_{1i}(t)(u_{1i}(t) - u_1(t))/分母$$

である．同様にプレーヤー2についても計算すると

$$E[\Delta x_{2i}] = x_{2i}(t)(u_{2i}(t) - u_2(t))/分母$$

となる．

したがって，一般にプレーヤー i が戦略 S_j を採る確率 $x_{ij}(t)$ の変化の期待値は

$$E[\Delta x_{ij}] = x_{ij}(t)(u_{ij}(t) - u_i(t))/分母 \quad (式5.15)$$

となることが分かる．

5.4.2　集団型非対称試行錯誤ダイナミクス

次に，集団型の非対称試行錯誤ダイナミクスのモデルを考えよう．今度は立場ごとにプレーヤーの集団がある場合を考える．立場1のプレーヤー集団を集団1，立場2のプレーヤー集団を集団2とする．立場1のプレーヤーには戦略が n 個，立場2のプレーヤーには戦略が m 個ある．立場1のプレーヤーが戦略 S_i，立場2のプレーヤーが戦略 S_j を採るとき，立場1のプレーヤーの利得は正の値 a_{ij}，立場2のプレーヤー利得は正の値 b_{ij} であるとしよう．

集団 I の j 番目のプレーヤーが時刻 t に戦略 S_k を採ろうとする傾向性を $p_{ijk}(t)$，戦略 S_k を採る確率を $x_{ijk}(t)$ とする．また，集団 I で時刻 t に戦略 S_j が採られる確率の平均を $x_{ij}(t)$ とする．各プレーヤーは，ロス・エレブ型の試行錯誤アルゴリズムにしたがって戦略の採用確率を変化させるものとする．

以下，特に集団1の i 番目のプレーヤー（第 i プレーヤー）が戦略 S_j を採ろうとする確率の変化 Δx_{1ij} に着目して考察しよう．5.4.1節と同様に計算すると

$$\begin{aligned}\Delta x_{1ij} &= x_{1ij}(t+1) - x_{1ij}(t) \\ &= p_{1ij}(t+1)/\Sigma p_{1ik}(t+1) - x_{1ij}(t) \\ &= (R_{1ij}(t) - x_{1ij}(t)\Sigma R_{1ik}(t))/((1-\phi)\Sigma p_{1ik}(t) + \Sigma R_{1ik}(t))\end{aligned}$$

となる．

$R_{1ij}(t)$ は時刻 t に戦略 S_j を採る傾向性に与えられる強化である．5.2.1節と同様に集団1の第 i プレーヤーが時刻 t に戦略 S_j を採るときに値が1，戦略

5.4 非対称試行錯誤ダイナミクス

S_j を採らないときに値が 0 となる量 $\delta_{1ij}(t)$ を導入すると，強化の大きさは $x_{1ih}(t)\ x_{2l}(t)$ の確率で

$$R_{1ij}(t) = \delta_{1ij}(t) a_{hl}$$
$$\Sigma_{[k]} R_{1ik}(t) = a_{hl}$$

となる．

これより Δx_{1ij} は $x_{1ih}(t) x_{2l}(t)$ の確率で

$$\Delta x_{1ij} = (\delta_{1ij}(t) a_{hl} - x_{1ij}(t) a_{hl}) / ((1-\phi) \Sigma p_{1ik}(t) + a_{hl})$$

なので，Δx_{1ij} の期待値は

$$E[\Delta x_{1ij}] = \Sigma_{[h]} \Sigma_{[l]} (\delta_{1ij}(t) a_{hl} - x_{1ij}(t) a_{hl}) x_{1ih}(t) x_{2l}(t) / ((1-\phi) \Sigma p_{1ik}(t) + a_{hl})$$

である．a_{hl} が $(1-\phi) \Sigma p_{1ik}(t)$ より十分小さい場合にはこの式の分母はほぼ一定と考えられる．この場合この式の分子は

$$\begin{aligned}
E[\Delta x_{1ij}]\ &の分子 \\
&= \Sigma_{[h]} \Sigma_{[l]} (\delta_{1ij}(t) a_{hl} - x_{1ij}(t) a_{hl}) x_{1ih}(t) x_{2l}(t) \\
&= \Sigma_{[h]} \delta_{1ij}(t) x_{1ih}(t) \Sigma_{[l]} a_{hl} x_{2l}(t) - x_{1ij}(t) \Sigma_{[h]} x_{1ih}(t) \Sigma_{[l]} a_{hl} x_{2l}(t) \\
&= \Sigma_{[h]} \delta_{1ij}(t) x_{1ih}(t) u_{1ih}(t) - x_{1ij}(t) \Sigma_{[h]} x_{1ih}(t) u_{1ih}(t) \\
&= x_{1ij}(t) u_{1ij}(t) - x_{1ij}(t) u_{1i}(t) \\
&= x_{1ij}(t) (u_{1ij}(t) - u_{1i}(t))
\end{aligned}$$

となる．ただし，$u_{1ij}(t)$ は集団 1 の第 i プレーヤーが時刻 t に戦略 S_j を採ったときの期待利得，$u_{1i}(t)$ は第 i プレーヤーの時刻 t における期待利得である．

これより

$$E[\Delta x_{1ij}] = x_{1ij}(t) (u_{1ij}(t) - u_{1i}(t)) / 分母$$

である．立場 2 についても同様に考えると，一般に集団 I の第 j プレーヤーが戦略 S_k を採る確率の変化の期待値は

$$E[\varDelta x_{ijk}]=x_{ijk}(t)(u_{ijk}(t)-u_{ij}(t))/\text{分母} \qquad (式5.16)$$

となることがわかる．

5.4.3　非対称ゲームの状態空間と頂点

　非集団型モデルと集団型モデルは想定している状況は異なるが，ダイナミクスを示す方程式はほぼ同じ形となることが分かった．いずれの場合も，そのプレーヤーや集団の平均利得よりも高い利得をあげる戦略の採用確率は増加し，低い利得しか得られない戦略の採用確率は減少していく．この結果を利用して，状態空間の頂点の性質を調べてみることにする．

　その前に，ここで非対称ゲームの状態空間について少し確認しておこう．たとえば，非対称タカハトゲームのレプリケーターダイナミクスの状態空間は図5.5のように $(x, y)=(0, 0), (1, 0), (1, 1), (0, 1)$ を頂点とする正方形であった．これは，集団1におけるタカ戦略のシェア x と集団2におけるタカ戦略のシェア y が0から1までの値で，これらの組み合わせで二つの立場集団の状態を表現できるためである．この正方形は，集団1の状態を表す状態空間である x 軸上の線分［0，1］と集団2の状態を表す状態空間である y 軸上の線分［0，1］とを直交させて組み合わせたものと考えることができる．

　もし，集団1にブルジョア戦略が現れて三戦略となると状態空間はどうなるであろうか．まず，集団1の状態を表す状態空間は正三角形HDBとなる．集団2の状態を表す線分［0，1］をこれに直交させると図5.6の上に示す三角柱となる．これが三×二戦略非対称ゲームの状態空間である．図5.6の下に示す三角柱の六つの頂点はそれぞれ各集団が一つの戦略で占められている状態を意味する．たとえば頂点HDは集団1がタカ戦略のみ，集団2がハト戦略のみで占められている状態を表す．

　集団2にもブルジョア戦略が現れて，三×三戦略ゲームになると状態空間は正三角形と正三角形を直交させて得られる四次元空間上の超多面体となるが，これは図示することはできない．しかし，この場合でも状態空間の頂点 IJ を考えることはできて，集団1が戦略 I，集団2が戦略 J で占められている状態を意味すると定義できる．

　一般に非対称 $n\times m$ 戦略ゲームのレプリケーターダイナミクスの状態空間

は $n-1$ 次の状態空間と $m-1$ 次の状態空間を直交させて得られる，$(n+m-2)$ 次元空間上の超多面体となる．図示できるのは三×二戦略や二×三戦略の場合までに限られるが，この場合でも状態空間の頂点 S_iS_j を，集団 1 が戦略 S_i，集団 2 が戦略 S_j で占められている状態と定義できる．

　レプリケータダイナミクスのような集団モデルでは集団の状態は戦略シェアの組み合わせで表現できるが，非集団モデルでは個々のプレーヤーの状態は，個々のプレーヤーが各戦略を採る確率の組み合わせで表現できる．したがって，「戦略のシェア」を「戦略の採用確率」と読み替えれば非集団型モデルの状態空間は集団モデルの状態空間と同じになる．ゆえに，非集団型 $n \times m$ 戦略ゲームの状態空間はやはり $(n+m-2)$ 次元空間上の超多面体で，頂点 S_iS_j は，

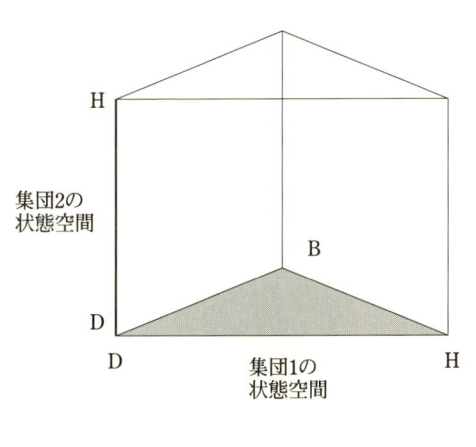

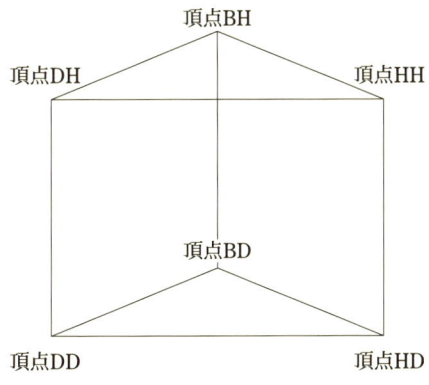

図5.6　3×2戦略ゲームの状態空間

プレーヤー1が常に戦略 S_i，プレーヤー2が常に戦略 S_j を採る状態と定義できる．

集団型非対称試行錯誤ダイナミクスでも，集団の状態を戦略のシェアの代わりに戦略が採られる確率の平均で表すことにすれば，同じ超多面体が状態空間となる．この場合，頂点 S_iS_j は，集団1の全員が常に戦略 S_i，集団2の全員が常に戦略 S_j を採る状態と定義できる．

5.4.4 非対称試行錯誤ダイナミクスの頂点の性質

では，状態空間の頂点の性質を調べてみよう．まず，定常性について次の命題が成立する．

[命題5.3]

$n \times m$ 戦略ゲームの非集団型試行錯誤ダイナミクスにおいて，任意の頂点 S_iS_j は定常である．

$n \times m$ 戦略ゲームの場合，状態空間は $(n+m-2)$ 次元なので $(n+m-2)$ 個の変数でダイナミクスを記述できる．したがって頂点 S_iS_j の定常性を調べるには，各戦略の採用確率のうちプレーヤー1については S_i 以外，プレーヤー2については S_j 以外の戦略の採用確率の変化について調べれば十分である．

[命題5.3の証明]

式5.15よりプレーヤー1による戦略 S_h の採用確率の変化の期待値は

$$E[\Delta x_{1h}] = x_{1h}(t)(u_{1h}(t) - u_1(t))/分母$$

である．

頂点 S_iS_j において，i 以外の任意の h について $x_{1h}(t)=0$ なので $E[\Delta x_{1h}]=0$ である．また，このとき $\Delta x_{1h} \geqq 0$ なので i 以外の任意の h について $\Delta x_{1h}=0$ となる．

プレーヤー2についても同様に j 以外の任意の h について $E[\Delta x_{2h}]=0$ である．

したがって，頂点 S_iS_j は定常である．

[証明終わり]

5.4 非対称試行錯誤ダイナミクス

集団型ダイナミクスについても，同様の命題が成立する．

[命題5.4]
$n \times m$ 戦略ゲームの集団型試行錯誤ダイナミクスにおいて，任意の頂点 $S_i S_j$ は定常である．

[証明]
式5.16より集団1の第 h プレーヤーによる戦略 S_k の採用確率の変化の期待値は

$$E[\Delta x_{1hk}] = x_{1hk}(t)(u_{1hk}(t) - u_{1h}(t))/分母$$

である．
頂点 $S_i S_j$ において，i 以外の任意の k については $x_{1hk}(t) = 0$ なので $E[\Delta x_{1hk}] = 0$ である．これは任意のプレーヤー h について成り立つので，i 以外の k について

$$E[\Delta x_{1k}] = \Sigma_{[h]} E[\Delta x_{1hk}]/N_1 = 0$$

である（N_1 は集団1の人数）．さらに $\Delta x_{1h} \geqq 0$ なので i 以外の任意の h について $\Delta x_{1h} = 0$ となる．
集団2についても同様に任意の k について $\Delta x_{2h} = 0$ となる．
ゆえに頂点 $S_i S_j$ は定常である．

[証明終わり]

このように試行錯誤ダイナミクスにおいては，状態空間の頂点は定常である．これは，頂点ではプレーヤーは他の戦略を全く試さないために，他の戦略を採る傾向性や採用確率も変化しないからで，ある意味では当然の性質といえる．
では，他の戦略も小さい確率ながら試すような場合はどうなるのであろうか．これが頂点の安定性の問題である．この点については次の命題が成立する．

[命題5.5]
$n \times m$ 戦略ゲームにおいて，戦略プロファイル (S_i, S_j) が strict ナッシュ

第5章 非対称ゲームのダイナミクス

均衡ならば，頂点 S_iS_j は非集団型試行錯誤ダイナミクスの漸近安定点である．

この命題の証明には利得のベクトル表記を用いると便利である．

まず，戦略の採用確率ベクトル X_1, X_2 を

$$X_1 = \{x_{11},\ x_{12},\ \cdots,\ x_{1n}\}$$
$$X_2 = \{x_{21},\ x_{22},\ \cdots,\ x_{2m}\}$$

とする（記号が足りないので大文字で表してある．また時刻 t は省略してある）．

次に，利得行列 A, B を

$$A = \{a_{ij}\}\ ,\quad B = \{b_{ij}\}$$

とする．

このとき

$$E[\varDelta x_{1h}] = x_{1h}(u_{1h} - u_1)/\text{分母}$$
$$= x_{1h}(e_h A X_2' - X_1 A X_2')/\text{分母} \quad (\text{式}5.17)$$
$$E[\varDelta x_{2l}] = x_{2l}(u_{2l} - u_2)/\text{分母}$$
$$= x_{2l}(X_1 B e_l' - X_1 B X_2')/\text{分母} \quad (\text{式}5.18)$$

である（e_h は第 h 成分が1，e_l は第 l 成分が1の単位ベクトル）．

式5.17を i 以外のすべての h，式5.18を j 以外のすべての l について連立させると，$n \times m$ ゲームのダイナミクス方程式となる．

この表記を用いて命題5.5を証明してみよう．

［命題5.5の証明］

戦略プロファイル（S_i, S_j）が strict ナッシュ均衡とすると，i 以外の任意の h について

$$a_{ij} > a_{hj}$$

が成立し，j 以外の任意の l について

$$b_{ij} > b_{il}$$

が成立する．

5.4 非対称試行錯誤ダイナミクス

ここで

$$f_{1h}(X_1, X_2) = e_h A X_2' - X_1 A X_2'$$
$$f_{2l}(X_1, X_2) = X_1 B e_l' - X_1 B X_2'$$

とすると

$$f_{1h}(e_i, e_j) = e_h A e_j' - e_i A e_j'$$
$$= a_{hj} - a_{ij} < 0$$
$$f_{2l}(e_i, e_j) = e_i B e_l' - e_i B e_j'$$
$$= b_{il} - b_{ij} < 0$$

である.

f_{1h}, f_{2l} は X_1, X_2 について連続な関数なのでこれより，$(X_1, X_2) = (e_i, e_j)$ の近傍に

$$f_{1h}(X_1, X_2) < 0$$
$$f_{2l}(X_1, X_2) < 0$$

となる領域があることが分かる.

式5.17, 式5.18より，この領域の内部では $x_{1h} > 0$ である任意の i ではない h と，$x_{2l} > 0$ である任意の j ではない l について

$$E[\Delta x_{1h}] < 0$$
$$E[\Delta x_{2l}] < 0$$

となる. つまり, 頂点 $S_i S_j$ の近傍では S_i, S_j 以外の戦略の採用確率は常に減少する. したがって, 頂点 $S_i S_j$ は漸近安定である.

[証明終わり]

集団型試行錯誤ダイナミクスについても同様の命題が成立する.

[命題5.6]

$n \times m$ 戦略ゲームにおいて, 戦略プロファイル (S_i, S_j) が strict ナッシュ均衡ならば, 頂点 $S_i S_j$ は集団型試行錯誤ダイナミクスの漸近安定点である.

第5章 非対称ゲームのダイナミクス

今度は次のベクトル表記を用いる．

集団1の第 k プレーヤーの戦略の採用確率ベクトル X_{1k} と，集団2の第 l プレーヤーの戦略の採用確率ベクトル X_{2l} を

$$X_{1k} = \{x_{1k1},\ x_{1k2},\ \cdots,\ x_{1kn}\}$$
$$X_{2l} = \{x_{2l1},\ x_{2l2},\ \cdots,\ x_{2lm}\}$$

とする．

次に集団1の各戦略の平均採用確率ベクトル X_1 と，集団2の各戦略の平均採用確率ベクトル X_2 を，

$$X_1 = \{x_{11},\ x_{12},\ \cdots,\ x_{1n}\}$$
$$X_2 = \{x_{21},\ x_{22},\ \cdots,\ x_{2m}\}$$

とする．ちなみに $X_1 = \Sigma_{[k]} X_{1k}/N_1$, $X_2 = \Sigma_{[l]} X_{2l}/N_2$ である（N_1, N_2 は集団1，集団2の人数）．

このとき，

$$E[\Delta x_{1kp}] = x_{1kp}(u_{1kp} - u_{1k})/\text{分母}$$
$$= x_{1kp}(e_p A X_2' - X_{1k} A X_2')/\text{分母} \quad (式5.19)$$

$$E[\Delta x_{2lq}] = x_{2lq}(u_{2lq} - u_{2l})/\text{分母}$$
$$= x_{2lq}(X_1 B e_q' - X_1 B X_{2l}')/\text{分母} \quad (式5.20)$$

となる．

これらを用いて証明を行なう．

[命題5.6の証明]

戦略プロファイル $(S_i,\ S_j)$ が strict ナッシュ均衡とすると，i 以外の任意の p について

$$a_{ij} > a_{pj}$$

が成立し，j 以外の任意の q について

$$b_{ij} > b_{iq}$$

が成立する．

ここで

$$f_{1kp}(X_1,\ X_2)=e_pAX_2{}'-X_{1k}AX_2{}'$$
$$f_{2lq}(X_1,\ X_2)=X_1Be_q{}'-X_1BX_{2l}{}'$$

として，これらに $(X_1,\ X_2)=(e_i,\ e_j)$ を代入する．ところで $X_1=e_i$ となるのは集団 1 のすべてのプレーヤーが S_i のみを採る場合であるし，$X_2=e_j$ となるのは集団 2 のすべてのプレーヤーが S_j のみを採る場合である．したがって，このとき任意の k, l について

$$X_{1k}=e_i\ ,\quad X_{2l}=e_j$$

である．

これより，

$$f_{1kp}(e_i,\ e_j)=e_pAe_j{}'-e_iAe_j{}'=a_{pj}-a_{ij}<0$$
$$f_{2lq}(e_i,\ e_j)=e_iBe_q{}'-e_iBe_j{}'=b_{iq}-b_{ij}<0$$

である．

$(X_1,\ X_2)=(e_i,\ e_j)$ に十分近い領域を考えると，X_{1k} や X_{2l} も e_i, e_j に十分近い値となる．f_{1kp}, f_{2lq} は連続な関数なので，これより $(X_1,\ X_2)=(e_i,\ e_j)$ の近傍に

$$f_{1kp}(X_1,\ X_2)<0$$
$$f_{2lq}(X_1,\ X_2)<0$$

となる領域があることが分かる．

式5.19，式5.20より，この領域の内部では $x_{1kp}>0$ である任意の i ではない p と，$x_{2lq}>0$ である任意の j ではない q について

$$E[\varDelta x_{1kp}]<0$$
$$E[\varDelta x_{2lq}]<0$$

となる．これは任意の第 k プレーヤー，第 l プレーヤーについて成り立つので

第5章 非対称ゲームのダイナミクス

$$E[\Delta x_{1p}] = \Sigma_{[k]} E[\Delta x_{1kp}]/N_1 < 0$$
$$E[\Delta x_{2l}] = \Sigma_{[l]} E[\Delta x_{2lq}]/N_2 < 0$$

つまり，頂点 $S_i S_j$ の近傍では S_i, S_j 以外の戦略の平均採用確率は常に減少する．したがって，頂点 $S_i S_j$ は漸近安定である．

[証明終わり]

このように非対称試行錯誤ダイナミクスの場合，strict ナッシュ均衡に対応する頂点は漸近安定である．一方，頂点が不安定になる場合については次の命題が成立する．

[命題5.7]

$n \times m$ 戦略ゲームにおいて，戦略プロファイル (S_i, S_j) がナッシュ均衡でなければ，頂点 $S_i S_j$ は非集団型，集団型いずれの試行錯誤ダイナミクスにおいても不安定である．

[証明]

非集団型の場合，戦略プロファイル (S_i, S_j) がナッシュ均衡でないとすると，ある h について $a_{ij} < a_{hj}$ となるか，ある l について $b_{ij} < b_{il}$ となるかどちらかである．

たとえば前者の場合

$$f_{1h}(X_1, X_2) = e_h A X_2' - X_1 A X_2'$$

とすると

$$f_{1h}(e_i, e_j) = a_{hj} - a_{ij} > 0$$

である．

式5.17より $x_{1h} > 0$ ならば，その値がどんなに小さい場合でも $E[\Delta x_{1h}] > 0$ となるので，頂点 $S_i S_j$ は不安定である．$b_{ij} < b_{il}$ となる l がある場合も同様に不安定となる．

集団型の場合も同様に証明できる．

[証明終わり]

5.4 非対称試行錯誤ダイナミクス

　以上より，試行錯誤ダイナミクスでは，strict ナッシュ均衡であれば頂点は漸近安定であり，ナッシュ均衡でなければ頂点は不安定である．では，strict ではないナッシュ均衡の場合はどうであろうか．この場合は漸近安定，リャプノフ安定，不安定のいずれの場合もありうる．したがって，ダイナミクスを書き下して判定する必要がある．

　内点定常点については Δx_{ij} の期待値が 0 になるという意味での定常点は可能であるが，Δx_{ij} の実現値自体は散らばりのある値なので $\Delta x_{ij}=0$ という意味での定常点とはならない．頂点の場合は，たとえば $x_{ij}(t)=0$ でかつ $E[\Delta x_{ij}]=0$ となるのは $\Delta x_{ij}=0$ の場合だけである（$\Delta x_{ij}(t)$ は負にならないので）．したがって試行錯誤ダイナミクスの厳密な意味の定常点は頂点のみであり，安定性の吟味も頂点について行なえば十分である．

　では次に，非対称最適反応ダイナミクスを考えてみよう．

5.4.5　非集団型 $n \times m$ 最適反応ダイナミクス

　第 4 章 4 節で 2 × 2 対称ゲームの非集団型最適反応ダイナミクスモデルを考えたが，ここではこのモデルを $n \times m$ 戦略非対称ゲームの場合に拡張してみよう．

　基本設定は第 4 章 4 節と同様で，プレーヤー i は「他のプレーヤー j がある戦略 k を採ろうとする傾向性についての認知」$p_{ijk}(t)$ を持ち，プレーヤー j の実際の行動によって，傾向性の認知を修正していく．すなわち，時刻 t に j が k を採るときに 1，k 以外の戦略を採るときに 0 となる量を $\delta_{jk}(t)$ するとき

$$p_{ijk}(t+1) = (1-\phi)p_{ijk}(t) + \delta_{jk}(t)$$

にしたがって認知を修正すると考える．

　プレーヤー i は傾向性の認知に比例する確率で，相手が戦略 k を採ると予想する．このとき，プレーヤー i が時刻 t に「プレーヤー j が戦略 k を採る確率について持つ予想」$x_{ijk}(t)$ は

$$x_{ijk}(t) = p_{ijk}(t) / \Sigma_{[h]} p_{ijh}(t)$$

となる．

第5章 非対称ゲームのダイナミクス

プレーヤー i はこの予想確率をもとに，自分がある戦略を採ったときの期待利得を計算し，期待利得が最大となる戦略を採用する．期待利得が最大となる戦略が複数あるときには，それらの戦略を等しい確率でランダムに採用する．

以上のセッティングのもとで，$x_{ijk}(t)$ の変化 Δx_{ijk} を考えてみよう．

$$\begin{aligned}\Delta x_{ijk} &= x_{ijk}(t+1) - x_{ijk}(t) \\ &= p_{ijk}(t+1)/\Sigma_{[h]}p_{ijh}(t+1) - x_{ijk}(t) \\ &= (p_{ijk}(t+1) - x_{ijk}(t)\Sigma_{[h]}p_{ijh}(t+1))/\Sigma_{[h]}p_{ijh}(t+1)\end{aligned}$$

分子だけ計算すると

$$\begin{aligned}\Delta x_{ijk} \text{の分子} &= p_{ijk}(t+1) - x_{ijk}(t)\Sigma_{[h]}p_{ijh}(t+1) \\ &= (1-\phi)p_{ijk}(t) + \delta_{jk}(t) - x_{ijk}(t)(\Sigma_{[h]}(1-\phi)p_{ijh}(t)+1) \\ &= \delta_{jk}(t) - x_{ijk}(t)\end{aligned}$$

よって，

$$\Delta x_{ijk} = (\delta_{jk}(t) - x_{ijk}(t))/(\Sigma_{[h]}(1-\phi)p_{ijh}(t)+1)$$

である．

問題は $\delta_{jk}(t)$ であるが，これはプレーヤー j の行動であり，プレーヤー j の持つ認知に依存する．この部分を表現するために次の表記法を導入する．

j が i の戦略採用確率について持つ確率認知ベクトル $X_{ji}(t)$ を

$$X_{ji}(t) = \{x_{ji1}(t),\ x_{ji2}(t)\ \cdots x_{jin}(t)\}$$

とする．j はこの確率認知に対して最適反応するが，その結果として戦略 k を採る確率 $q_{jk}(t)$ を

$$q_{jk}(t) = BR_{jk}(X_{ji}(t))$$

と表記することにする（BR は最適反応 best response の略）．

たとえば，戦略 k が $X_{ji}(t)$ に対して j の最適反応でなければ $BR_{jk}(X_{ji}(t))=0$ であるし，k が唯一の最適反応であれば $BR_{jk}(X_{ji}(t))=1$ である．また，最適反応が λ 個あって k がそのうちの一つであれば

$$BR_{jk}(X_{ji}(t)) = 1/\lambda$$

である．

このような表記法を用いれば，$\delta_{jk}(t)$ は確率 $BR_{jk}(X_{ji}(t))$ で1，確率 $1-BR_{jk}(X_{ji}(t))$ で0となる．これより，Δx_{ijk} の期待値 $E[\Delta x_{ijk}]$ は

$$E[\Delta x_{ijk}] = (BR_{jk}(X_{ji}(t)) - x_{ijk}(t))/(\Sigma_{[h]}(1-\phi)p_{ijh}(t)+1)$$

(式5.21)

となる．これが非集団型最適反応ダイナミクスの基本方程式である．

5.4.6 非集団型最適反応ダイナミクスの頂点の性質

式5.21を用いて $n \times m$ 戦略ゲームの状態空間の頂点の性質を調べてみよう．

式5.21より

$$E[\Delta x_{12k}] = (BR_{2k}(X_{21}(t)) - x_{12k}(t))/\text{分母} \quad \text{(式5.22)}$$
$$E[\Delta x_{21h}] = (BR_{1h}(X_{12}(t)) - x_{21h}(t))/\text{分母} \quad \text{(式5.23)}$$

である．

プレーヤー1は m 個，プレーヤー2は n 個の確率認知を持つが，$\Sigma x_{12k}=1$, $\Sigma x_{12k}=1$ なので任意の戦略を除いた k について 式5.22を $m-1$ 個，任意の戦略を除いた h について 式5.23を $n-1$ 個連立させれば $n \times m$ ゲームのダイナミクスを表現できる．

これより「採用確率についての認知ダイナミクス」の状態空間は $(m+n-2)$ 次元上の超多面体となる．状態空間の頂点では，確率認知ベクトル $X_{12}(t)$ や $X_{21}(t)$ が単位ベクトルとなるが，

$$(X_{12}(t), X_{21}(t)) = (e_j, e_i)$$

となる頂点を頂点 $S_j S_i$ と呼ぶことにする．

まず，頂点の定常性について次の命題が成り立つ．

[命題5.8]

$n \times m$ 戦略ゲームにおいて，戦略プロファイル (S_i, S_j) が strict ナッシュ均衡であれば，頂点 $S_j S_i$ は非集団型最適反応ダイナミクスの定常点である．

第4章でも検討したが，他のダイナミクスと異なり最適反応ダイナミクスでは頂点は定常とは限らない．これは今使われていない戦略でも，プレーヤーが

259

第5章 非対称ゲームのダイナミクス

最適と判断すると使用されることがあるからで，その場合採用確率の認知も変化することになる．したがって，最適反応同士の組み合わせであることが定常の条件となる．

きちんと証明しておこう．

［命題5.8の証明］

頂点 $S_j S_i$ においては，$X_{12}(t) = e_j$ なので j 以外の任意の k について

$$x_{12k}(t) = 0$$

である．

また，戦略プロファイル（S_i, S_j）がstrictナッシュ均衡であれば，S_j は S_i に対する唯一の最適反応である．したがって，$X_{21}(t) = e_i$ であれば j 以外の任意の k について

$$BR_{2k}(X_{21}(t)) = 0$$

である．

したがって式5.22より j 以外の任意の k について

$$E[\Delta x_{12k}] = (BR_{2k}(X_{21}(t)) - x_{12k}(t))/分母$$
$$= 0$$

である．また $x_{12k}(t) = 0$ なので $\Delta x_{12k} \geq 0$．これと $E[\Delta x_{12k}] = 0$ より j 以外の任意の k について $\Delta x_{12k} = 0$ となる．

同様に，i 以外の任意の h について

$$x_{21h}(t) = 0 \quad , \quad BR_{1h}(X_{12}(t)) = 0$$

なので

$$E[\Delta x_{21h}] = 0$$

したがって i 以外の任意の h について $\Delta x_{21h} = 0$ である．

以上より，頂点 $S_j S_i$ は定常である．

［証明終わり］

関連して次の命題も成立する．

［命題5.9］
$n \times m$ 戦略ゲームにおいて，戦略プロファイル $(S_i,\ S_j)$ が strict ナッシュ均衡でなければ，頂点 $S_j S_i$ は非集団型最適反応ダイナミクスの定常点ではない．

［証明］
戦略プロファイル $(S_i,\ S_j)$ が strict ナッシュ均衡でない場合，S_j 以外に S_i の最適反応が存在するか，S_i 以外に S_j の最適反応が存在するかいずれかである．

前者の場合，S_j ではない S_k が S_i の最適反応であるとすると，$BR_{2k}(e_i) > 0$ となる．このとき $(X_{12}(t),\ X_{21}(t)) = (e_j,\ e_i)$ において

$$E[\Delta x_{12k}] = (BR_{2k}(X_{21}(t)) - x_{12k}(t))/\text{分母}$$
$$= BR_{2k}(e_i)/\text{分母} > 0$$

したがって，頂点 $S_j S_i$ は定常ではない．
S_i 以外に S_j の最適反応が存在する場合も同様に証明できる．

［証明終わり］

このように，最適反応ダイナミクスにおいては strict ナッシュ均衡が定常性の必要十分条件となる．また次の命題に示すように，定常性は安定性をも含意することになる．

［命題5.10］
$n \times m$ 戦略ゲームにおいて，戦略プロファイル $(S_i,\ S_j)$ が strict ナッシュ均衡であれば，頂点 $S_j S_i$ は非集団型最適反応ダイナミクスの漸近安定点である．

［証明］
仮定より，S_j は S_i に対する唯一の最適反応なので，j 以外の任意の k について

第5章　非対称ゲームのダイナミクス

$$BR_{2k}(e_i)=0$$

である．

ここで期待利得は確率認知 X_{21} について連続な関数なので，$X_{21}=e_i$ の近傍に j 以外の任意の k について

$$BR_{2k}(X_{21})=0$$

となる領域があることがわかる．

同様に，S_i は S_j に対する唯一の最適反応なので，$X_{12}=e_j$ の近傍に i 以外の任意の h について

$$BR_{1h}(X_{12})=0$$

となる領域が存在する．

これらより，$(X_{12},\ X_{21})=(e_j,\ e_i)$ の近傍に，j 以外の任意の k と i 以外の任意の h について

$$E[\varDelta x_{12k}]=(BR_{2k}(X_{21}(t))-x_{12k}(t))/分母=-x_{12k}(t)/分母$$
$$E[\varDelta x_{21h}]=(BR_{1h}(X_{12}(t))-x_{21h}(t))/分母=-x_{21h}(t)/分母$$

となる領域が存在する．

この領域では

$x_{12k}(t)>0$ である j 以外の k について $E[\varDelta x_{12k}]<0$
$x_{21h}(t)>0$ である i 以外の h について $E[\varDelta x_{21h}]<0$

なので，$(X_{12},\ X_{21})=(e_j,\ e_i)$ は漸近安定である．

［証明終わり］

$(S_i,\ S_j)$ が strict ナッシュ均衡でない場合は，命題5.8より頂点 S_jS_i は不安定なので，当然漸近安定でもない．

5.4.7　集団型 $n\times m$ 最適反応ダイナミクス

次に集団型の最適反応ダイナミクスを $n\times m$ 戦略ゲームの場合に拡張して

5.4 非対称試行錯誤ダイナミクス

みよう．基本セッティングは次の通りである．

立場 i のプレーヤー集団を集団 i とし，集団 i の人数を N_i 人とする（N_i は十分大きな数）．集団 i のプレーヤーは微小時間 dt の間に確率 $r_i dt$ で他の集団の戦略分布をモニタリングする．モニタリングしたプレーヤーはその戦略分布に対して利得が最大となる戦略に自らの戦略を変更する．利得が最大となる戦略が複数ある場合は，等しい確率でいずれかの戦略に変更するものとする．

以下，$n \times m$ 戦略ゲームの場合について考える．時刻 t における集団 i 中の戦略 S_j のシェアを

$$x_{ij}(t)$$

とする．また，時刻 t における集団 i の戦略分布ベクトル $X_i(t)$ を

$$X_1(t) = \{x_{11}(t),\ x_{12}(t),\ \cdots,\ x_{1n}(t)\}$$
$$X_2(t) = \{x_{21}(t),\ x_{22}(t),\ \cdots,\ x_{2m}(t)\}$$

とする．

集団1のプレーヤーは $X_2(t)$ をモニタリングして最適反応し，集団2のプレーヤーは $X_1(t)$ をモニタリングして最適反応する．ここで，集団 i のプレーヤーが $X_j(t)$ をモニタリングしたときに，戦略を k にする確率を

$$BR_{ik}(X_j(t))$$

とする．k が $X_j(t)$ に対する最適反応ではないときには $BR_{ik}(X_j(t))=0$，唯一の最適反応のときには $BR_{ik}(X_j(t))=1$，最適反応が λ 個あり k がそれに含まれるときは $BR_{ik}(X_j(t))=1/\lambda$ である．

このように記号を定めるときに，集団 i の戦略 k のシェア $x_{ik}(t)$ がどのように変化するかを考えてみよう．

集団 i の中で微小時間 dt の間に集団 j の戦略分布をモニタリングする人数は $N_i r_i dt$ 人である．この人数が集団 j の戦略分布 $X_j(t)$ に最適反応して戦略を変更するわけであるが，計算上の工夫としてこのプロセスを，「モニタリングした人は一旦自分の戦略を白紙に戻したあと，改めて最適戦略を採用する」，というプロセスに分解して考えることにする．

集団 i 中の k のシェアは $x_{ik}(t)$ なので，モニタリング人数 $N_i r_i dt$ 人のうち戦略が k である人数は

第5章　非対称ゲームのダイナミクス

$$N_i r_i x_{ik}(t)\,dt \text{ 人}$$

である．この人数が一旦戦略を白紙に戻すので，この時点で戦略 k から流出する人数となる．

次に，戦略を白紙に戻した人は確率 $BR_{ik}(X_j(t))$ で戦略 k を採用する．したがって，白紙に戻した人のうち戦略 k を採用する人数は

$$N_i r_i BR_{ik}(X_j(t))\,dt \text{ 人}$$

となる．これがこの時点で戦略 k に流入する人数となる．

微小時間 dt の間の $x_{ik}(t)$ の変化を dx_{ik} とすると，この間の k の人数の変化は $N_i dx_{ik}$ である．以上より

$$\begin{aligned}N_i dx_{ik} &= (k \text{ への流入人数}) - (k \text{ からの流出人数}) \\ &= N_i r_i BR_{ik}(X_j(t))\,dt - N_i r_i x_{ik}(t)\,dt \\ &= N_i r_i (BR_{ik}(X_j(t)) - x_{ik}(t))\,dt\end{aligned}$$

したがって

$$dx_{ik}/dt = r_i (BR_{ik}(X_j(t)) - x_{ik}(t)) \qquad (\text{式}5.24)$$

これが集団型最適反応ダイナミクスの基本方程式である．

5.4.8 集団型ダイナミクスの頂点の性質

集団型ダイナミクスについても状態空間の頂点の性質を調べておこう．

$n \times m$ 戦略ダイナミクスの場合，状態空間は $(n+m-2)$ 次元の超多面体である．ここで頂点 $S_i S_j$ は $(X_i(t), X_j(t)) = (e_i, e_j)$ となる状態と定義できる．ちなみに，集団型モデルの場合は戦略分布認知のダイナミクスではなく，実際の戦略分布のダイナミクスを考える．これは，何らかの方法でプレーヤーは正確な戦略分布のモニタリングができると仮定しているからであるが，大体正確にモニタリングできる場合であっても以下の議論は近似的に成立する．

さて式5.24より，各集団における各戦略シェアのダイナミクスは

$$dx_{1k}/dt = r_1 (BR_{1k}(X_2(t)) - x_{1k}(t)) \qquad (\text{式}5.25)$$
$$dx_{2h}/dt = r_2 (BR_{2h}(X_1(t)) - x_{2h}(t)) \qquad (\text{式}5.26)$$

となる．集団1については任意の戦略を除いた k について式5.25を $n-1$ 個，

集団2については任意の戦略を除いた h について 式5.26を $m-1$ 個連立させれば $n \times m$ ゲームのダイナミクスを表現できる．

これらの式は，非集団ダイナミクスにおける 式5.22，式5.23とほとんど同じである．したがって，非集団ダイナミクスの場合と同様な次の命題が成立する．

［命題5.11］
$n \times m$ 戦略ゲームにおいて，戦略プロファイル (S_i, S_j) が strict ナッシュ均衡であれば，頂点 $S_i S_j$ は集団型最適反応ダイナミクスの定常点でありかつ漸近安定点である．

［略証明］
(S_i, S_j) が strict ナッシュ均衡のとき，i 以外の任意の k と，j 以外の任意の h について

$$BR_{1k}(e_j)=0, \quad BR_{2h}(e_i)=0$$

である．したがって i 以外の任意の k と，j 以外の任意の h について

$$dx_{1k}/dt = r_1(BR_{1k}(X_2(t)) - x_{1k}(t)) = 0$$
$$dx_{2h}/dt = r_2(BR_{2h}(X_1(t)) - x_{2h}(t)) = 0$$

よって，$(X_1, X_2) = (e_i, e_j)$ は定常である．

また利得関数の連続性より，$(X_1, X_2) = (e_i, e_j)$ の近傍に，i 以外の任意の k と，j 以外の任意の h について

$$dx_{1k}/dt = r_1((BR_{1k}(X_2) - x_{1k}(t))$$
$$= -r_1 x_{1k}(t)$$

$$dx_{2h}/dt = r_2((BR_{2h}(X_1) - X_{2h}(t))$$
$$= -r_2 X_{2h}(t)$$

となる領域が存在する．

この領域では

$x_{1k}(t) > 0$ である i 以外の k について $dx_{1k}/dt < 0$

$x_{2h}(t) > 0$ である j 以外の h について $dx_{2h}/dt < 0$

なので，$(X_{12}, X_{21}) = (e_j, e_i)$ は漸近安定である．

[証明終わり]

[命題5.12]

$n \times m$ 戦略ゲームにおいて，戦略プロファイル (S_i, S_j) が strict ナッシュ均衡でなければ，頂点 $S_i S_j$ は集団型最適反応ダイナミクスにおいて不安定である．

[略証明]

たとえば，S_i 以外に S_j の最適反応があるとき，それを S_k とすると，$BR_{1k}(e_j) > 0$ となる．このとき $(X_1, X_2) = (e_i, e_j)$ において

$$dx_{1k}/dt = r_1 BR_{1k}(e_j) > 0$$

したがって，頂点 $S_i S_j$ は定常ではない．

S_j 以外に S_i の最適反応が存在する場合も同様に証明できる．

[証明終わり]

このように，集団型の最適反応ダイナミクスにおいても，strict ナッシュ均衡は頂点の定常性と安定性のための必要十分条件である．戦略分布のモニタリングや最適反応に誤差がある場合についても，誤差が余り大きくなければ strict ナッシュ均衡に対応する頂点付近が漸近安定となる．

5.5 まとめと分析例

ここまで様々な学習ダイナミクスについて分析をしてきた．ここでは，その結果を簡単にまとめた上で具体的な分析の例をいくつか紹介しよう．

5.5.1 動学と静学の関係

ここまで，レプリケーターダイナミクス（集団型のみ），模倣ダイナミクス

5.5 まとめと分析例

(集団型のみ)，試行錯誤ダイナミクス (集団型と非集団型)，最適反応ダイナミクス (集団型と非集団型) について見てきた．動学モデルは想定する状況と想定するマイクロプロセスによって様々なタイプのものが存在する．これらの動学モデルと静学モデルとの関係もしたがって一様ではないが，共通して見られる特徴も存在する．

まず，ほとんどのダイナミクスで strict ナッシュ均衡に対応する状態は漸近安定であった．認識に誤差のある最適反応ダイナミクスでは，strict ナッシュ均衡が漸近安定とならないが，これも誤差が小さい場合はほぼ strict ナッシュ均衡に近い状態が漸近安定になった．

strict ナッシュ均衡は静学の解であるが，この結果は strict ナッシュ均衡という静学解が多くの動学モデルの長期的な結果を予測する優れた性能を持っていることを示している．strict ナッシュ均衡は存在しない場合もあるが，これが一つだけ存在する場合にはマイクロプロセスの細部にかかわらず，どのダイナミクスでも長期的には同じ結果が得られると予想できる．

strict ナッシュ均衡が複数存在する場合 (調整ゲームやチキンゲームなど) も，長期的にはいずれかに対応する状態に至ると予想できる．具体的にどの状態に至るかは初期状態と，どのマイクロプロセスによってダイナミクスが生じるかに依存する．どの場合にどの漸近安定状態が実現するかを知るには，分析しようとしている現象において妥当性の高いマイクロプロセスを想定した動学モデルを書き下して計算する必要がある．

strict ナッシュ均衡が存在しない場合はどうであろうか．一般化じゃんけんゲームやコイン当てゲームはそのような例であるが，そのような場合でもナッシュ均衡は必ず存在する (じゃんけんゲームの1/3, 1/3, 1/3など)．ただ，strict ではないナッシュ均衡は漸近安定になる場合も，リャプノフ安定である場合も，不安定になる場合もあるのでそれだけではあまり有用な情報ではない．この場合もやはり，きちんとダイナミクスを書き下して分析をすることが必要となる．

ナッシュ均衡に関してはむしろ「**ナッシュ均衡ではない状態は不安定**」という性質が有用である．これは本書で述べたすべてのダイナミクスで成立する性質で，「ナッシュ均衡ではない」という静学上の性質から，ただちに「不安定」という動学上の性質が導かれて便利である．ただし，第6章で述べるように協力の進化という文脈では，この性質をどう回避するかが大きな課題となる．そのためパレート最適だがナッシュ均衡ではない状態が，安定になるようなダイ

ナミクスがいくつか提案されているがそのような場合をのぞけば，通常のダイナミクスではナッシュ均衡でない状態は一般に不安定である．

以上のように，静学解のうち動学解の近似として有用なのは次の二つである．

> strict ナッシュ均衡に相当する状態は漸近安定
> ナッシュ均衡でない状態は不安定

具体的なゲームを分析する場合には，まずこれらの点をチェックしてダイナミクスの概要をつかみ，さらに詳しい情報を得るためにダイナミクスを書き下して分析する，という手順が有効である．

以下では具体的な分析例をあげるとともに，分析の手順についても例示していこう．

5.5.2 家事の分担ゲーム

まず，第1章で紹介した家事の分担ゲームをきちんと分析しておこう．

家事の便益を b，家事のコストを c とすると家事分担ゲームの利得表は**表5.8**となる（1章3節参照）．

最初の手順として，静学分析を利用した動学分析を試みる．$c>0$ の時には，$b>b-c/2$ が常に成立するので，両者が家事をする状態はナッシュ均衡ではない．これより，何らかの学習ダイナミクスが存在する場合には，両者が家事をする状態は（家事のコストが存在する限り）不安定であることが分かる．

次に，$b<c$ の場合は $b-c<0$ となるので（家事しない，家事しない）が唯一のstrict ナッシュ均衡で，他にナッシュ均衡は存在しない．したがって，家事のコストが家事の便益を上回っているときは，両者が家事をしない状態が唯一の漸近安定状態である．

一方，$b>c$ の場合は（家事しない，家事しない）はナッシュ均衡ではなくなる．

表5.8 家事の分担ゲームの利得表

夫＼妻	家事する	家事しない
家事する	$b-c/2,\ b-c/2$	$b-c,\ b$
家事しない	$b,\ b-c$	$0,\ 0$

5.5 まとめと分析例

したがって，家事の便益が家事のコストを上回る場合には，両者が家事をしない状態は不安定で，誰かが家事をすることになる．

$b > c > 0$ の場合の strict ナッシュ均衡は（家事する，家事しない）と（家事しない，家事する）の二つで，夫か妻のいずれかが家事をする状態が漸近安定となる．また，この場合は両者が $(b-c)/(b-c/2)$ の確率で家事をする状態が strict ではないナッシュ均衡となる．非対称ゲームの内点ナッシュ均衡はほとんどの場合，不安定であるが厳密にはきちんとダイナミクスを書き下して調べる必要がある．

表5.8は夫と妻で家事のコストが等しい場合の利得表だが，夫と妻でコストが違う場合も調べてみよう．家事のコストが夫が c_1，妻が c_2 の場合の利得表は表5.9である．$c_1 > 0$，$c_2 > 0$ の場合について静学分析を行なうと次のようになる．

$b < c_1, c_2$ の場合は（家事しない，家事しない）が唯一の strict ナッシュ均衡となるので，誰も家事をしない状態が唯一の漸近安定状態である．

$c_1 < b < c_2$ の場合は（家事する，家事しない）が唯一の strict ナッシュ均衡となるので，夫だけが家事をする状態が唯一の漸近安定状態である．

$c_2 < b < c_1$ の場合は（家事しない，家事する）が唯一の strict ナッシュ均衡となるので，妻だけが家事をする状態が唯一の漸近安定状態である．

$b > c_1, c_2$ の場合は（家事する，家事しない）と（家事しない，家事する）の二つが strict ナッシュ均衡で，夫か妻のいずれかが家事をする状態が漸近安定となる．

strict ナッシュ均衡が一つだけ存在して，ナッシュ均衡が他にない場合にはその状態だけが漸近安定となるので，それ以上の分析はあまり必要とはならない．一方，strict ナッシュ均衡が二つ以上ある場合には，どの場合にどの漸近安定状態に収束するのかを知ることが必要となることが多い．そのような場合には，さらに具体的なダイナミクスを書き下して分析を進めることになる．

表5.9　男女でコストが異なる家事分担ゲーム

夫＼妻	家事する	家事しない
家事する	$b-c_1/2,\ b-c_2/2$	$b-c_1,\ b$
家事しない	$b,\ b-c_2$	$0,\ 0$

5.5.3 家事分担ゲームの動学分析

以下では，家事分担ゲームの動学分析を試みるが，本書で考察してきたように動学モデルには様々なタイプのものがある．どのタイプのモデルを用いるとよいのであろうか．

モデルを選択する場合，まずレプリケーターモデルを用いるか，学習モデルを用いるかを考える必要がある．社会科学の研究では，ほとんどの場合，学習ダイナミクスモデルが適当であるが，数十世代以上の長いタイムスケールの現象を考える場合にはレプリケーターダイナミクスモデルで考察する必要が出てくる．家事分担ゲームでは長いタイムスケールの分析は必要ではないので，学習モデルで十分である．

学習モデルを選択する場合には次の順で検討するとよいであろう．

> 1　集団モデルか非集団モデルか
> 2　学習アルゴリズムは何が妥当か
> 　　集団モデルなら，模倣，試行錯誤，最適反応から選択
> 　　非集団モデルなら，試行錯誤，最適反応から選択

夫婦間の家事分担ゲームの場合，ランダムマッチングでゲームを繰り返すことを仮定する集団モデルは適当ではない．同じプレーヤー同士が繰り返してゲームをする事を仮定する非集団モデルが妥当である．

非集団モデルには試行錯誤モデルと最適反応モデルの二つがあるが，どちらを用いるのが妥当であろうか．厳密には，プレーヤーがどのようなアルゴリズムを用いているのかを実証的に調べた上でモデルを選ぶ必要がある．ただし，最適反応を行なうには，プレーヤーが利得構造を把握していることが必要であるので，この点を吟味することである程度の見当をつけられる場合もある．家事分担ゲームでは，プレーヤーが利得構造を十分把握していない場合も多いかもしれないので，試行錯誤ダイナミクスモデルを用いて分析してみることにしよう．

プレーヤー 1 を夫，プレーヤー 2 を妻，戦略 1 を「家事をする」，戦略 2 を「家事をしない」，プレーヤー 1 が戦略 1 を採る確率を $x(t)$，プレーヤー 2 が戦略 1 を採る確率を $y(t)$，プレーヤー i が戦略 j を採るときの期待利得を u_{ij}

5.5 まとめと分析例

とする非集団型試行錯誤ダイナミクスを考えると，4.3.7節の式4.9，式4.10より

$$E[\varDelta x]=x(1-x)(u_{11}-u_{12})/分母$$
$$E[\varDelta y]=y(1-y)(u_{21}-u_{22})/分母$$

である．

ここで，

$$\begin{aligned}u_{11}-u_{12}&=(b-c_1/2)y+(b-c_1)(1-y)-by\\&=-(b-c_1/2)y+(b-c_1)\end{aligned}$$

より

$$\lambda_1=(b-c_1)/(b-c_1/2)$$

とすると，状態空間の内部では

$$y>\lambda_1 \quad のとき \quad E[\varDelta x]<0$$
$$y<\lambda_1 \quad のとき \quad E[\varDelta x]>0$$

となる．

同様に，

$$\lambda_2=(b-c_2)/(b-c_2/2)$$

とすると，状態空間の内部では

$$x>\lambda_2 \quad のとき \quad E[\varDelta y]<0$$
$$x<\lambda_2 \quad のとき \quad E[\varDelta y]>0$$

となる．

これより，ベクトル図は図5.7のようになる．漸近安定状態は $(x, y)=(1, 0)$ と $(0, 1)$ で，静学分析による結果と一致している．$(1, 0)$ に収束するのは概ね，図の太い点線より右下の領域が初期状態の場合であり，$(0, 1)$ に収束するのは太い点線より左上の初期状態から出発した場合である．収束域の境界線は (λ_2, λ_1) を通るので，$\lambda_2>\lambda_1$ のときは $(0, 1)$ への収束域が $(1, 0)$ への収束域よりも広く，$\lambda_2<\lambda_1$ の時はその逆となる．

第5章 非対称ゲームのダイナミクス

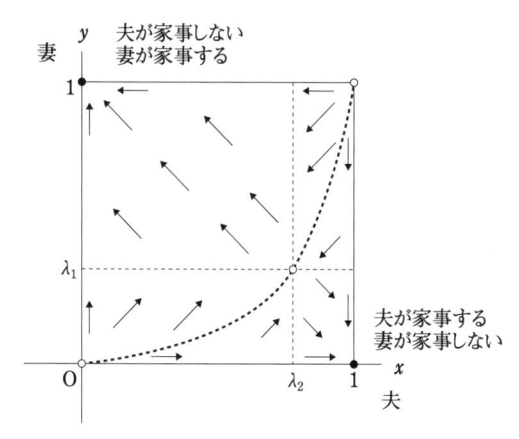

図5.7 家事分担ゲームのベクトル図

ここで，たとえば $\lambda_2 > \lambda_1$ となるのは

$$(b-c_2)/(b-c_2/2) > (b-c_1)/(b-c_1/2)$$

の場合であるが，分母を払って整理すると

$$(c_1-c_2)b > 0$$
$$c_1 > c_2$$

となる．つまり，夫の家事コストが妻の家事コストよりも大きい場合にはもっぱら妻が家事をする漸近安定状態に収束しやすいことがわかる．逆に，夫の家事コストが妻の家事コストよりも小さい場合にはもっぱら夫が家事をする漸近安定状態に収束しやすくなる．

5.5.4 新規参入ゲーム

もう一つの例として新規参入ゲームを分析してみよう．

近年のように規制緩和が進むと，既存の分野，地域，業態に対して，他の分野，地域，業態からの新規参入が発生しやすくなる．新規参入を図る側は，いつどこにどのような形で新規参入をするのか，しないのかを意思決定する必要がある．新規参入を迎え撃つ側は，新規参入者に対して対抗措置を採るのか採らないのか，採るとすればどのような措置を採るのかなどの意思決定を行わなければならない．そして，既存勢力の側の意思決定が，新規参入側の意思決定

に影響を与えることになる．この状況をモデル化したものが新規参入ゲームである．

もう少し具体的に定式化しよう．老舗の B チェーンが店舗展開している地域に新興の A チェーンが出店するかどうかを検討している．この地域で B チェーンは b の収益を上げているが，A チェーンが出店すると，rb が A チェーンに奪われ B チェーンの収益は $(1-r)b$ となってしまう（$0<r<1$）．

A チェーンの出店に対して B チェーンには値下げなどの方法で対抗措置を採ることが可能である．B チェーンが対抗措置を採った場合，A チェーンの収益も B チェーンの収益も共に減少する．その結果，A チェーンが撤退するかもしれないし，A チェーンがさらに対抗措置を採って対抗措置の応酬になるかもしれない．対抗措置の応酬となる状況は，タカハトゲームでタカ対タカとなる場合に相当するが，この場合の結末としては

- A チェーンが出店をあきらめて撤退する
- B チェーンが A チェーンの出店を認めて，対抗措置をやめる

の二通りが考えられる．ここでは簡単のために B チェーンが対抗措置を採った場合には確率 1/2 でいずれかの結末が実現し，決着がつくまでに対抗措置のコスト c が両者にかかると仮定する．このとき，両者の期待利得は

A チェーン：$rb/2-c$
B チェーン：$(1-r/2)b-c$

となる．

以上の状況で，A チェーンの戦略は「新規出店する」と「新規出店しない」の二つで，B チェーンの戦略は新規出店に対して「対抗措置を採る」と「対抗措置を採らない」の二つとなる．このゲームでは A チェーンが出店した場合のみに B チェーンに手番が回るので，この状況は図5.8の展開形のゲーム（ゲームの木で表されたゲーム）で表現できる．かっこの中は，前の値が A チェーンの利得，後ろの値が B チェーンの利得である．

このとき，A チェーンは新規参入を図るであろうか．B チェーンはそれに対して対抗措置を採るであろうか．静学分析，動学分析の順に考察してみよう．

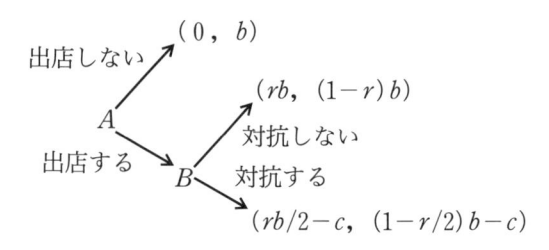

第5章 非対称ゲームのダイナミクス

```
            (0, b)
    出店しない ↗
           A       (rb, (1−r)b)
            ↘    ↗ 対抗しない
    出店する   B
                ↘ 対抗する
                 (rb/2−c, (1−r/2)b−c)
```

図5.8　新規参入ゲームの展開形表記

5.5.5 後ろ向き推論法による分析

　新規参入ゲームのような展開形のゲームを静学分析する手法としては，後ろ向き推論法による方法と，標準形の利得表に書き直して分析する方法とがある．

　後ろ向き推論法はゲームの木の枝先から根元に逆算をしていく方法で，この場合は B チェーンの意思決定を先に考察して，次に A チェーンの意思決定を考察することになる．

　A チェーンの出店に直面した B チェーンは対抗するかしないかの意思決定を行う．このとき，B チェーンは自らの利得が高くなるほうの戦略を選ぶとすると，

　　「対抗する」の利得　 $= (1 − r/2)b − c$
　　「対抗しない」の利得 $= (1 − r)b$

なので，

　　1）　$rb/2 > c$ のとき

　　　　「対抗する」の利得＞「対抗しない」の利得
　　　　となり B チェーンは対抗措置を採る．

　　2）　$rb/2 < c$ のとき

　　　　「対抗する」の利得＜「対抗しない」の利得
　　　　となり B チェーンは対抗措置を採らない．

と考えられる．

1）の場合，B チェーンは対抗措置を採ると考えられるが，このことを前提とすると，A チェーンの利得は出店する場合が $rb/2-c$，出店しない場合が 0 となる．ここで $rb/2>c$ なので，$rb/2-c>0$，つまり A チェーンは出店する方が得になる．したがって 1）の場合，A チェーンは新規出店を行い B チェーンはそれに対し対抗措置を採ると予測できる．

2）の場合は，B チェーンは対抗措置を採らないと考えられるが，このことを前提とすると，A チェーンの利得は出店する場合が rb，出店しない場合が 0 となる．今度も出店する方が得なので，2）の場合も A チェーンは新規出店を行い，B チェーンはそれに対し今度は対抗措置を採らないと予測できる．

以上をまとめると，後ろ向き推論法による予測は「A は常に新規出店を行い，B はコストが低いときには対抗し，高いときには対抗しないであろう」ということになる．この予測は，両者が今述べたような「後ろ向き推論アルゴリズム」にしたがって意思決定する場合には正しい予測となる．

しかし，両者はそうではない方法で意思決定をする可能性もある．その場合はどのようなことが起こるのであろうか．特に 2）のケースでは A は B が対抗しないことを当てにして新規出店をすることになるが，両者が厳密に「後ろ向き推論アルゴリズム」に従わない場合には，そうはならない可能性もある．次のように展開形のゲームを標準形のゲームに直す方法を用いると，そのような可能性を検討することができる．

5.5.6 標準形による分析

戦略を次の方法で「行動の予定」として定式化すると，展開形のゲームを標準形に書き直すことができる．まず，A チェーンの戦略を「出店するつもり」と「出店しないつもり」の二つと考える．次に，B チェーンの戦略を「A が出店したら対抗するつもり」と「A が出店しても対抗しないつもり」の二つと考える．これらは両者が頭の中でもっている行動の予定であるが，それぞれの＜つもり＞を持ったプレーヤー同士が出会って，各自の＜つもり＞を実行した場合，何らかの利得が実現することになる．この＜つもり＞を組み合わせた一覧表に利得の実現値を書き込むと，**表**5.10のような標準形ゲームの利得表が

第5章 非対称ゲームのダイナミクス

表5.10 新規参入ゲームの標準形表記

$A \setminus B$	対抗するつもり	対抗しないつもり
出店するつもり	$rb/2-c$, $(1-r/2)b-c$	rb, $(1-r)b$
出店しないつもり	0, b	0, b

出来上がる.

この利得表を用いると,ナッシュ均衡や strict ナッシュ均衡を求めることができる.まず,$rb/2>c$ の場合は,$rb/2-c>0$ でかつ $rb>0$ となるので,A が「出店をするつもり」は「出店をしないつもり」よりも常に利得が高くなる.このとき,B については,$(1-r/2)b-c>(1-r)b$ なので(出店するつもり,対抗するつもり)が唯一のナッシュ均衡となり,これは strict ナッシュ均衡でもある.したがって,適当な学習ダイナミクスが存在するときには,A チェーンが出店をして B チェーンが対抗する状態が唯一の漸近安定状態となると考えられる.この結果は,後ろ向き推論法による分析結果と一致する.

一方,$rb/2<c$ の場合は(出店するつもり,対抗しないつもり)と(出店しないつもり,対抗するつもり)の二つがナッシュ均衡となる.前者は strict ナッシュ均衡なので学習ダイナミクスが存在するときには漸近安定となるが,後者は strict ではないナッシュ均衡なので安定となるか不安定となるかは静学分析だけでは判定できない.

ちなみに,前者は後ろ向き推論法で予測される状態だが,後者は「B チェーンが対抗するつもりであることを察知して,A チェーンが出店を見合す状態」に相当し,後ろ向き推論法からは予測されない状態である.いったい,後者の均衡が安定になることはあるのかないのか,あるとすれば前者ではなく後者に収束するのはどのような場合であるのか.これらの点を明らかにするには,ダイナミクスを書き下して動学分析を行なう必要がある.

5.5.7 新規参入ゲームの動学分析

以下では,主に $rb/2<c$ の場合について動学分析を行なうことにしよう.まず,モデルの選択を行う.この場合,タイムスケールの短い現象なので学習ダイナミクスモデルが適当である.プレーヤーは A チェーンと B チェーンの二つなので,ランダムマッチング型の集団モデルではなく,メンバーの固定し

た非集団モデルがよい．ちなみに，一地域に出店するかしないかを巡る一回切りの意思決定ではダイナミクスにならないが，A チェーンが幾つかの B チェーンの既存地域に出店を計画している場合には同様のゲームが繰り返されることになるので，ダイナミクスが生じうる．

　学習アルゴリズムについては，試行錯誤か最適反応かを一概に決めることは難しそうである．新規出店を計画する場合には，普通，市場の状況や同業他社の動きについて情報を集めるであろうから最適反応アルゴリズムが使われる可能性は高い．しかし，意思決定が難しい場合は結局試行錯誤することになるかもしれない．ここでは，両方の場合についてモデルを作ってみることにしよう．

　まず，両者が試行錯誤する場合を考える．A について「出店する」を戦略 1，「出店しない」を戦略 2，B について「対抗する」を戦略 1，「対抗しない」を戦略 2 とする．また，時刻 t に A が戦略 1 を採る確率を $x(t)$，時刻 t に B に手番が回ったときに B が戦略 1 を採る確率を $y(t)$ とする．

　プレーヤー i が戦略 j を採ったときの利得を u_{ij} とすると，この場合の試行錯誤ダイナミクスは

$$E[\Delta x] = x(1-x)(u_{a1}-u_{a2})/分母$$
$$E[\Delta y] = xy(1-y)(u_{b1}-u_{b2})/分母$$

となる．y が変化するのは，B に手番の回るときだけであり，B に手番の回る確率は x なので Δy の期待値に x がかけてある点に注意しよう．

　ここで

$$\begin{aligned}u_{a1}-u_{a2} &= y(rb/2-c)+(1-y)rb-0 \\ &= -(rb/2+c)y+rb\end{aligned}$$

なので，

$$\lambda = rb/(rb/2+c)$$

とすると，$rb/2 < c$ の場合には $0 < \lambda < 1$ となるので，状態空間の内部では，

$$y < \lambda \quad \text{のとき} \quad E[\Delta x] > 0$$
$$y > \lambda \quad \text{のとき} \quad E[\Delta x] < 0$$

となることがわかる．

第5章 非対称ゲームのダイナミクス

一方,

$$u_{b1} - u_{b2} = (1-r/2)b - c - (1-r)b$$
$$= rb/2 - c < 0$$

なので,状態空間の内部では常に

$$E[\Delta y] < 0$$

である．

これより,ベクトル図は図5.9となり $(x, y) = (1, 0)$ が漸近安定になることが分かる．これは,後ろ向き推論法が予想する（出店する,対抗しない）に相当する漸近安定状態で,この状態では A チェーンは各地で次々に新規開店を行い,B チェーンはなんらの対抗措置をとらないことになる．

$(1, 0)$ 以外では $(1, 1)$ が定常であるし,$x=0$ を満たす y 軸上の点もすべて定常である．$(1, 1)$ はベクトル図から不安定であることがわかるが,y 軸上の点は特に $y > \lambda$ の領域でダイナミクスが左下に向かうため,そこに収束する場合があるように見える．これらの点では,$x=0$ なので A チェーンは新規開店を行なわない．一方 $y > \lambda$ なので,もし新規開店があるならば B チェーンは λ より大きな確率で対抗措置を採ることになる．これは,標準形の分析で発見された strict ではないナッシュ均衡,「B チェーンが対抗するつもり

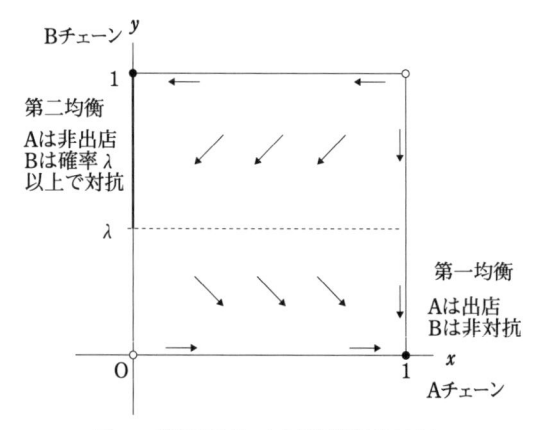

図5.9　新規参入ゲームの試行錯誤ダイナミクス

であることを察知して，A チェーンが出店を見合す状態」に相当する．

以下では $(1, 0)$ の漸近安定点を「第一均衡」，$x=0$，$y>\lambda$ を満たす定常点の集合を「第二均衡」と呼ぶことにするが，この第二均衡は果たして安定なのであろうか．この点をもう少し詳しく検討してみよう．

5.5.8 「根拠のない脅し」の安定性

新規参入ゲームの第二均衡に相当する均衡は，最後通牒ゲームなど他の展開形ゲームでも出現することがある．一般化して言うと，第二均衡は「後手の対抗手段を恐れて先手が躊躇する均衡」ということができるが，この種の均衡は従来のゲーム理論では「根拠のない脅しによる均衡」と呼ばれていた（たとえばギボンズのテキスト参照）．これは，後手が対抗手段を採るにはコストが掛かるため，実際に手番が回ると対抗手段を採ることはない，したがって先手がそれを恐れる必要はないので，そのような均衡は実現しないはずだ，という推論がなされていたからである．第二均衡は本当に根拠がないために，不安定なのだろうか．以下では，ダイナミクスの軌道を明示的に求めることで第二均衡の動学安定性を吟味することにしよう．

新規参入ゲームの試行錯誤ダイナミクス方程式は前節の考察より

$$E[\Delta x] = x(1-x)(-(rb/2+c)y+rb)/\text{分母}_1$$
$$E[\Delta y] = xy(1-y)(rb/2-c)/\text{分母}_2$$

である．この式の分母1と分母2は $\Sigma p_{1k}(t+1)$ と $\Sigma p_{2k}(t+1)$ であるが，十分長い時間の後にはそれぞれほぼ一定の値に収束する．そこでこれらを近似的に定数と考えて $E[\Delta x]$ と $E[\Delta y]$ の比を求めれば

$$E[\Delta y]/E[\Delta x]$$
$$= \alpha xy(1-y)(rb/2-c)/x(1-x)(-(rb/2+c)y+rb)$$
$$= \alpha y(1-y)(rb/2-c)/(1-x)(-(rb/2+c)y+rb)$$
ただし $\alpha = \text{分母}_1/\text{分母}_2$

となる．

さらに $E[\Delta y]/E[\Delta x]$ は dy/dx の近似値なので，左辺を dy/dx とみなすと

第5章 非対称ゲームのダイナミクス

$$dy/dx = \alpha y(1-y)(rb/2-c)/(1-x)(-(rb/2+c)y+rb)$$

となる．これは変数分離形の微分方程式なので明示的に解くことができる．すなわち，

$$(-(rb/2+c)y+rb)/y(1-y) \cdot dy = \alpha(rb/2-c)/(1-x) \cdot dx$$
$$(rb/y+(rb/2-c)/(1-y)) \cdot dy = \alpha(rb/2-c)/(1-x) \cdot dx$$

と変形してから両辺を積分すると

$$rb\log y + (c-rb/2)\log(1-y) = \alpha(c-rb/2)\log(1-x) + 積分定数$$

したがって

$$y^{rb}(1-y)^{(c-rb/2)} = C(1-x)^{\alpha(c-rb/2)}$$

となる（C は初期値に依存する値）．これがダイナミクスの軌道を近似的に示す方程式である．

　この方程式は，試行錯誤ダイナミクスの軌道が $(1, 0)$ と $(1, 1)$ を通る左側に膨らんだ曲線となることを示しているが（C によって膨らみ方が異なる），例えば $rb=1$，$c=1.5$，$\alpha=1$ の場合について図示すると，図5.10のように横倒しになった放物線群となる．

　これより，図の太線の放物線より左上の領域から出発したダイナミクスは第二均衡の定常点のどこかに収束することが分かる．また，第二均衡の定常点から少し状態がずれても，ずれが小さい場合には近くの定常点に収束することも分かる．もとの定常点に戻ってくるわけではないが，もとの定常点から離れて行く訳でもないので，これらの定常点はリャプノフ安定であることが分かる．つまり，第二均衡の定常点群はリャプノフ安定である．

　この結果を日常言語で表現すると次のようになる．B チェーンが対抗措置を採る傾向がある程度以上大きい場合には，A チェーンは最初は出店しても次第に相手の対抗措置に懲りて出店をしなくなる．A チェーンが出店をしないと B チェーンの対抗確率は変化しないので，この状態は定常である．

　A チェーンが何らかのモデル外要因で出店を行なうと，B チェーンはやはり高い確率で対抗措置を採る．対抗措置にはコストが掛かるので B チェーンの対抗確率はやや下がるが，$y>\lambda$ のときには A チェーンが出店に懲りて出店

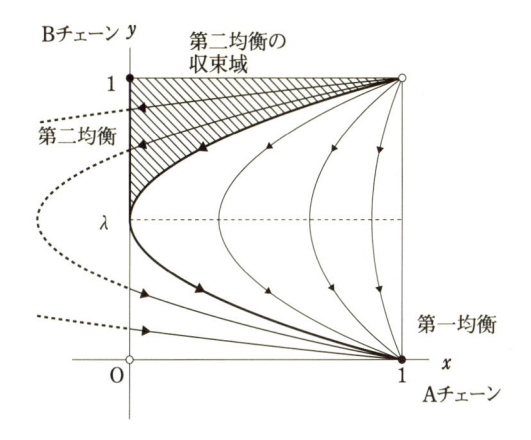

図5.10　試行錯誤ダイナミクスの軌道

を取りやめる速度の方が速いので，結局 A チェーンの出店確率が 0，B チェーンの対抗確率が先ほどよりやや低い状態に収束して再び定常となる．

　第二均衡は第一均衡（漸近安定）と違ってリャプノフ安定なので動学安定性は磐石ではない．モデル外要因による攪乱が頻繁に起こると，やがて B チェーンの対抗確率は $y < \lambda$ となり，その場合はすみやかに漸近安定状態に遷移していくことになる．その意味で第二均衡は第一均衡よりも「根拠の薄弱な」均衡であるが，モデル外要因による攪乱の頻度が小さい場合にはかなり長い間第二均衡が維持される可能性もある．「羹（あつもの）に懲りて膾（なます）を吹く」という諺の存在は，第二均衡が「根拠がない」と言われるほど根拠薄弱ではないことを示しているといえよう．

5.5.9　最適反応ダイナミクスによる分析

　試行錯誤ダイナミクスを想定した分析では，新規参入ゲームには，漸近安定となる第一均衡（A が参入，B が対抗しない）と，リャプノフ安定となる第二均衡（B の対抗措置を恐れて，A が躊躇）があるという結論が得られた．しかし，このゲームの場合はプレーヤーが最適反応アルゴリズムを採る可能性も十分考えられる．次に，この場合について検討してみよう．

　時刻 t にプレーヤー A が戦略 1 を採る確率を $x(t)$，プレーヤー B に手番が

第5章 非対称ゲームのダイナミクス

回ったときに B が戦略1を採る確率を $y(t)$, 時刻 t にプレーヤー A が戦略1を採る確率についてプレーヤー B が持つ認知を $x_b(t)$, プレーヤー B が自分の手番で戦略1を採る確率についてプレーヤー A が持つ認知を $y_a(t)$ とする. また, $rb/2<c$ と仮定する.

各プレーヤーが仮想プレーアルゴリズムを用いているとすると,

$$E[\Delta x_b] = (x-x_b)/分母$$
$$E[\Delta y_a] = x(y-y_a)/分母$$

となる. プレーヤー A が y_a を更新できるのは B に手番が回った場合だけで, B に手番が回る確率は x なので Δy_a の期待値は x が掛けられた値となる.

今回は最適反応を仮定しているので, $rb/2<c$ のときには B は手番が回った時に常に戦略2を採る. したがって y は常に0である. A については, $\lambda = rb/(rb/2+c)$ とすると, $y_a<\lambda$ のときに最適反応は戦略1なので $x=1$ である. また, $y_a>\lambda$ のときは最適反応は戦略2なので $x=0$ である.

これより,

1) $y_a<\lambda$ のとき

$$E[\Delta x_b] = (1-x_b)/分母 > 0$$
$$E[\Delta y_a] = -y_a/分母 < 0$$

2) $y_a>\lambda$ のとき

$$E[\Delta x_b] = -x_b/分母 < 0$$
$$E[\Delta y_a] = x(y-y_a)/分母 = 0$$

となるので, x_b を横軸, y_a を縦軸にとった状態平面上でのベクトル図は 図5.11 のようになる.

これより認知レベルのダイナミクスでは $(x_b, y_a)=(1, 0)$ が漸近安定, $x_b=0$, $y_a>\lambda$ を満たす定常点群がリャプノフ安定となることが分かる. 前者は $y_a=0$ なので行動レベルでは $x=1$, つまり A チェーンが常に出店して B チェーンが対抗措置を採らない状態で, 試行錯誤ダイナミクスの第一均衡に相当する. これがやはり漸近安定となっている. 後者は $y_a>\lambda$ なので行動レベ

5.5 まとめと分析例

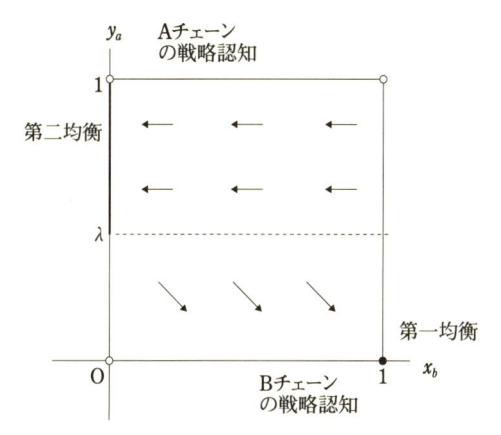

図5.11 新規参入ゲームの最適反応ダイナミクス

ルでは $x=0$，つまり B チェーンが高い確率で対抗措置を採ると思っているために，A チェーンが出店をしない状態で，第二均衡に相当する．こちらがやはりリャプノフ安定になっている．

第二均衡では，A チェーンが出店すると B チェーンは実は対抗措置を採らないのであるが，A の y_a 認知がかなり高いと，y_a が多少減少してもやはり $y_a > \lambda$ が成立する可能性がある．このときは，A チェーンは「今回はたまたま B が見逃してくれたが，次はそうはいくまい．調子の乗るのはやめておこう」などと考えて次回以降の出店は差し控えることになる．このようなメカニズムで第二均衡は不安定とはならず，リャプノフ安定になると考えられる．A が新興だがまだ自信のない小国家，B が衰退しつつあるがまだ強大な覇権国家の場合などにも成立しそうな均衡である．

5.5.10 試行錯誤と最適反応の対戦

最後に，A と B の一方が試行錯誤アルゴリズム，他方が最適反応アルゴリズムを採る場合を考えておこう．

まず，A が試行錯誤アルゴリズム，B が最適反応アルゴリズムを採る場合を考える．この場合のダイナミクス方程式は

$$E[\Delta x] = x(1-x)(-(rb/2+c)y+rb)/\text{分母}$$
$$E[\Delta x_b] = (x-x_b)/\text{分母}$$

第5章 非対称ゲームのダイナミクス

であるが，B は最適反応をとるので y は常に 0 である．したがって，状態空間の内部では

$$E[\Delta x] = rbx(1-x)/分母 > 0$$

である．また，

$$x_b > x \text{ のときは } E[\Delta x_b] < 0$$
$$x_b < x \text{ のときは } E[\Delta x_b] > 0$$

であることもわかる．

これより，横軸を x，縦軸を x_b としたベクトル図は図5.12となり $(x, x_b) = (1, 1)$ が唯一の漸近安定状態となることがわかる．これは A が常に出店し，B が対抗措置を採らない状態なので第一均衡に相当する．興味深いことに，この場合 A が出店を差し控える第二均衡に相当する状態は安定とはならない．

これは，A が試行錯誤で出店をする度に B が最適反応をして無抵抗なため，A の出店確率が単調に増加しいくからである．したがって，ダイナミクスは常に第一均衡に到達することになる．第一均衡は A が抵抗なく出店できる A に有利な均衡であり，第二均衡は A が出店を断念する B に有利な均衡だが，A が試行錯誤で B が最適反応のときには A に有利な均衡のみが実現することがわかる．

次に，A が最適反応アルゴリズム，B が試行錯誤アルゴリズムを採る場合

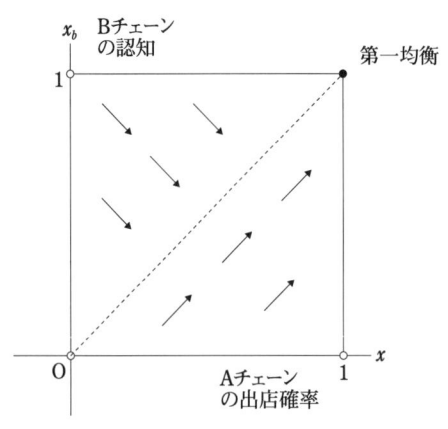

図5.12 Aが試行錯誤,Bが最適反応のときのダイナミクス

5.5 まとめと分析例

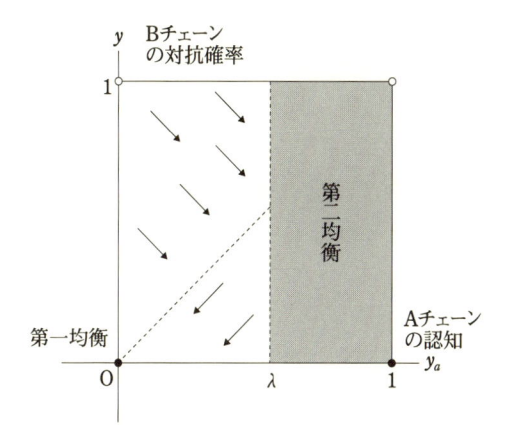

図5.13 Aが最適反応,Bが試行錯誤のときのダイナミクス

（図中ラベル：y Bチェーンの対抗確率、第一均衡、第二均衡、Aチェーンの認知、y_a、λ）

を考える．この場合のダイナミクス方程式は

$$E[\Delta y] = xy(1-y)(rb/2-c)/分母$$
$$E[\Delta y_a] = x(y-y_a)/分母$$

となる．

$y_a < \lambda$ のときは $x=1$，$y_a > \lambda$ のときは $x=0$ なので状態空間の内部では

1) $y_a < \lambda$ のとき

$$E[\Delta y] = y(1-y)(rb/2-c)/分母 < 0$$
$$E[\Delta y_a] = (y-y_a)/分母$$

2) $y_a > \lambda$ のとき

$$E[\Delta y] = 0$$
$$E[\Delta y_a] = 0$$

となる．

これより，横軸を y_a，縦軸を y としたベクトル図は図5.13となる．$y_a > \lambda$ の領域では y と y_a はどちらも変化しないので，この領域の状態はすべて定常である．また，定常点から少しずれてもそのまま変化は生じないため，状態は元に戻ることも離れていくこともない．したがって，これらの定常点はリャプノフ安定である．

第5章 非対称ゲームのダイナミクス

$y_a < \lambda$ の領域では,上の方ではリャプノフ安定領域に向かうダイナミクスが存在し,下の方では $(y_a, y) = (0, 0)$ の漸近安定状態に収束するダイナミクスが存在する.

漸近安定状態 $(0, 0)$ では $y_a = 0$ のため $x = 1$ となる.したがってこの状態は「A が出店,B が非抵抗」の第一均衡に相当する状態である.ベクトル図の右側のリャプノフ安定の領域は $y_a > \lambda$ なので $x = 0$,すなわち「A が非出店で B がある程度抵抗する確率をもつ」第二均衡に相当する状態である.

第二均衡は A が不利な均衡だが,A が最適反応,B が試行錯誤をするときには,A に不利な均衡が実現しやすくなっている.第4章の最後で検討した怪我のコストの大きいタカハトゲームの場合と同様に,新規参入ゲームでも最適反応の側が不利になりやすいといえる.この種のせめぎあいのあるゲームでは,「物分りの良い」アルゴリズムは,そうではないアルゴリズムよりも不利になりやすいようである.

# 第6章　進化ゲーム理論のフロンティア

　ここまでの章で動学の基礎から，各種の学習ダイナミクスのモデルまでみてきたが，ゲーム理論を動学化することで様々な興味深い分析が可能となることが明らかとなった．

　この章では筆者の問題関心を中心に，今後の課題をいくつか紹介することで，進化ゲーム理論の発展の可能性を考えてみたい．

6.1　展開形ゲームと繰り返しゲーム

　標準形のゲームに比べて，展開形ゲームの動学化は立ち遅れている．これは特に，ゲームのステップ数が増えると展開形ゲーム固有の問題がいろいろ発生してくるためである．ここでは展開形の動学化にまつわる困難とその解決策について考えてみよう．

6.1.1　長手数ゲームと戦略の爆発

　長手数の展開形ゲームを扱う場合の困難の一つが「戦略の爆発」である．通常のゲーム理論のセッティングで展開形ゲームを扱う場合，ステップが長くなると戦略の数がものすごい勢いで膨張し，すぐに収拾がつかなくなってしまう．

　展開形ゲームでは行動の選択場面のことを **ノード**（節）という．新規参入ゲームの場合では，出店するかしないかや，対抗措置を採るか採らないかを選択する分岐点がノードである．ここで，一つのノードごとに選択肢が二つあるゲームについて考えてみよう．プレーヤーが二人でそれぞれ1回ずつ手番が回って終わるゲームの場合，ゲームの木は図6.1のようになる．プレーヤー1の戦略は第1ノードでAかBかを選ぶだけなので二つである．

第6章　進化ゲーム理論のフロンティア

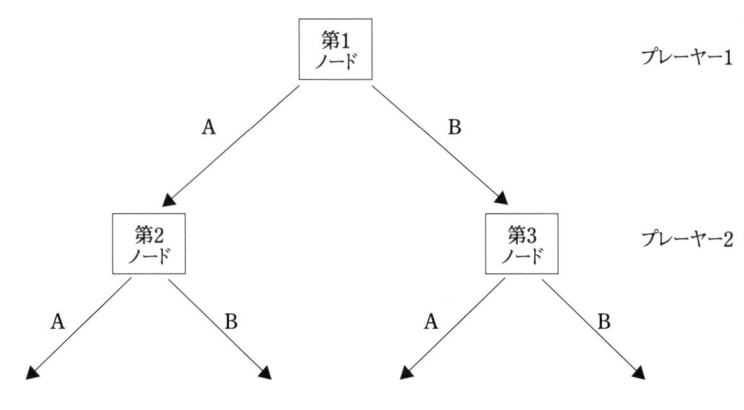

図6.1　手番が1回ずつの展開形ゲーム

では、プレーヤー2の戦略は何個あるのだろうか。選択肢が A, B 二つなので二つのようにも思われるがそうではない。従来のゲーム理論では展開形の戦略を「行動のプラン」と考えるので、それぞれのノードでどの選択肢を採るつもりかを示す一つの「計画表」が一つの戦略となる。プレーヤー2は、第2ノードと第3ノードの二ヶ所のノードで意思決定するので、選択肢の選び方は

(第2, 第3) = (A, A), (A, B), (B, A), (B, B)

の四通りとなる。したがって、プレーヤー2の戦略は四つである。

次に、それぞれのプレーヤーに2回ずつ手番が回って終了するゲームを考えてみよう。この場合のゲームの木は図6.2のようになる。プレーヤー1は第1ノードと、第4、第5、第6、第7ノードの計五つのノードで A か B かをそれぞれ選択することになる。五つのノードにおける選択肢の選び方は (A, A, A, A, A) から (B, B, B, B, B) まで

2の5乗＝32通り

なので、プレーヤー1の戦略は32戦略である。一方、プレーヤー2の場合は、第2、第3ノードと第8～第15ノードの計10個のノードでAかBかを選択することになるので、戦略の数は

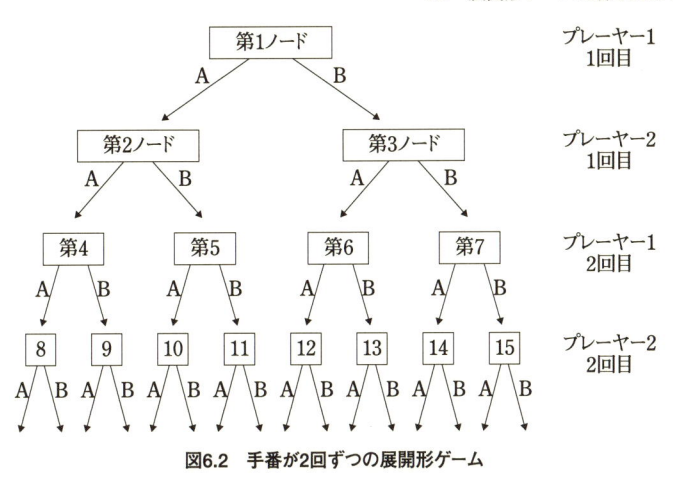

6.1 展開形ゲームと繰り返しゲーム

```
                        第1ノード                    プレーヤー1
                      A ↙     ↘ B                    1回目

              第2ノード           第3ノード           プレーヤー2
            A ↙   ↘ B          A ↙   ↘ B            1回目

         第4    第5          第6    第7              プレーヤー1
        A↙↘B  A↙↘B        A↙↘B  A↙↘B              2回目

        8  9  10 11        12 13  14 15             プレーヤー2
       A↙↘B A↙↘B A↙↘B A↙↘B A↙↘B A↙↘B A↙↘B A↙↘B     2回目
```

図6.2 手番が2回ずつの展開形ゲーム

$$2\text{の}10\text{乗}=1024\text{戦略}$$

となる．

同様に3回ずつ手番が回って終わるゲームでは，プレーヤー1の戦略数は

$$2\text{の}21\text{乗}=\text{約}200\text{万戦略}$$

となり，プレーヤー2の戦略数は

$$2\text{の}42\text{乗}=\text{約}4\text{兆戦略}$$

となる．

一般に n 回ずつ手番が回って終わるゲームでは，プレーヤー1のノード数が

$$1+2^2+2^4+\cdots+2^{(2n-2)}=(4^n-1)/3\text{個}$$

なので，戦略の数は

$$2^{(4^n-1)/3}\text{個}$$

となる．プレーヤー2の戦略数も同様に考えると

第6章 進化ゲーム理論のフロンティア

$2^{2(4^n-1)/3}$個

となる．

このように展開形ゲームでは，ステップ数の指数関数のさらに指数関数のオーダーで戦略数が増えていくため，わずか3回手番が回るだけで全く収拾のつかない戦略数となってしまう．これが**戦略の爆発**である．

静学分析では，これらの戦略を組み合わせてナッシュ均衡を求めることになるが，すべての戦略を検討することは事実上不可能であるため，短いステップのゲームに限って検討をするか，後ろ向き推論法による可能性の絞込みを行なうことが一般的である．

ただ第5章5節で調べたように，後ろ向き推論法は漸近安定状態を見つける上では威力を発揮するが，リャプノフ安定を見落とすなど可能性を絞り込みすぎる場合もある．分析の精度を上げるには動学分析が必要になるが，この場合も戦略の爆発は大きな障害となる．ダイナミクスを記述するために，極めて多数の方程式が必要となるためである．では一体どうすればよいのか，というのがここでの課題となる．

6.1.2 長手数ゲームの動学分析

長手数ゲームを動学分析する方法を考えてみよう．以下では，ステップ数が5〜6以上のゲームを長手数ゲームと考える．プレーヤーが事前にシグナルを交換してからゲームに入ったり，何らかの交渉を行なったり，意地を張り合ったりする状況は一般に長手数ゲームとなる．

同じメンバーで何回か繰り返して長手数ゲームを行なう場合を考える．定例の会議や賃上げの交渉，あるいはデートなどが，定期的，半定期的に行なわれる場合に該当する状況だが，このような場合，プレーヤーは過去の経験から自らの行動を修正することが可能になる．

行動修正のアルゴリズムとしては，試行錯誤や最適反応が考えられるが，ここではまず試行錯誤の場合を考えよう．第4章，第5章のセッティングで試行錯誤ダイナミクスを考えるとすると，各戦略ごとに採用の傾向性や採用確率の変化を考える必要がある．しかし，前節で述べたように展開形ゲームにおける＜戦略＞は「各ノードにおける行動のプラン」で，長手数のゲームでは数兆個や数京個という半端ではない数の戦略が存在する．これらの戦略についてダ

イナミクス方程式を書き下して分析することは事実上不可能である．

しかし考えてみれば，現実の交渉やデートの場面でプレーヤーが数兆，数京の戦略の採用傾向や採用確率を一々変化させていると考えることは現実的ではない．現実のプレーヤーは交渉を何回も経験したり，デートを何回も経験する中で，もっと異なる方法で自らの行動を変化させているのではないであろうか．そうであれば，その方法をモデル化することでもっと現実的で扱いやすい動学分析の方法を開発できる可能性がある．

現実のプレーヤーが現実の場面でどのように学習を行なっているかは実証研究で明らかにする必要がある．そのような情報はにわかには得られないので，ここでは若干の思考実験を試みることにしよう．

我々が過去の経験を振り返るときに「あそこで，ああしたのはまずかった」とか，「あのとき，ああしていればよかったのに」とか思うことがある．これらは，行動プラン全体に対する評価というよりも，個々の場面における個別の選択肢に対する評価といった方が適切である．個々の場面は展開形ゲームの個々のノードに相当するので，我々は各ノードにおける各選択肢に対して，ネガやポジの評価を与えていると考えることができる．

そうであるならば，例えば試行錯誤によってこの評価を増減させるモデルを考えることができる．交渉やデートを1回行うごとにその結果を評価し，結果が良いときにはそこで用いた選択肢の評価を上げ，結果が悪いときには評価を下げると想定すればよいのである．

このように考えれば，各ノードごとに選択肢の採用確率の変化を示す方程式を立てればゲーム全体のダイナミクスを表現することができる．ノードごとに選択肢が二つある場合は方程式の数はノードの数と一致する．ノードの数はステップ数の指数関数のオーダーで増えるので，ステップ数が増えると複雑になるが，それでも数兆個の戦略の数だけ方程式を立てる方法よりはずっと現実的な分析方法になるであろう．

ところで展開形ゲームでは，あるプレーでは手番が回ってこないノードが存在することが多い．たとえば図6.2のゲームで，両プレーヤーが $A \to B \to A \to B$ と行動を選択したとすると，第1，第2，第5，第10以外の10個のノードには手番が回ってこない．このように，手番の回らないノードのことを**オフパス**のノードというが，オフパスのノードの扱いも展開形ゲームでは大きな問題点となる．例えば，新規参入ゲームで A チェーンが「参入しない」を選ぶ

とBチェーンの意思決定がオフパスになるが，このオフパスに手番が回ったときにBチェーンがどうするかが，このゲームの分析の大きな焦点になっていたのである．

今考えている試行錯誤モデルの場合，もっとも簡単な仮定は，オフパスの選択肢の評価は「変化しない」とすることである．しかし，実際には忘却によって評価が失われていく可能性もある．その場合，選択肢の評価が白紙に戻るのかそれとも，ある傾向性をもった状態に収束していくのか．いずれの可能性も考えられるので実証研究による知見が不可欠であるが，長手数ゲームの場合，大半のノードがオフパスとなるのでこの問題は特に重要となる．

このように幾つかの留保がつくが，

- 各ノードにおける行動選択がゲームの結果によって一様に，または重みをつけて強化される
- オフパスのノードにおける傾向性は変化しない，または一様に忘却する

という仮定を置くことで，試行錯誤ダイナミクスによる動学分析が可能になると考えられる．

6.1.3　模倣ダイナミクスと最適反応ダイナミクス

試行錯誤の場合を考えてみたが，次に模倣ダイナミクスについて考えてみよう．模倣モデルではプレーヤーは他者の行動と利得を観察して，結果の良かったプレーヤーの行動を真似ることになる．しかし，ここには二つの問題が存在する．

一つは，他のプレーヤーの行動がどの程度観察可能か，という問題である．羽振りの良いプレーヤーの行動が逐一観察可能な場合もあるであろうが，断片的にしか分からない場合も多いだろう．後者の場合には，この断片的な行動が模倣されることになる．著名人のしぐさや服装を真似することはありそうなことで，それはそれで興味深いが，長手数ゲームの分析という目的からは離れることになる．

もう一つは，オフパスにおける行動は模倣可能かという問題である．たとえば羽振りの良いプレーヤーの行動を逐一観察して，それを真似しようとしたとする．しかし展開形ゲームの場合，相手の出方によっては，自分の観察したゲ

ームと同じ展開になるとは限らない．将棋の名人の指し方を研究して真似しようとしても，名人の将棋から局面が離れるとそれ以上の模倣はできなくなってしまう．名人の将棋では現れなかった局面での名人の指し手を真似ることが「オフパスにおける行動の模倣」で，これは文字通りの意味では不可能である．

ここで，可能な方法としては「名人だったらこの局面でどうするだろう」と考えて指し手を選ぶことが考えられる．これは名人の行動アルゴリズムを推定してそれを模倣する方略と解釈できる．このような方略が採れる場合にはオフパスにおける行動もある程度模倣が可能になる．

このように，長手数ゲームにおいて模倣が行なわれる場合には，羽振りの良いプレーヤーの行動アルゴリズムを推定してそれを模倣する，というステップが踏まれると考えられる．「行動アルゴリズムの推定」という要素が通常のゲーム理論には含まれない要素で，最も単純には行動アルゴリズムは常に正確に推定可能という仮定をおいてモデル構築をすることはできるが，実際には誤解や単純化がその段階で生じる可能性の方が高い．実際には他者の行動アルゴリズムの推定はどのように行なわれるのか，どのようなアルゴリズムが模倣されやすいのか，などを実証的に調べることが模倣ダイナミクスモデルを構築する上での課題となる．

次に最適反応ダイナミクスについて考えてみよう．この場合，他者の戦略や戦略分布に最適反応することが想定されるため，戦略の推定可能性という問題がある点は模倣ダイナミクスと共通している．特にオフパスにおける行動をどう推定して最適反応するのか，という点については実証的な研究から妥当な仮定を考案する必要がある．

模倣ダイナミクスと異なる点は，入手できる情報の密度である．模倣ダイナミクスではプレーヤーが戦略の見直しを行なうときだけ，他者の戦略を観察することが想定されるが，特に非集団型の最適反応では，対戦相手の行動を常に観察して対戦相手の戦略についての認知を更新することが想定される．したがって，たとえば相手プレーヤーが時刻 t に第 i ノードで j 番目の選択を採る傾向性についての認知 $P_{ij}(t)$ を

$$P_{ij}(t+1) = (1-\phi)P_{ij}(t) + \delta_{ij}(t)$$

という形で更新していくモデルを立てることができる（$\delta_{ij}(t)$ は時刻 t に第 i ノードで選択肢 j が採られたときに 1，採られなかったときに 0 となる量）．この認知に対

して最適反応すればよいのである．

このタイプのモデルに，適切なオフパスの仮定を加えることができるならば，戦略の爆発問題を回避しつつ現実的な最適反応ダイナミクスモデルを立てることができるであろう．

以上のように，長手数ゲームの動学分析の方法としては，集団型，非集団型の試行錯誤ダイナミクスを仮定する方法と非集団型の最適反応ダイナミクスを仮定する方法が有望と考えられる．それぞれ，実証的な研究による補強が必要であるが，これらのモデルの整備によって現実的な状況のゲーム理論的分析がさらに進むと期待できる．

6.1.4 「繰り返しゲーム」の動学分析

長手数の展開形ゲームに関連して，繰り返しゲームの動学分析についても考察しておこう．同じゲームが有限回あるいは無限回繰り返してプレーされる状況があるとする．この状況は分析する側のスタンスや，プレーヤーがそこで用いるアルゴリズムによって，次の方法で分析することができる．

- 長手数の展開形ゲームとして分析する
- ゲームの繰り返しとして分析する
- 繰り返しゲームとして分析する

まず，同じゲームが繰り返される場合であってもゲームの木を書くことで展開形ゲームとして分析することができる．しかし，このタイプのゲームは通常の展開形ゲームとは異なる特性も持っている．

一般の展開形ゲームでは，ゲームの結果や利得は最後までゲームをプレーしなければわからない．例えば，どちらも意地を張り合う持久戦のゲームではゲームから降りたほうの利得が大幅に低くなるが，どちらが降りるかはゲームが終了するまで分からない（というよりも，どちらかが降りた時点でゲームが終了する）．これに対し，ゲームが繰り返される場合は毎回毎回のゲームの結果や利得をプレーヤーは知る事ができる．この場合の最終利得は個々の利得の合計であるから，プレーヤーは途中経過からある程度最終的な利得を知る事ができるのである．持久戦でも刻々とコストがかさんでいくことをプレーヤーは知る事ができるが，最後に一発逆転があるので最終的な利得はゲームが終わって見なければ

6.1 展開形ゲームと繰り返しゲーム

分からない．

静学モデルの場合はこの違いはほとんど問題とはならないが，動学モデルを考えるときには意味を持つ．刻々と利得の途中経過が分かる場合には，プレーヤーは途中経過の利得に依存して戦略を修正することができる．非集団型の試行錯誤ダイナミクスや最適反応ダイナミクスはこのような状況をモデル化したものであった．これが「ゲームの繰り返し」としての分析である．

これに対し，通常の展開形ゲームでは途中で利得を知ることはできない．そのため，戦略の修正もゲームが終わるまでは出来ないので，前節で述べたようなセッティングのモデルが必要となったのであった．つまり，動学分析という点では「繰り返しのあるゲーム」の方が容易で，「展開形ゲーム」では一工夫が必要だといえる．

では，同じ状況を「繰り返しゲーム」として分析する場合はどうであろうか．「繰り返しゲーム」の場合は，ゲームを何回か繰り返した一まとまりを一回のゲームと考えて分析することになる．「ゲームの繰り返し」と「繰り返しゲーム」とでは何がどう違うのかやや分かりにくいので，繰り返し囚人のジレンマゲームを例に説明しておこう．

例えば，表6.1の囚人のジレンマゲームを考える．

このゲームは唯一のナッシュ均衡 (D, D) を持ち，これが strict ナッシュ均衡になっているが，strict ナッシュ均衡のときの利得は (C, C) のときの利得にパレート支配されるという特徴を持っている．

この囚人のジレンマゲームを同じメンバーで複数回プレーする場合を考える．この状況を非集団型試行錯誤ダイナミクスや非集団型最適反応ダイナミクスと考えて分析することができるが，その場合 (D, D) が唯一の strict ナッシュ均衡なので，両者ともDを採る状態が唯一の漸近安定となる．これがこの状況を「ゲームの繰り返し」と考えて動学分析した結果である

一方，この状況を「繰り返しゲーム」だと考えると＜戦略＞の概念が変わっ

表6.1 囚人のジレンマゲーム

自分＼相手	C	D
C	3, 3	0, 5
D	5, 0	1, 1

てくる．「常にCを出す戦略」であるとか「確率2/3でDを出す戦略」の他に「最初はCを出し，次からは前回の相手の手と同じ手を出す戦略」「相手がCを出すとCを出す確率を増し，Dを出すとDを出す確率を増す戦略」といった多様な戦略が可能になる．これらの戦略はスーパー戦略と呼ばれることもあるが，場面場面における行動のプランである点で長手数の展開形ゲームにおける戦略に相当する概念でもある．このスーパー戦略のレベルで戦略を考えるときには，個々のゲームにおけるCやDの選択は「戦略」ではなく「C行動」や「D行動」と呼ばれることが多い．

このように，「ゲームの繰り返し」と「繰り返しゲーム」では戦略の概念が異なっている．そのため，＜戦略の修正＞が生じるタイミングも両者では異なる．前者では，個々のゲームが終了した時点で戦略の修正が生じうるが，後者では複数回のゲームが終了した時点で始めて戦略の修正が生じることになる．したがって，繰り返しゲームの動学分析が可能になるのは，「繰り返しゲームの繰り返し」が存在する場合に限られることになる．

6.1.5 アクセルロッドシミュレーションと集団型ダイナミクス

「繰り返しゲームの繰り返し」を想定した動学分析として最も有名なものはアクセルロッドによるシミュレーションであろう（Axelrod 1984）．アクセルロッドは1979年と1980年に，繰り返し囚人のジレンマゲームのスーパー戦略を世界各国の専門家から募集し，総当りによる対戦を行なった．1回目の大会では16戦略，2回目の大会では64戦略が参加し，しっぺ返し戦略（最初にCを採り，次からは前回の相手の手をまねる戦略）が大会二連覇を遂げたことは良く知られているが，しかしこちらの方は動学分析ではない．単に総当り戦の合計利得が高かった，というだけの話である．

もう一つの生態学的シミュレーションと呼ばれている方が，繰り返しゲームの動学分析に相当する．これは，大会に参加した戦略の集団をつくってランダムマッチングで対戦させて利得を計算する方式を採っている．ひとしきり対戦がすむと世代交代が起こり，各戦略は利得に比例した数の子孫を残して集団から退場する．この手続きを繰り返して戦略のシェアの変化を調べた結果，やはりしっぺ返し戦略が最大のシェアを占めるようになった，というのが生態学的シミュレーションの概要である．

これは集団中の戦略シェアの変化を扱っているので，集団型の動学分析であ

るが、具体的にはどのようなマイクロプロセスが想定されているのであろうか。世代交代というアイディアと、利得に比例した子供の数という想定から、第一義的にはレプリケーターダイナミクスが想定されていることがわかる。レプリケーターダイナミクスでは、戦略の親から子への継承が想定されるが、もし繰り返しゲームのスーパー戦略が実際に親から子に継承されているならば、現実の繰り返しゲームについてもレプリケーターダイナミクスを用いた動学分析が可能と考えられる。

ここで問題となるのはスーパー戦略の継承が実際に起こるのかどうか、起こるとすればどのようなスーパー戦略であるのか、という点である。これらは実際に調べてみないと分からない事柄であるが、余り複雑なスーパー戦略は継承されにくいという可能性は考えられる。そうであれば、モデルに用いる戦略を継承可能なスーパー戦略に限ることによって、戦略の爆発という問題を回避できるかもしれない。

アクセルロッド自身は、生態学的シミュレーションを模倣ダイナミクスとして解釈していた節もある。模倣ダイナミクスであれば、戦略の親子継承が起こらない場合でも駆動するし、短いタイムスケールでも生じうるので、社会科学的な現象のモデル化としても都合が良い。

模倣ダイナミクスの場合は戦略の観察可能性や戦略の認識可能性が戦略集合を考えるときの制約条件になる。この場合も、複雑なスーパー戦略は観察可能性が低いので模倣の対象にはならないかもしれない。場合によってはしっぺ返し戦略のように簡単なスーパー戦略でも、常にCを採る戦略と誤解されて模倣されるかもしれない。どのようなスーパー戦略なら観察可能で模倣可能か、という問題も実証研究の対象であるが、ほとんどの場合スーパー戦略はより単純化されて模倣されてしまい、最終的には純粋戦略に還元されてしまう可能性も考えられる。

6.1.6 繰り返しゲームの非集団型学習モデル

アクセルロッドのシミュレーションは集団中のダイナミクスを想定したものであったが、非集団モデルによる動学分析はできないであろうか。

例えば、繰り返しゲームの非集団型試行錯誤ダイナミクスが起こるとすると次のような場合が考えられる。プレーヤーはある単位ゲーム（例えば囚人のジレンマゲーム）を繰り返してプレーしている。ここで、プレーヤーはある方針（＝

第6章 進化ゲーム理論のフロンティア

スーパー戦略）を持ってプレーに臨んでいる．この方針は，しばらくはずっとCを出してみようであるとか，CとDを交互に出してみよう，とかいうものであるかもしれない．筆者がゼミでゲームの実習を行なったときに，何人かの学生は，そのような方針でゲームに臨んだと後で報告してくれた．

ひとしきりプレーを繰り返した後で，プレーヤーは結果の良し悪しを評価する．その間に獲得した利得を大まかに合計して，十分な利得であればその方針を続けるし，そうでなければ他の方針に切り替えて試してみる．以下，このプロセスを繰り返すならば，試行錯誤ダイナミクスが生じると考えられる．

ここで問題になるのは，どのような＜方針＞がプレーヤーの頭に浮かぶのだろうか，ということである．頭に浮かばない方針が無意識に試されることもあるかもしれないが，頭に浮かぶ方針の方が優先的に試行錯誤の対象になるだろう．これは，無限に広がるスーパー戦略の戦略空間をプレーヤーがどのように認識しているのか，という問題でもある．戦略空間をいくつかの領域に分節化して認識しているのかもしれないし，いくつかの戦略を突出して認識して，他の戦略は意識下に沈んでいるのかもしれない．いずれにせよ，この戦略認識のパターンの上で採用傾向の変化や，採用確率の増減が生じると考えるモデルを立てることができるであろう．

方針の見直しが，どのようなタイミングで起こるのか，ということも興味深い問題である．一回の繰り返しゲームが終了して次のゲームが始まる前，という可能性もあるが，そうではない可能性も考えられる．現実には明確なゲームの終わりはない場合も多くて，特定の相手との相互作用がずっと続くこともある．そのような場合でも，一ヶ月とか半年とか一年とかいう単位で，それまでの結果を振り返って方針の見直しが行なわれることもあるであろう．もちろん，実際にどのように見直しが行われているかを知るには実証的な研究が必要である．

同様の発想で最適反応ダイナミクスモデルを立てるとすると次のようになるであろう．プレーヤーは単位ゲームを繰り返す中で，相手プレーヤーの＜方針＞を推定する．プレーヤーは相手の方針の推測に対して，最適な方針を採用する．相手の行動についての情報が更新されると，相手の方針についての推測も更新されるが，それにつれて自分の方針も変更する．

この場合，同じ行動をもたらす＜方針＞は一般に無数に考えられるので，相手の行動からどのように方針を推定するのか，という点が大きな問題となる．

日常生活でも，普段相互作用する相手を「こういう人だ」とか「こんな性格だ」とかいった形で行動パターンの推定は行なわれているので，この点について何らかのアルゴリズムが流布していることは確かであろう．

いずれにせよ，人間は論理的には無数に考えられる戦略を，手に負える数の戦略に変換，あるいはピックアップして日々の行動を行なっていると考えられる．どのような戦略の認知が行なわれ，どのように戦略の修正が行なわれているかを実証的に知ることが，今後妥当性の高い動学モデルを構築していく上で必須の課題となるであろう．

6.2　協力の進化

協力は多義的な言葉であるが，ここでは主にプレーヤー間の助け合いの意味で用いる．助け合いは二者間で行なわれることもあれば，複数プレーヤー間で行なわれることもある．また，他者に悪い影響を与える行為の自粛なども広い意味の協力と考えられる．こうした広い意味の協力の進化は，社会における規範の生成や，社会秩序の形成にもかかわる古典的な課題であるが，一方でその研究に新しいタイプの動学モデルの開発を必要とする，先端的な課題でもある．

6.2.1　協力と囚人のジレンマ

ここでは協力を「助け合い」の意味で用いるが，これはさらに「助け」と「合い」に分解して考えることができる．

助けるという行動（援助行動）は，一般に他者の利得を高める行動であるが，助ける側には何らかのコストがかかるのが通常である．従って，援助行動は「自らの利得を減らして，他者の利得を高める行動」と定義することができる．これが「助け」の方であるが，「合い」の方はこの援助行動をお互いに行うことを意味している．つまり，協力（助け合い）とは，お互いに援助行動を取り合って，お互いの利得を高めることだと考えることができる．

このように考えると，協力という現象をゲーム理論的に定式化することができるようになる．プレーヤーの戦略は援助行動をするかしないかである．プレーヤーを二人，援助行動のコストを c，援助行動が相手にもたらす利得の増加を b として利得表を書くと，**表6.2**となる．

ここで $b > c$ とすると，お互いに援助しあう状態の利得が，お互いに援助し

第6章 進化ゲーム理論のフロンティア

表6.2 助け合いゲームの利得表

自分＼相手	援助する	援助しない
援助する	$b-c,\ b-c$	$-c,\ b$
援助しない	$b,\ -c$	$0,\ 0$

ない状態の利得よりも，両方のプレーヤーにとって高くなる（パレート優越する）．この状態が協力が成立している状態だと考えることができる．

　$b>c$ のときは，協力のコストよりも相手に与える利益の方が大きいが，この場合，助け合いゲームの利得構造は囚人のジレンマゲームの利得構造と同じになる．つまり，相互援助の場合が相互非援助の場合にパレート優越するにもかかわらず，相互非援助が唯一の strict ナッシュ均衡となっているのである．

　囚人のジレンマゲームでは慣例として，両者が採りあったときに strict ナッシュ均衡となる戦略をD戦略（非協力戦略），両者が採りあった時に strict ナッシュ均衡にパレート優越する戦略をC戦略（協力戦略）と呼んでいる．この慣例にしたがって，ここでも助け合いゲームの援助戦略をC戦略，非援助戦略をD戦略と呼ぶことにしよう．

　前節で見たように，囚人のジレンマゲームでは (D, D) が唯一の strict ナッシュ均衡なので，試行錯誤ダイナミクスや，最適反応ダイナミクスの唯一の漸近安定状態は両者がD戦略を採る場合である．またレプリケーターダイナミクスを考えても，全員がDを採る状態が唯一の漸近安定状態である．にもかかわらずCを採るプレーヤーが存在する状態が安定になる場合があるかどうか，あるとすればどういう場合であるかを探ることが，協力の進化研究の課題となる．

　この問題に対する，古典的な研究が前節で紹介したアクセルロッドシミュレーションである．彼の結論は，繰り返し囚人のジレンマゲームを考えれば，しっぺ返し戦略が集団中で大きなシェアを占めるようになるので，その場合は協力状態が安定的に維持されることになるだろう，というものであった．

　その後の研究で，しっぺ返し戦略はCがDと誤認される可能性のあるノイズがある環境では「裏切りの連鎖」に巻き込まれて得にならない場合があることが明らかとなった．そのような場合には，

t 回目が (C, C) や (D, D) なら $t+1$ 回目に C
t 回目が (C, D) や (D, C) なら $t+1$ 回目に D

を採る**パブロフ戦略**の方が (D, D) からのリカバリーができる分,有利であることが明らかとなっている(Nowak & Sigmund. 1993).

前節で検討したように,繰り返しゲームにおけるスーパー戦略を考えるアプローチは,スーパー戦略が親子間でどの程度継承されるのか,どの程度模倣可能性があるのか,あるいはプレーヤーがどの程度これらの方針を＜思いつく＞ことができるのか,といった点に課題を残している.しかし,二者間の助け合い行動に関しては,この研究の延長上に解答が見つかる可能性は高いと期待できる.

問題は三者以上の場合である.

6.2.2　N 人囚人のジレンマゲーム

N 人 (N は 3 以上の整数) の協力の場面を考えてみよう.自分がコスト c をかけてC行動を採れば,他のメンバーの利得をそれぞれ b ずつ増やすことができるとする.誰もC行動を採らない(全員がD行動を採る)ときの利得は全員 0 である.ここで,全員がC行動をとるときの利得は全員 $(N-1)b-c$ となる.したがって

$$b > c/(N-1)$$

のときには,全員がCを採る状態は全員がDを採る状態にパレート優越することになる.

全員がCを採るのではなく,k 人 ($0<k<N$) がCを採るときは,

Cの利得 $= (k-1)b - c$
Dの利得 $= kb$

となり,k にかかわらず常に

(Cの利得) < (Dの利得)

が成り立つ.これより集団がレプリケーターダイナミクスや学習ダイナミクスにしたがうときにはCのシェアは減少し続ける.

第6章 進化ゲーム理論のフロンティア

また,全員がDの時の利得は0であるが,このうち一人がCを採ったときのCの利得は$-c$で,0よりも小さくなる.したがって,全員がDの状態はstrict ナッシュ均衡で,レプリケーターダイナミクスや学習ダイナミクスの漸近安定状態となる.

このようなゲームがN人囚人のジレンマゲーム(以下NPDと略記する)である.strict ナッシュ均衡がパレート劣位である点が,二者囚人のジレンマゲームと共通しているが,繰り返しゲームを考えても,協力状態が安定になるようなスーパー戦略を発見できないという特徴を持つ.

たとえば,しっぺ返しに類似したスーパー戦略として**条件付応報戦略**という戦略を考えてみよう.これは,自分の周囲のC人数がある程度以上であれば次にC,C人数がある程度未満であれば次にDをとる戦略で,最初の1回はCをとると仮定する.

この「ある程度のC人数」を協力の閾値というが,条件付応報戦略はさらに協力の閾値が$N-1$の場合と,$N-1$未満の場合に分類することができる.まず,協力の閾値が$N-1$の場合を考えよう.この戦略が集団全体を占めているところに,常にDを採る戦略(全面非協力戦略)が一人侵入したとする.ここでゲームをT回($T\geq 2$)繰り返すものとすると,最初の1回は応報戦略がC,全面非協力がDなので,利得はそれぞれ$(N-2)b-c$と$(N-1)b$である.2回目以降は応報戦略もDをとるので全員の利得が0となる.これより,T回終了時の利得は

$$(応報戦略の利得) = (N-2)b-c$$
$$(全面非協力の利得) = (N-1)b$$

となる.したがって(応報戦略の利得)<(全面非協力の利得)なので,レプリケーターダイナミクスや模倣ダイナミクスを考えると応報戦略の集団に全面非協力戦略は侵入可能である.試行錯誤や最適反応ダイナミクスでは初期状態で応報戦略のみの状態は安定となるが,初期状態で全面非協力が一人でもいるとやはり全面非協力が増加してしまう.

次に,協力の閾値が$N-1$未満の条件付応報戦略を考えよう.この戦略が集団全体を占める所に全面非協力が一人侵入した場合を考える.このとき,最初の1回は応報戦略がCで全面非協力がDなので,利得はそれぞれ$(N-2)b-c$と$(N-1)b$である.今度は協力の閾値は$N-1$より小さいので,D

が一人は許容範囲である．したがって，2回目以降も応報戦略はCを採り続けるため，利得も応報戦略が $(N-2)b-c$ で全面非協力が $(N-1)b$ であり続ける．これより，T 回終了時の利得は

(応報戦略の利得)　＝ $T((N-2)b-c)$
(全面非協力の利得) ＝ $T(N-1)b$

となる．やはり（応報戦略の利得）＜（全面非協力の利得）なので，レプリケーターダイナミクスや模倣ダイナミクスを考えると応報戦略の集団に全面非協力戦略は侵入可能である．

応報戦略はしっぺ返し戦略の N 人版なので，有力な戦略のはずであるが全面非協力の侵入を阻止できない．他のスーパー戦略を考えても，全面非協力の侵入を阻止できる戦略を見つけることは容易ではない（読者も試して見て欲しい）．このように三人以上の協力問題は二人の協力問題に比べて難易度が一段と高いのである．

6.2.3 実験的研究の知見

三人以上のジレンマについての実証研究によると，人数が増えるほど協力率が下がることが知られている．このタイプの実験的な研究では「資金提供ゲーム」が良く用いられるが，このゲームではプレーヤーに手元の資金（例えば100円）をグループに提供するかしないかを決めてもらう．提供された資金は実験者の手で二倍されてグループのメンバーに均等に分配される．資金を提供しなければ，特に何も起こらない．

元手を100円として，五人でこのゲームをプレーする場合を考えると，全員が100円を提供すると，全員が200円を受け取ることができる．一人が何も提供しないで他の四人が100円を提供すると，非提供者の利益は

100円（元手）＋400円（提供金額）× 2倍 ÷ 5人 ＝ 260円

となる．また，このときの提供者の利益は160円となる．一般に，提供者の人数が k 人のとき

非提供者の利益 ＝ $100 + 40k$
提供者の利益　 ＝ $40k$

となるので，k にかかわらず，(非提供者の利益)＞(提供者の利益)である．しかし，全員が非提供だと全員の利益は100円で，全員が提供の場合の利益より少なくなる．つまり，このゲームはNPDと同じ構造を持っている．

このような，資金提供ゲームは資金を出し合って学校や病院を建設したり，受信料によって公共放送を維持したりする場合のモデルとなっているが，筆者らの実験でも人数が増えるにつれて協力率が低くなっていく．元手を20円とし，人数を変えて5回ずつゲームを繰り返したときの平均協力率は三人のときが46％，五人のときが30％，七人のときが24％で，十人のときはわずか12％に落ち込んでしまった．

このように，人数が増えると協力率は減少していくがそれでも若干のプレーヤーは協力行動を選択している．どのようなプレーヤーが協力を選択するのであろうか．また，協力を促進する条件があるとすると，それはどのような条件なのであろうか．実験的な研究の結果，次のような知見が得られている（Kollock 1998；山岸 2002 など）．すなわち

1) 社会的動機を持つプレーヤーは協力しやすい
2) 事前のコミュニケーションは，協力率を高める
3) 内集団の成員に対する協力率は高い
4) 効力感を高めると協力率が上がる
5) 非協力者を罰する機会があると協力率が上がる

社会的動機は，自分や他者の利得の合計を増やそうとする心理的傾向である．資金提供ゲームでは協力すると資金の合計は増加するので，社会的動機の持ち主が協力を選ぶのは自然なことである．

ゲームの前に被験者同士で話し合いをすると，協力率があがる．この原因としては，話し合うことで他者の協力行動を期待しやすくなる，仲間意識が高まる，といったメカニズムが指摘されている．前者は，他者が協力するなら自分も協力しようとする応報戦略が採用されていることを示唆する．実際，プレーヤーの行動パターンを分析すると，周囲の協力率が高いと次回協力する確率が高く，周囲の協力率が低いと次回の協力確率は低くなることが多い．

仲間意識は内集団ひいきとも関連の深い現象である．プレーヤーをいくつかのグループに分けてからジレンマ実験を行なうと，自分と同じグループに属す

るメンバーに対する協力率が上がる現象がみられる．これが内集団ひいきであるが，グループ間の競争という意識が活性化されると，グループ内での協力が促進されるようである．

協力行動による他者の利得の増加 b を増やして実験を行うと，協力率が増すことも知られている．他者への共感や社会的動機が協力行動の背後にあると考えると，辻褄があう現象である．

非協力者を罰する機会を与えてジレンマ実験を行なうと，多くのプレーヤーは好んで非協力者を罰する．その結果，非協力者が協力に転ずるため協力率が上がる．興味深いのは，罰を与えるのにコストがかかる場合であっても非協力者はかなり高い確率で罰されることである．この実験を行なった研究者は，非協力者に対する「怒り」が原因と推定しているが (Fehr & Gähter 2002)，こうした「怒り」や「共感」や「仲間意識」といった心理的要素が協力という現象の背後で重要な役割を果たしていることが伺える．

6.2.4 感情の学習モデル

このような心理的要素は少なくとも当面は不利な行動をプレーヤーに採ることを指示するものである．ジレンマゲームにおける協力行動は非協力行動よりも利得が低いし，非協力者に罰を与える制裁行動は罰を与えない非制裁行動よりもコストがかかる．では，なぜ人間は「怒り」や「共感」といった感情を持ち，それによって行動を影響されてしまうのであろうか．

詳細なメカニズムは不明な点が多いが，大まかにいってこれらの感情は何らかの遺伝的な基盤の上で何らかの学習が行なわれることで獲得されるというのが真相に近いと思われる．感情に遺伝的な要素があることは，一卵性双生児と二卵性双生児の比較研究から明らかになっているが (安藤 2000)，同時に環境の要因も大きな要素であることが示されている．ここでは感情の学習を仮定するモデルと遺伝的な進化を仮定するモデルの両方を考えて，どのような場合にこれらの感情の獲得が可能となるのかを考察してみることにしよう．

学習のマイクロプロセスについても実証研究が必要であるが，さしあたり普遍性の高いロス・エレブ型の試行錯誤学習を仮定する．学習される感情は「他者に対する共感」と「非協力者に対する怒り」の二つで，プレーヤーが「共感」を持つとジレンマゲームで協力行動を採るようになり，「怒り」を持つと非協力者に対して制裁行動を採るようになると考える．

第6章 進化ゲーム理論のフロンティア

各プレーヤーは N 人の資源提供ゲームを繰り返して行なっている．元手は b 円で資源を提供すると2倍の額が全員に均等に配分される．k 人が提供するときの提供者の利得を $C(k)$，非提供者の利得を $D(k)$ とすると

$$C(k)=2kb/N$$
$$D(k)=2kb/N+b$$

である．

資源提供ゲームのあと，プレーヤーはランダムに一人選んだ他のプレーヤー（たまたま行動を目撃したプレーヤーと考えても良い）に罰を与える機会があると仮定する．罰は与えても与えなくてもよいが，罰を与える場合にはコスト c が必要で，罰を受けたプレーヤーは $2c$ の損失を蒙るものとする．以下，同様に資源提供と罰のフェイズを繰り返すものとする．

以上のセッティングで試行錯誤ダイナミクスが生じると考えると，これは集団型の試行錯誤ダイナミクスとなる．具体的にどのようなダイナミクスとなるのであろうか．i 番目のプレーヤーが共感を持つ確率を x_i，怒りを持つ確率を y_i として考えてみよう．

i 番目のプレーヤーが共感を持つときの利得の期待値を u_{11i}，共感を持たないときの利得の期待値を u_{12i} とすると

$$E[\Delta x_i]=x_i(1-x_i)(u_{11i}-u_{12i})/分母$$

となる．

同じく i 番目のプレーヤーが怒りを持つときの利得の期待値を u_{21i}，怒りを持たないときの利得の期待値を u_{22i} とすると

$$E[\Delta y_i]=y_i(1-y_i)(u_{21i}-u_{22i})/分母$$

となる．

x_i の平均を x，y_i の平均を y とすると，N 人のうち平均して Nx 人が協力行動，$(1-x)N$ 人が非協力行動を採る．非協力行動を採ったときに，その行動を目撃したプレーヤーが怒って罰を与える確率が y なので，罰による損失の期待値は $2cy$ となる．これより，

協力者の利得 $=2Nxb/N$
$$=2xb$$
非協力者の利得 $=2xb+b-2cy$

となるので

$$u_{11i}-u_{12i}=2cy-b$$

である．

一方，非協力者に怒りを持つプレーヤーが非協力行動を目撃する確率は $(1-x)$ で，この確率で罰を与えることになる．怒るプレーヤーは罰を与えるコストの分だけ怒らないプレーヤーよりも利得が下がるので

$$u_{21i}-u_{22i}=-(1-x)c$$

となる．

以上より，集団型試行錯誤ダイナミクスの方程式は

$$E[\varDelta x_i]=x_i(1-x_i)(2cy-b)/\text{分母} \qquad (式6.1)$$
$$E[\varDelta y_i]=-cy_i(1-y_i)(1-x)/\text{分母} \qquad (式6.2)$$

である．

c がある程度大きいと，$b/2c$ は 1 より小さくなるが，この場合について $E[\varDelta x]$，$E[\varDelta y]$ の方向を矢印で示すと図6.3のベクトル図が得られる．

これより，

$x=0$，$y=0$ 　　が　漸近安定
$x=1$，$y>b/2c$ 　　が　リャプノフ安定

であることが分かる．つまり，誰も共感も怒りも持たない状態が漸近安定，平均して $b/2c$ より大きな確率で非協力者に怒りを持ち，誰もが共感を持つ状態がリャプノフ安定であることが明らかとなった．

6.2.5 感情の進化モデル

学習モデルの結果は，ある程度の確率（あるいは割合）で怒りを持つプレーヤーが存在して，誰もが協力行動を採る状態もある程度は安定であることを示し

第6章　進化ゲーム理論のフロンティア

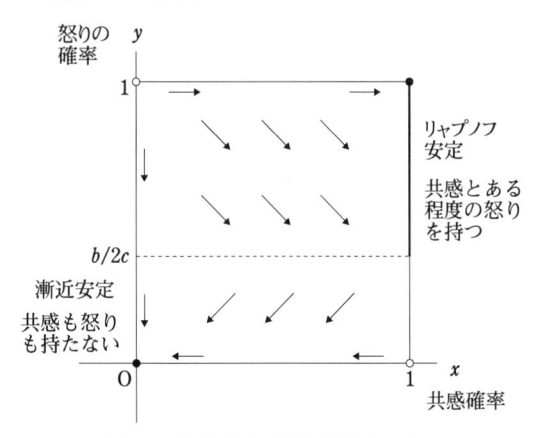

図6.3　共感と怒りの試行錯誤ダイナミクス

ていた．ただし，この状態はリャプノフ安定なので動学安定性は磐石ではない．非協力なプレーヤーが何らかの要因によって何度か現れると怒りを持つ確率が次第に減少し，それが $b/2c$ より少なくなると，今度は共感を持つ確率も減少を始め，結局怒りも共感も存在しない漸近安定状態に遷移することになる．

では次に，共感や怒りに何らかの遺伝的基盤が存在して，生まれつき他者に対する共感や非協力者に対する怒りを持ちやすいプレーヤーとそうではないプレーヤーがいる場合を考えてみよう．具体的には，試行錯誤ダイナミクスで非協力者に対する怒りを持つ初期確率が大きいプレーヤーとそれが小さいプレーヤーがいる場合を考える．

以下では，初期確率が $x_i(0)=0.5$，$y_i(0)=0.9$ のプレーヤーと $x_i(0)=0.5$，$y_i(0)=0.1$ のプレーヤーを考え，前者をAタイプのプレーヤー，後者をBタイプのプレーヤーと呼ぶことにする．AタイプとBタイプが混在する場合，どのようなダイナミクスが生じるのであろうか．

式6.1，6.2で $b=10$，$c=20$（したがって $b/2c=0.25$）として数値的に計算すると，図6.4のようになる．集団中のAタイプの割合が0.2や0.4のときは集団の平均の状態は $(x, y)=(0, 0)$ の漸近安定状態に収束していく．一方，Aタイプの割合が0.6以上のときは，集団全体の状態は $x=0$，$y>0.25$ のリャプノフ安定状態に収束していく．このように，Aタイプの割合によってダイナミクスの行き先が異なり，Aタイプが多いときにはある程度の怒りと共感が見られる状態が実現しやすいことが分かる．

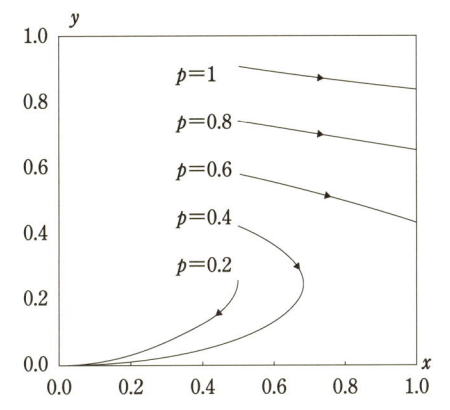

図6.4 怒りやすいプレーヤー（Aタイプ）と怒りにくいプレーヤー（Bタイプ）が混在する場合のダイナミクス．pはAタイプの割合

　図6.4は両タイプを込みにした，集団全体の平均の状態のダイナミクスであるが，Aタイプの平均の状態とBタイプの平均の状態に分けて図示すると図6.5のようになる．図6.5はAタイプが0.6，Bタイプが0.4の割合で含まれるときのダイナミクスだが，Aタイプの平均状態は $(x_a, y_a) = (1, 0.71)$，Bタイプの平均状態は $(x_b, y_b) = (1, 0.03)$ に収束する．集団全体では $(x, y) = (1, 0.44)$ に収束するが $y > 0.25$ なので，この状態はリャプノフ安定である．

　図から，リャプノフ安定状態における怒りを持つ確率はAタイプの方がBタイプよりも大きくなっている．このため，モデル外要因によって非協力行動が発生すると，それに対してAタイプの方がBタイプより高い確率で罰を与えることになる．したがって，非協力行動の発生時にはAタイプの方がより大きな罰のコストを負担するので，両タイプの平均利得を比較すると

　　　（Aタイプの利得）＜（Bタイプの利得）

となると考えられる．

　この利得の違いが両タイプの適応度の違いにつながるとすると，Aタイプの方がBタイプよりも子供の数が少なくなるであろう．A，Bの違いがある程度遺伝的な基盤を持つとすると，このことは将来的にAタイプの集団中のシェアが減少していくことを意味している．つまりAタイプのように怒りを持ちやすい心理的な傾向は，進化しにくいことが分かる．

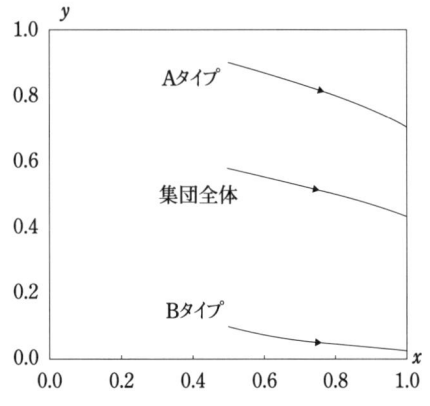

図6.5　両タイプの平均状態の変化．Aタイプが6割のとき

しかし，現実には他者への共感や非協力者への怒りはかなり普遍的に見られる現象である．これらが進化するシナリオを何とか考えることはできないだろうか．

6.2.6　離合集散モデル

ウイルソンやギントゥスといった研究者は，集団が時々離合集散する場合には，協力が進化できると考えている (Wilson 1998; Gintis 2000)．そこで，上のモデルにさらに離合集散の仮定を加えて検討してみよう．

ここまでは，グループが一つだけあると考えてきたが，以下では複数の小グループがあってそれぞれ資源提供ゲームを行なっていると考える．たとえば，5人のプレーヤーからなる小グループが六つあってそれぞれが資源提供ゲームを行なっているとしよう．

ここで，それぞれの小グループにAタイプのプレーヤーが0人，1人，2人，3人，4人，5人含まれ，残りがBタイプの場合を考える．上の考察からAタイプの割合が0.4以下の小グループでは，$(x, y) = (0, 0)$ の漸近安定状態に収束するので，A人数が0〜2人の小グループでは資源提供が行なわれなくなる．収束後のAタイプとBタイプの利得はそれぞれ10である．

一方，Aタイプの割合が0.6以上の小グループでは，$x = 1$ のリャプノフ安定状態に収束するので，A人数が3〜5人の小グループでは資源提供が当面の間は行なわれることになる．したがって，AタイプとBタイプの利得はそれぞ

表6.3 小グループの組成と各タイプの利得

A人数	0	1	2	3	4	5
B人数	5	4	3	2	1	0
A利得	10	10	10	20-ε	20-ε	20-ε
B利得	10	10	10	20	20	20

れ20となるが,AタイプはBタイプより罰のコストを高い確率で引き受けるので,εだけBタイプよりも利得が低いと仮定しよう.このとき,Aタイプの利得は$20-\varepsilon$,Bタイプの利得は20となる.以上をまとめると**表6.3**となる.

それぞれの小グループの中では,AタイプのAの利得はBの利得よりも等しいか小さいが,小グループ六つをあわせた集団全体での平均利得を考えると様子は変わってくる.まず,Aタイプの平均利得は

$$(10\times0+10\times1+10\times2+(20-\varepsilon)\times3+(20-\varepsilon)\times4+(20-\varepsilon)\times5)/15$$
$$=18-0.8\varepsilon$$

同様に,Bタイプの平均利得は

$$(10\times5+10\times4+10\times3+20\times2+20\times1+20\times0)/15$$
$$=12$$

となる.これより,$\varepsilon<7.5$のときには,Aタイプの平均利得がBタイプの平均利得を上回ることが分かる.

これは,利得の高い小グループにAタイプが多く,利得の低い小グループにBタイプが多いためで,小グループ内ではBタイプに負けていても,その差があまり大きくなければ,全体の平均ではBタイプを上回ることが可能になっている.この利得が子供の数に反映するならば,Aタイプが全体集団中のシェアを増やすことが期待できる.

ただ,この結果は小グループ中のAタイプの人数が0〜5人の間で一様に分布しているという最初の仮定に依存している.例えば,Aタイプの人数がどの小グループでも2人だとすると,どの小グループも資源提供のない漸近安定状態に収束してしまい,平均利得でもAタイプとBタイプの差はなくなってしまう.小グループによってAタイプの人数にバリエーションがあることが,Aタイプが平均利得で勝つための必要条件なのである.

第6章 進化ゲーム理論のフロンティア

そこで，さらに離合集散の仮定を導入する．以下では，小グループが時々解散して，また新しく形成されると仮定する．このときに，全体集団からランダムにメンバーが選ばれて小グループが作られるとすると，そこに含まれるAタイプ，Bタイプの人数にある程度のばらつきが生じる．具体的には全体集団中のAタイプの割合をp，小グループの人数をnとすると，小グループ中のAタイプの割合のばらつき（分散）は$\sqrt{p(1-p)/n}$となる．

nが増えるほど，分散が減ってAタイプには不利になるが，$n=10$として各タイプの平均利得をpごとに計算してみると図6.6のようになる．

$p<0.6$まではAの平均利得がBを上回っている．$p>0.7$ではこれが逆転するので，この平均利得にしたがってレプリケーターダイナミクスが生じるとすると，$p=0.65$付近でAタイプのシェアが安定すると考えられる．この場合，3分の2程度のプレーヤーが非協力者への怒りを持ちやすい心理的傾向をもち，多くの小グループで資源提供がなされる状態が安定となる．

もちろん，この結果は様々な仮定の積み重ねの上に得られたものである．資源提供ゲームを行なう小グループの存在とランダムな離合集散の発生が基本的な仮定であるが，たとえば企業がここでいう小グループで企業の倒産や設立が離合集散と同等の効果を持つのかそうでないのか，あるいは企業内の各部署や地域の活動グループを小グループと考えた方が適切なのか．こういった問題は実証的に調べるべき問題であるが，その過程でさらにモデルの改良が必要になるかもしれない．感情の学習や遺伝のメカニズムについても現状では不明な点

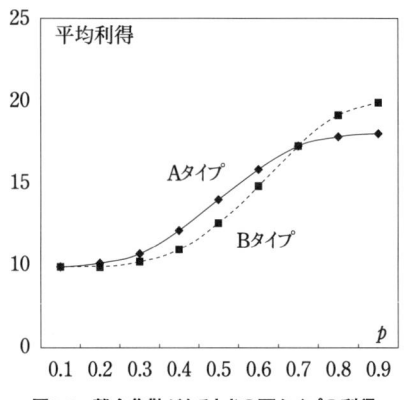

図6.6　離合集散があるときの両タイプの利得

が多いが，これらのついても知見が増えれば，モデルの妥当性が増したり変更が必要になったりするかもしれない．

　ここでは，協力の進化というテーマを取り上げてみたが，ここでもさらなる実証研究とモデルの精緻化が必要とされていることが分かる．進化ゲーム理論のフロンティアは実証研究と理論研究のコラボレーションの中にあるといえる．

第7章　数学的な補足

微分や微分方程式については，いわゆる「文系」のカリキュラムでは扱わないため，社会科学系の学生や研究者には詳しくない人も多いと思われる．この章では，微分の定義から局所安定性解析までの説明を補足することにしよう．

7.1　微分

ここでは特に時間微分の場合を念頭において，微分の定義と微分の公式について解説する．

7.1.1　微分とは

状態 x が時刻 t に依存して変化するとき，変化の速さや方向を知ることは重要である．ここで，時刻 t の関数 $x(t)$ から，時刻 t における x の変化を表す関数 dx/dt を求める方法を**微分法**，あるいは略して**微分**という．以下

$$x(t) = t^2 \quad \text{(式7.1)}$$

の場合について，dx/dt を求めることを考えてみよう．

まず，時間変化 Δt の間の状態の変化を Δx とする．x が増加するときには Δx は正であるし，x が減少するときには Δx は負である．したがって，Δx の符号から変化の方向を知ることができる．

次に，これらを割り算して得られる $\Delta x/\Delta t$ という量を考えると，この値が大きな正の値のときには x は急速に増加しているし，小さな正の値のときには x は緩やかに増加している．したがって，$\Delta x/\Delta t$ から変化の速さが大きい

か小さいかを知ることができる．

ここで，**式7.1**の場合について時刻 t から時刻 $t+\Delta t$ の間の x の変化を Δx とすると

$$\Delta x = (t+\Delta t)^2 - t^2$$
$$= 2t\Delta t + \Delta t^2$$

となる．これより，

$$\Delta x/\Delta t = 2t + \Delta t$$

となる．これが「時刻 t から時刻 $t+\Delta t$ の間の平均の変化の割合」と言われる量になる．

これは状態変化の方向や速さの大小を示す量ではあるが，t と Δt という二つの変数に依存するのでやや不便である．そこで Δt を限りなく0に近づけるという操作（$\Delta t \to 0$ と表記）を行なうと，

$$\Delta x/\Delta t = 2t + \Delta t \to 2t$$

となる．このようにして得られた値を「時刻 t における瞬間の変化の割合」と呼び，dx/dt という記号で表す．したがって，この場合

$$dx/dt = 2t$$

である．

以上の操作によって，時刻 t における状態を示す関数 $x(t)$ から，時刻 t における状態の変化を示す関数 dx/dt を得ることができた．この操作が微分法である．

一般には

$$\Delta x/\Delta t = (x(t+\Delta t) - x(t))/\Delta t$$

を考え，$\Delta t \to 0$ とすると dx/dt を得ることができる．

7.1.2 微分の公式

ここでは，微分の計算に役立つ公式をいくつか導いておこう．

7.1 微分

[定数の公式]

$x(t) = a$ （a は定数）のとき

$$\Delta x = x(t+\Delta t) - x(t)$$
$$= a - a$$
$$= 0$$

両辺を Δt で割って $\Delta t \to 0$ とすると

$$dx/dt = 0$$

したがって，定数の微分は 0 である．x が定数の場合，時間変化が生じないのは当然といえば当然の結果である．

[定数倍の公式]

$z(t) = ax(t)$ のとき，

$$\Delta z = z(t+\Delta t) - z(t)$$
$$= ax(t+\Delta t) - ax(t)$$
$$= a(x(t+\Delta t) - x(t))$$
$$= a\Delta x$$

両辺を Δt で割って $\Delta t \to 0$ とすると

$$dz/dt = a \cdot dx/dt$$

したがって，ある関数の定数倍の微分はその関数の微分の定数倍となる．

[和の公式]

$z(t) = x(t) + y(t)$ のとき

$$\Delta z = z(t+\Delta t) - z(t)$$
$$= x(t+\Delta t) + y(t+\Delta t) - x(t) - y(t)$$
$$= x(t+\Delta t) - x(t) + y(t+\Delta t) - y(t)$$
$$= \Delta x + \Delta y$$

両辺を Δt で割って，$\Delta t \to 0$ とすると

$$dz/dt = dx/dt + dy/dt$$

したがって，関数の和の微分は関数の微分の和となる．

[積の公式]

$z(t) = x(t)y(t)$ のとき

$$\Delta z = z(t+\Delta t) - z(t)$$
$$= x(t+\Delta t)y(t+\Delta t) - x(t)y(t)$$

ここで，$x(t)y(t+\Delta t)$ を引いて足すという工夫をすると

$$\Delta z = x(t+\Delta t)y(t+\Delta t) - x(t)y(t+\Delta t)$$
$$+ x(t)y(t+\Delta t) - x(t)y(t)$$
$$= (x(t+\Delta t) - x(t))y(t+\Delta t)$$
$$+ x(t)(y(t+\Delta t) - y(t))$$
$$= \Delta x \cdot y(t+\Delta t) + x(t) \cdot \Delta y$$

両辺を Δt で割って

$$\Delta z/\Delta t = \Delta x/\Delta t \cdot y(t+\Delta t) + x(t) \cdot \Delta y/\Delta t$$

$\Delta t \to 0$ として

$$dz/dt = dx/dt \cdot y(t) + x(t) \cdot dy/dt$$

したがって，関数の積の微分は関数の微分の積にはならず，もっと複雑な式となる．この公式は第3章のレプリケーターダイナミクスの導出の所で用いる．

[逆数の公式]

$z(t) = 1/x(t)$ のとき

$$\Delta z = z(t+\Delta t) - z(t)$$
$$= 1/x(t+\Delta t) - 1/x(t)$$
$$= (x(t) - x(t+\Delta t))/x(t+\Delta t)x(t)$$
$$= -\Delta x/x(t+\Delta t)x(t)$$

両辺を Δt で割って，$\Delta t \to 0$ とすると

$$dz/dt = -(dx/dt)/x(t)^2$$

これは商の公式を導く時に用いる．

[商の公式]
　　$z(t) = y(t)/x(t)$ のとき

　　$z(t) = y(t) \cdot 1/x(t)$

なので，積の公式と商の公式を用いて

$$dz/dt = (dy/dt) \cdot 1/x(t) - y(t) \cdot (dx/dt)/x(t)^2$$
$$= ((dy/dt)x(t) - y(t)(dx/dt))/x(t)^2$$

かなり複雑だが，時々必要になる．

[べき乗の公式]
　　$x(t) = t^n$ (n は整数) のとき

$$\Delta x = x(t+\Delta t) - x(t)$$
$$= (t+\Delta t)^n - t^n$$
$$= nt^{n-1}\Delta t + n(n-1)t^{n-2}(\Delta t)^2 + \cdots$$

両辺を Δt で割って，$\Delta t \to 0$ とすると

$$dx/dt = nt^{n-1}$$

以上の公式を組み合わせると，通常の整式についての微分計算が可能になる．たとえば

$$x(t) = t^3 + 4t^2 - 1$$

を t で微分すると

$$dx/dt = 3t^2 + 4 \cdot 2t - 0$$
$$= 3t^2 + 8t$$

第7章　数学的な補足

[練習7.1]
次の関数を t で微分しなさい．
1　$x(t) = 2t^3 - 4t$
2　$x(t) = (3t-4)(2t+3)$
3　$x(t) = 1/(2t+1)$
4　$x(t) = (5t+2)/(3t-2)$

7.1.3　対数関数の微分

　状態に比例して状態が変化するような自律型の微分方程式を解くと，対数や指数を含む関数が頻繁に登場する．ここでは対数関数の微分について確認しておこう．

　以下　$x(t) = \log t$　の場合を考えるが，この対数の底は e（自然対数の底と呼ばれる）で

$$e = 2.718281828459041\cdots$$

という，たいそう中途半端な値である（ちなみに，フナ一把二把一把二把至極惜しい，といって覚える．特に覚える必要はないが）．これは

$$(1+k)^{1/k}$$

という量を考えて，$k \to 0$ としたときに得ることができる値である．以下，説明するようにこの値を底とすることで，微分の計算をスムーズに行なうことができるようになる．

　さて　$x(t) = \log t$　について $\Delta x / \Delta t$ がどうなるかを考えてみよう．まず

$$\begin{aligned}\Delta x &= \log(t + \Delta t) - \log t \\ &= \log(t + \Delta t)/t \\ &= \log(1 + \Delta t/t)\end{aligned}$$

である．これより

$$\Delta x / \Delta t = \log(1 + \Delta t / t) \cdot 1/\Delta t$$

であるが，これに t を掛けて割るという工夫をして，次のように変形する．

$$\Delta x/\Delta t = \log(1+\Delta t/t) \cdot t/\Delta t \cdot 1/t$$
$$= 1/t \cdot \log(1+\Delta t/t)^{t/\Delta t}$$

ここで $k=\Delta t/t$ とおくと

$$\Delta x/\Delta t = 1/t \cdot \log(1+k)^{1/k}$$

となる．$\Delta t \to 0$ とすると $k \to 0$ となるので

$$1/t \cdot \log(1+k)^{1/k} \to 1/t \cdot \log e$$

ところが

$$\log e = 1$$

なので，結局

$$dx/dt = 1/t$$

という大変シンプルな結果を得ることができる．これが e という一見複雑な数を底とすることによるご利益である．

7.1.4 合成関数の微分

$x(t) = \log t$ のとき $dx/dt = 1/t$ であることが分かったが，たとえば

$$x(t) = \log(2t+1) \qquad (式7.2)$$

の場合はどうなるのであろうか．上のように定義にしたがって計算をしてもよいが，次のように考えても計算できる．

$y = 2t+1$ とすると式7.2は

$$x = \log y$$

となる．このとき

$$dx/dy = 1/y$$

なので，dx/dy と dx/dt の関係が分かれば何とかなりそうである．

t から $t+\Delta t$ の間の y の変化を Δy，x の変化を Δx とするならば

第 7 章　数学的な補足

$$\Delta x/\Delta t = \Delta x/\Delta y \cdot \Delta y/\Delta t$$

である．ここで，$\Delta t \to 0$ とすると

$$\Delta x/\Delta t \;\;\to\;\; dx/dt$$
$$\Delta y/\Delta t \;\;\to\;\; dy/dt$$

であるが，このとき同時に $\Delta y \to 0$ となるので

$$\Delta x/\Delta y \;\;\to\;\; dx/dy$$

となる．したがって，

$$dx/dt = dx/dy \cdot dy/dt$$

となることが分かる．
　$y = 2t + 1$ より　$dy/dt = 2$　であるから

$$dx/dt = 1/y \cdot 2$$
$$= 2/(2t+1)$$

である．
　一般に　$x = f(y)$, $y = g(t)$　のときには

$$dx/dt = dx/dy \cdot dy/dt$$

が成立するので，これを利用して微分の計算をすることができる．これを合成関数の微分という．

［練習7.2］
　次の関数を t で微分しなさい．
　1　$x(t) = \log(3t + 4)$
　2　$x(t) = \log(2t^3 - 4t)$
　3　$x(t) = (t^2 + 3)^4$

7.1.5　微分方程式と不定積分

　たとえば，ある $x(t)$ を t で微分して

$$dx/dt = 2t+1 \quad (式7.3)$$

となったとしよう．このとき，もとの $x(t)$ はどのような関数だったのであろうか．状態の変化 dx/dt を x や t の関数で表したものを**微分方程式**というが，式7.3は簡単な微分方程式の例になっている．このとき，x を t で表した関数 $x(t)$ を求めると，任意の時刻における状態を知る事ができる．このような関数を求めることを**微分方程式を解く**という．

これは，簡単な微分方程式の例であるが，この場合は不定積分の考え方を用いて解くことができる．

ある関数 $F(t)$ を微分して $f(t)$ になるとき，$F(t)$ を $f(t)$ の**原始関数**とか**不定積分**とか呼び

$$F(t) = \int f(t)\,dt$$

という記号であらわす（∫はインテグラルと読む）．上の例では

$$f(t) = 2t+1$$

に対する不定積分

$$F(t) = \int (2t+1)\,dt$$

を求めれば，これが微分方程式の解となる．

少し試行錯誤して考えてみよう．微分して $2t$ となる関数としては t^2 が考えられる．同様に，微分して 1 となる関数としては t がある．したがって t^2+t という関数を考えれば，微分して $2t+1$ となるはずである．

これより

$$F(t) = t^2+t$$

と結論したくなるが，よく考えると t^2+t+1 であっても $t^2+t+100$ であっても t で微分すれば $2t+1$ となる．したがって，

$$F(t) = t^2+t+C \quad (ただし C は定数)$$

とするのが正しい結論となる．ここで登場する C を積分定数という．

第7章　数学的な補足

いくつか不定積分の公式をまとめておこう．いずれも右辺を微分すれば証明することができる．

$$\int 1\, dt = t + C$$

$$\int t\, dt = 1/2\, t^2 + C$$

$$\int t^n\, dt = 1/(n+1)\ t^{n+1} + C$$

$$\int 1/t\, dt = \log t + C$$

$$\int a f(t)\, dt = a F(t) + C \qquad (a は定数)$$

$$\int (f(t) + g(t))\, dt = F(t) + G(t) + C \qquad (G は g の不定積分)$$

最初の例に戻って，$dx/dt = 2t + 1$　のとき

$$x(t) = t^2 + t + C \qquad (式7.4)$$

であるが，$t=0$ のときの x の値（初期状態，あるいは，初期値）が分かれば，積分定数 C を求めることができる．

例えば，$t=0$ のとき $x(0) = 3$ であるならば，これを**式**7.4に代入して $C = 3$ と求まる．このとき，**微分方程式7.3の解は**

$$x(t) = t^2 + t + 3$$

と定まる．

［練習7.3］
　次の不定積分を求めなさい．
　1　$\int (3t + 4)\, dt$
　2　$\int (t^3 - 4t)\, dt$
　3　$\int 1/(t+3)\, dt$

［練習7.4］
　次の微分方程式を解きなさい．

1. $dx/dt = t$ 初期値 $x(0) = 2$
2. $dx/dt = t^2 - 3$ 初期値 $x(0) = 1$
3. $dx/dt = 1/(t+2)$ 初期値 $x(0) = 3$

7.1.6 自律系の微分方程式

$dx/dt = f(x)$ の形の微分方程式で表わされる系を **自律系** という．状態の変化が今の状態にのみ依存する場合で，多くのダイナミクスが自律系となる．

例えば，

$$dx/dt = x - 2 \quad (式7.5)$$

の場合を考えてみよう．第 2 章では，ベクトル図を描いて軌道の概形を求めたが，ここでは関数 $x(t)$ を直接求めることにしよう．

$\Delta x/\Delta t$ において $\Delta t \to 0$ とすると dx/dt となるが，$\Delta t/\Delta x$ において $\Delta x \to 0$ とすると dt/dx が求まる．

$$\Delta t/\Delta x = 1/(\Delta x/\Delta t) \quad (式7.6)$$

であり，x が t で微分可能なときは $\Delta t \to 0$ のときに $\Delta x \to 0$ となるので，式7.6において $\Delta t \to 0$ とすると

$$dt/dx = 1/(dx/dt) \quad (式7.7)$$

が得られる．これの左辺は $t(x)$ を x で微分したものなので，**式7.7は逆関数の微分の公式** と呼ばれる．

式7.5について逆関数の公式を用いると

$$dt/dx = 1/(x-2)$$

となる．$t(x)$ を x で微分すると右辺になるので，右辺の不定積分を求めると $t(x)$ を求めることができる．したがって

$$\begin{aligned} t(x) &= \int 1/(x-2) \, dx \\ &= \log(x-2) + C \end{aligned}$$

となる．

これより $x(t)$ を求めることも可能である．

第7章 数学的な補足

$$\log(x-2) = t - C$$
$$x - 2 = e^{t-c}$$
$$x - 2 = e^{-c} e^t$$

e^{-c} を A とすると

$$x - 2 = A e^t$$

ここで，$t=0$ のときの初期値を $x(0)$ とすると

$$x(0) - 2 = A e^0 = A$$

よって

$$A = x(0) - 2$$

以上より

$$x(t) = (x(0) - 2) e^t + 2 \quad (式7.8)$$

が**微分方程式7.5**の解となることがわかる．

　式7.8において，$x(0)=2$ とすると $x(t)=2$ となる．つまり初期状態が2ならば，状態は2に留まり続けるので $x=2$ は定常点である．

　$x(0) > 2$ ならば $x(0) - 2 > 0$ なので，t が増加すると $(x(0)-2)e^t$ は増加し続けることになる．つまり，初期状態が少しでも2より大きければ状態は2からどんどん増加して離れていくことが分かる．

　$x(0) < 2$ の場合は逆に，t が増加すると $(x(0)-2)e^t$ は減少し続けるので，初期状態が少しでも2より小さければ状態は2からどんどん減少して離れていくことが分かる．このように，**式**7.8から，定常点 $x=2$ は不安定定常点であることが分かる．この結果はベクトル図を用いた考察と一致する．

［練習7.5］
　次の微分方程式を解きなさい．
　　1　$dx/dt = x$
　　2　$dx/dt = -x + 3$
　　3　$dx/dt = (x+1)(x-2)$

7.1.7 安定性の定義

第2章で定常点の安定性について考えたが，ここでは厳密な定義を与えておくことにしよう．

[定義7.1] リャプノフ安定（一変数の場合）
微分方程式 $dx/dt = f(x)$ において $x = a$ が定常点であるとする．任意の $\varepsilon > 0$ について，ある $\delta > 0$ が存在して，$a - \delta \leq x(0) \leq a + \delta$ を満たす任意の初期値 $x(0)$ から出発したダイナミクスが任意の t について $a - \varepsilon \leq x(t) \leq a + \varepsilon$ を満たすようにできるとき，$x = a$ は**リャプノフ安定**であるという．

[定義7.2] リャプノフ安定（二変数の場合）
微分方程式 $dx/dt = f(x, y)$, $dy/dt = g(x, y)$ において $x = a, y = b$ が定常点であるとする．また，|座標A − 座標B| を座標間の距離を示す記号とする．
任意の $\varepsilon > 0$ について，ある $\delta > 0$ が存在して，

$$|(x(0), y(0)) - (a, b)| \leq \delta$$

を満たす任意の初期値 $(x(0), y(0))$ から出発したダイナミクスが任意の t について

$$|(x(t), y(t)) - (a, b)| \leq \varepsilon$$

を満たすようにできるとき，(a, b) はリャプノフ安定であるという．

これがリャプノフ安定の定義である．定常点からの距離が ε 以内の領域（定常点の ε 近傍という）を考えたとき，ε がどんなに小さな正の値でも（ということを，任意の $\varepsilon > 0$ という表現は含意している），十分に狭い δ 近傍を考えれば（ということを，ある $\delta > 0$ が存在して，という表現は含意している），δ 近傍内部から出発したダイナミクスが ε 近傍に留まるならば，もとの定常点はリャプノフ安定である．
第2章では，時間が経っても定常点の近くに留まり続けるならばリャプノフ

安定，というあいまいな表現をしたが，厳密に述べれば上のようになる．二変数の場合まで述べたが，n 次元の座標間の距離を考えれば，n 変数ダイナミクスのリャプノフ安定も同様に定義できる．

次に漸近安定の定義を紹介しよう．

[定義7.3] 漸近安定（二変数の場合）

微分方程式 $dx/dt = f(x,y)$，$dy/dt = g(x,y)$ の定常点 (a,b) がリャプノフ安定であるとする．

ここで，ある $\varepsilon > 0$ が存在して，

$$|(x(0), y(0)) - (a,b)| \leq \varepsilon$$

を満たす任意の初期値 $(x(0), y(0))$ から出発したダイナミクスが，$t \to \infty$ のときに

$$(x(t), y(t)) \to (a,b)$$

となるならば，定常点 (a,b) は**漸近安定**であるという．

リャプノフ安定である定常点の近くに十分に狭い ε 近傍を考えるとき，その内部から出発したダイナミクスがもとの定常点に収束するならば，この定常点は漸近安定である．注意して欲しいのは，この定常点はリャプノフ安定でなければいけない点である．たとえば，定常点の ε 近傍から出発したダイナミクスが一旦どこか遠くへいった後にもとの定常点に収束する場合も考えられるが，この場合はリャプノフ安定ではないので漸近安定とは言わない．

ちなみに「$t \to \infty$ のときに $(x(t), y(t)) \to (a,b)$」という表現であるが，これは t を無限に増やしたときに $(x(t), y(t))$ が無限に (a,b) に近づく，という意味だと理解して直感的には十分である．しかし，厳密にはこれは「任意の $\delta > 0$ について $T > 0$ が存在して，$t \geq T$ となる任意の t について $|(x(t), y(t)) - (a,b)| \leq \delta$ とすることができる」ということを意味している．このようにして，収束や安定を厳密に定義することが近代的な解析学の出発点となっている．

最後に不安定について定義しておこう．リャプノフ安定でない定常点が不安定定常点であるが，厳密には次のようになる．

7.1 微分

図7.1　$y > 2\sqrt{x}$のグラフ

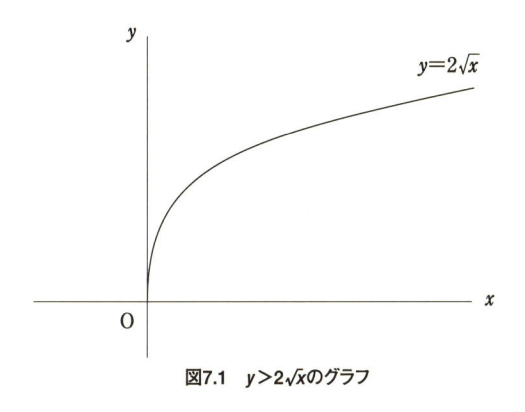

[**定義7.4**]　不安定（二変数の場合）
　微分方程式　$dx/dt = f(x,y)$，$dy/dt = g(x,y)$　において (a,b) が定常点であるとする．
　ある $\varepsilon > 0$ が存在して，任意の $\delta > 0$ について

$$|(x(0), y(0)) - (a,b)| \leqq \delta$$

を満たす，ある初期値 $(x(0), y(0))$ から出発したダイナミクスがある t について

$$|(x(t), y(t)) - (a,b)| > \varepsilon$$

となるとき，(a, b) は**不安定**であるという．

　ある定常点の ε 近傍があって，どんなにせまい δ 近傍を考えてもその中から出発したダイナミクスの中に，ε 近傍から一瞬でも出てしまうものが一つでもあると，その定常点は不安定である．こう考えると，リャプノフ安定もかなり厳しい条件に思えてくるが，モデル外要因の作用が実際には常にありうることを考えると，リャプノフ安定程度の条件をクリアしていない定常点は，現実に対する予測としては使い物にならないともいえる．

第7章 数学的な補足

7.1.8　解の一意性

　微分方程式の解の一意性の議論は，本書の数学のレベルを大きく越えているが，一意性の十分条件としてのリプシッツ連続については紹介しておこう．
　まず，解が一意ではない微分方程式の例として，ウェイブルのテキストにある次の例をあげておく．

$$dx/dt = 2\sqrt{x} \qquad ただし\ x \geq 0 \qquad (式7.9)$$

この微分方程式は，初期状態 $x(0)=0$ に対して次の二つの解を持つ．

1) 　$x(t) = t^2$
2) 　$x(t) = 0$

確認しておこう．まず，1），2）いずれも $t=0$ のとき $x(0)=0$ となる．次に1）を t で微分すると

$$dx/dt = 2t$$

なので，**式7.9**を満たす．また，2）を t で微分すると $dx/dt = 0$ だが，$x=0$ のときは $2\sqrt{x}=0$ なので，やはり**式7.9**を満たす．
　このように，**式7.9**は一つの初期値に対して二つの解を持ち，解の一意性を満たさない．$y=2\sqrt{x}$ のグラフは **図7.1**のようになるが，$x=0$ における接線を考えると垂直になっている．実はこのように，微分方程式 $dx/dt = f(x)$ において，$f(x)$ の傾きが垂直になるようなことがあると，一般には解の一意性は成立しないのである．この条件がリプシッツ連続の条件である．
　きちんと定義をしておこう．

　［定義7.5］　リプシッツ連続
　関数 f についてある実数 λ が存在して，f の定義域に含まれる任意の x, y について

$$|f(x)-f(y)| \leq \lambda |x-y|$$

が成立するとき，f は**リプシッツ連続**である．

7.1 微分

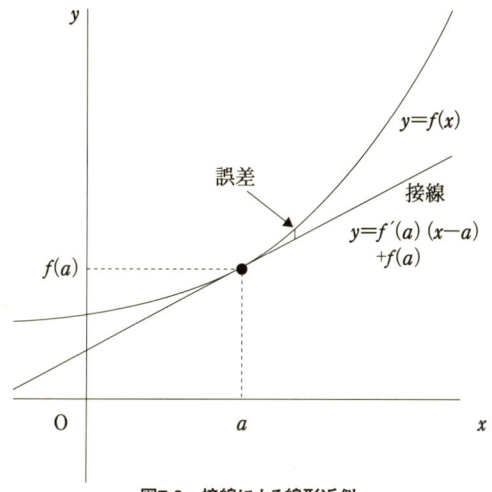

図7.2 接線による線形近似

λ は1万でも1兆でもいいのだが，十分大きな数を用意して，x と y の差の λ 倍以内に $f(x)$ と $f(y)$ の差が収まるならば関数 f はリプシツ連続である．大抵のなめらかな関数はこの条件を満たすが，「垂直に切り立った」部分のある関数はリプシツ連続とはならない．

たとえば $f(x)=2\sqrt{x}$ の場合，$x=0$ と $x=h$ の間でリプシツ連続の条件を満たしているかどうかを調べると

$$|f(h)-f(0)|=2\sqrt{h}$$
$$|h-0|=h$$

より

$$|f(h)-f(0)|/|h-0|=2\sqrt{h}/h$$
$$=2/\sqrt{h}$$

である．$h\to 0$ とすると $2/\sqrt{h}\to\infty$ なので，どんな λ を選んでも十分小さい h (具体的には $4/\lambda^2$ より小さい h) を考えると

$$|f(h)-f(0)|>\lambda|h-0|$$

となってしまう．したがって，$f(x)=2\sqrt{x}$ はリプシツ連続ではない．

微分方程式 $dx/dt=f(x)$ において，$f(x)$ がリプシツ連続ならば解の一意性がなりたつ．厳密な証明は本書のレベルを越えているが，関心のある読者は微分方程式のテキストを参照して欲しい．

7.2 局所安定性解析

微分方程式と安定性の定義について説明をしたところで，局所安定性解析の解説をすることにしよう．第2章では直感的な説明をしたが，ここではもう少し厳密な解説をすることを試みる．1変数の場合について，基本的な手順を解説した後に，やや複雑な2変数の場合について考えてみよう．

7.2.1 1変数の場合

7.2.1.1 1変数の線形近似

微分方程式 $dx/dt=f(x)$ において $x=a$ が定常点であるものとする．このとき，この定常点の安定性を線形近似を用いて判定する方法を考えてみよう．$dx/dt=f(x)$ において，右辺は x の二次式や三次式かもしれないし，分数関数や対数関数であるかもしれない．このとき，7.1.6節の方法で微分方程式を直接解くことは一般には困難である．ただ，$f(x)$ を定常点付近で直線で近似することは通常可能である．

$y=f(x)$ のグラフを考え，グラフ上の点 $(a, f(a))$ でグラフに接する直線を考える．$f(x)$ を x で微分した式に $x=a$ を代入すると，$x=a$ における x に対する y の変化率 dy/dx が分かる．この値を以下 $f'(a)$ と表記するが，これが上の接線の傾きとなる．これより，接線の方程式は

$$y=f'(a)(x-a)+f(a)$$

となる．

図7.2からわかるように，a に十分近い領域では接線と $y=f(x)$ のグラフとのあいだのずれは小さい．このずれを誤差項とするならば，$f(x)$ は

$$f(x) = f'(a)(x-a) + f(a) + 誤差項$$

という式で表現することができる．

ここで，$x=a$ が定常点であるとするならば $f(a)=0$ であり，x が a に十分近い場合のみを考え，誤差項を無視すると

$$f(x) \fallingdotseq f'(a)(x-a) \quad (式7.10)$$

という近似式を得ることができる．これが $f(x)$ の線形近似である．

7.2.1.2　1変数の安定性解析

$f(x)$ が**式7.10**で近似できる場合，定常点 a の安定性はどうなるのであろうか．

$$dx/dt = f'(a)(x-a) \quad (式7.11)$$

を解くことで確かめてみよう．

これは7.1.6節と同じ方法で解くことができる．まず，

$$dt/dx = 1/f'(a)(x-a)$$

より，両辺の不定積分を求めると

$$t = \int 1/f'(a)(x-a)\,dx$$

$$f'(a)\,t = \int 1/(x-a)\,dx$$
$$= \log(x-a) + C$$

したがって

$$\log(x-a) = f'(a)\,t - C$$

なので

$$x - a = A e^{f'(a)t}$$

となる．

$t=0$ のとき $x=x(0)$ とすると

第7章 数学的な補足

$$x(0) - a = A$$

ゆえに，**微分方程式7.11の解は**

$$x - a = (x(0) - a) e^{f'(a)t}$$

である．

ここで $f'(a) > 0$ ならば，$t \to \infty$ のとき $e^{f'(a)t} \to \infty$ なので，定常点からのずれ $|x-a|$ は $|x(0)-a|$ が0でない限りどんどん大きくなることが分かる．したがって，$f'(a) > 0$ のとき定常点 a は不安定である．

一方，$f'(a) < 0$ ならば，$t \to \infty$ のとき $e^{f'(a)t} \to 0$ なので，定常点からのずれ $|x-a|$ も0に収束する．つまり，$f'(a) < 0$ のとき定常点 a は漸近安定である．

$f'(a) = 0$ のときはどうであろうか．このとき**微分方程式7.11の解は**

$$x - a = x(0) - a$$

なので，定常点からずれた状態はその状態にとどまり続ける．したがって，定常点 a はリャプノフ安定と考えられるが，これは**微分方程式7.11**が近似ではない正確な方程式の場合の話である．

実際には $f'(a) = 0$ の場合は

$$f(x) = 誤差項$$

となり，定常点 a の安定性は誤差項の性質に依存する．したがって，この場合は $f'(a)$ の符号から安定性の判定はできないが，この場合をマイナーケースとすると，多くの場合は $f'(a)$ の符号で安定性の判定をすることができる．つまり

$$\boxed{\begin{array}{l} f'(a) > 0 \quad \text{のとき} \quad x = a \quad \text{は不安定} \\ f'(a) < 0 \quad \text{のとき} \quad x = a \quad \text{は漸近安定} \end{array}}$$

である．

このように $f(x)$ の線形近似を利用して安定性を判定する方法を**局所安定性解析**という．

7.2.2　2変数の場合

次に2変数の微分方程式の局所安定性解析の方法を考えてみよう．1変数の場合と基本的な手順は同じだが，具体的な手法としては，偏微分や固有値といった多変数特有の手法が必要となるのでやや面倒である．これらの手法についても必要に応じて解説しながら進めることにしよう．

7.2.2.1　2変数の線形近似

微分方程式

$$dx/dt = f(x, y)$$
$$dy/dt = g(x, y)$$
（式7.12）

において $x=a$, $y=b$ が定常点であるものとする．このとき，この定常点の安定性を線形近似を用いて判定する方法を考えよう．

$z=f(x, y)$ のグラフは一般に曲面となるが，この曲面上の点 $(x, y, z)=(a, b, f(a,b))$ でグラフに接する x 軸方向を向いた直線を考える．これは，曲面 $z=f(x, y)$ を平面 $y=b$ でスパッと切ったときの切り口の曲線 $z=f(x, b)$ に $x=a$ で接する直線となる．この直線の傾きは $f(x, b)$ を x で微分した式に $x=a$ を代入した値となるが，この値を $f_x(a,b)$ と書くことにすると，今考えている接線の方程式は

$$z = f_x(a,b)(x-a) + f(a, b)$$
（式7.13）

となる．これが $(x, y)=(a, b)$ から，y を固定して x だけを変化させたときの $z=f(x, y)$ の近似式となる．

ちなみに y を固定した定数と考えて $f(x, y)$ を x で微分することを f を x で**偏微分**するという．また，f を x で偏微分して得られる式を $\partial f/\partial x$ という記号で表す．∂ はラウンドと読み，通常の微分の d に相当する記号である．$\partial f/\partial x$ に $(x, y)=(a, b)$ を代入すると $f_x(a,b)$ が得られる．$f_x(a,b)$ は上で見たように，$z=f(x, y)$ に $(x, y)=(a, b)$ で接する x 軸方向を向いた直線の傾きを表す．

同様に，f を y で偏微分した式 $\partial f/\partial y$ に $(x, y)=(a, b)$ を代入した値を $f_y(a,b)$ と書くことにすると，この値は $z=f(x, y)$ に $(x, y)=(a,$

b) で接する y 軸方向を向いた直線の傾きを表す．この直線の式は

$$z = f_y(a, b)(y-b) + f(a, b) \qquad (式7.14)$$

だが，これが $(x, y) = (a, b)$ から，x を固定して y だけを変化させたときの $z = f(x, y)$ の近似式となる．

$(x, y) = (a, b)$ から，x，y を共に変化させたときの近似式はどうなるのであろうか．**式7.13**の $f_x(a,b)(x-a)$ と **式7.14**の $f_y(a,b)(y-b)$ はそれぞれ，x と y を変化させたときの z の変化を表す．したがって，x，y が (a, b) から余り離れていないときには

$$z = f(a, b) + f_x(a,b)(x-a) + f_y(a,b)(y-b)$$

が，$z = f(x, y)$ の近似式になると考えることができる．

以上より

$$f(x, y) = f(a, b) + f_x(a,b)(x-a) + f_y(a,b)(y-b) + 誤差項$$

とすると，x，y が (a, b) に十分近いときには誤差項は十分小さくなると考えられる．同様に $g(x, y)$ については

$$g(x, y) = g(a, b) + g_x(a,b)(x-a) + g_y(a,b)(y-b) + 誤差項$$

と書くことができる．

ここで $(x, y) = (a, b)$ は **微分方程式7.12**の定常点なので，$f(a, b) = 0$，$g(a, b) = 0$ である．定常点の近傍のみを考えて誤差項を無視すると

$$\begin{aligned}f(a, b) &= f_x(a,b)(x-a) + f_y(a,b)(y-b) \\ g(a, b) &= g_x(a,b)(x-a) + g_y(a,b)(y-b)\end{aligned} \qquad (式7.15)$$

となる．これが，f，g の線形近似である．

7.2.2.2　2変数線形微分方程式の解

f，g が **式7.15**で線形近似できる場合，定常点 $(x, y) = (a, b)$ の安定性はどうなるのであろうか．微分方程式

7.2 局所安定性解析

$$dx/dt = f_x(a,b)(x-a) + f_y(a,b)(y-b)$$
$$dy/dt = g_x(a,b)(x-a) + g_y(a,b)(y-b)$$ (式7.16)

を解くことで考えてみよう．

さてこの微分方程式を正面から解くことは難しいので，ある程度予想をつけて解くことにする．1変数の場合から類推して，2変数の場合も解は指数関数になると考えられる．そこで，

$$x - a = Ae^{\lambda t}$$
$$y - b = Be^{\lambda t}$$

の形の解があると考えて，これらを**式7.16**に代入すると

$$\lambda A e^{\lambda t} = f_x(a,b) A e^{\lambda t} + f_y(a,b) B e^{\lambda t}$$
$$\lambda B e^{\lambda t} = g_x(a,b) A e^{\lambda t} + g_y(a,b) B e^{\lambda t}$$

となる．両辺をそれぞれ $e^{\lambda t}$ で割ると

$$\lambda A = f_x(a,b) A + f_y(a,b) B$$
$$\lambda B = g_x(a,b) A + g_y(a,b) B$$

という連立方程式が得られる．

この連立方程式を行列表記すると

$$\lambda \begin{pmatrix} A \\ B \end{pmatrix} = \begin{pmatrix} f_x(a,b) & f_y(a,b) \\ g_x(a,b) & g_y(a,b) \end{pmatrix} \begin{pmatrix} A \\ B \end{pmatrix}$$ (式7.17)

となる．f, g の偏微分係数を並べて得られる行列

$$\begin{pmatrix} f_x(a,b) & f_y(a,b) \\ g_x(a,b) & g_y(a,b) \end{pmatrix}$$

を **微分方程式7.12の ヤコビ行列** というが，式7.17は λ がヤコビ行列の固有値，(A, B) がヤコビ行列の固有ベクトルであることを示している．

ヤコビ行列の固有値は，固有方程式

$$\lambda^2 - (f_x(a,b) + g_y(a,b))\lambda$$
$$+ (f_x(a,b)g_y(a,b) - f_y(a,b)g_x(a,b)) = 0$$

の解であるが，これは二次方程式なので一般に解が二つ存在する（重解の場合もあるが，その場合の議論は省略する）．

この解を λ_1, λ_2 とし，それぞれに対応する固有ベクトルを (A_1, B_1), (A_2, B_2) とすると，

$$x - a = A_1 e^{\lambda_1 t}, \quad y - b = B_1 e^{\lambda_1 t}$$

と

$$x - a = A_2 e^{\lambda_2 t}, \quad y - b = B_2 e^{\lambda_2 t}$$

は共に式7.16の解である．さらにこれらを線形結合した式

$$x - a = c_1 A_1 e^{\lambda_1 t} + c_2 A_2 e^{\lambda_2 t}$$
$$y - b = c_1 B_1 e^{\lambda_1 t} + c_2 B_2 e^{\lambda_2 t} \quad (\text{式}7.18)$$

も式7.16の解である（確認してみて欲しい）．

ちなみに，式7.18以外に式7.16の解は存在しない．例えば，式7.18で $t = 0$ とすると

$$x(0) - a = c_1 A_1 + c_2 A_2$$
$$y(0) - b = c_1 B_1 + c_2 B_2 \quad (\text{式}7.19)$$

であるが，これより，任意の初期値 $x(0)$, $y(0)$ について式7.19を満たす c_1, c_2 を選ぶことができる．つまり，任意の初期値 $x(0)$, $y(0)$ から出発する式7.18を満たす軌道が存在する．ところが，解の一意性よりある初期値 $x(0)$, $y(0)$ から出発する解は一つしかないので，結局式7.18以外の形の解は存在しないことが分かる．

7.2.2.3　固有値が実数の場合の安定性

以上のように，式7.18が式7.16の解で，それ以外の解は存在しないことが分かった．この結果を用いて，定常点 (a, b) の安定性を判定してみよう．

まず，ヤコビ行列の固有値 λ_1, λ_2 が共に実数で $\lambda_1 > \lambda_2$ の場合，つまり λ_1 が

第 1 固有値，λ_2 が第 2 固有値の場合を考える．

このとき，もし $\lambda_1<0$ ならば，$\lambda_2<\lambda_1<0$ なので $t\to\infty$ のときに $e^{\lambda_1 t}\to 0$，$e^{\lambda_2 t}\to 0$ である．したがって，式7.18より

$$x-a\to 0 \quad,\quad y-b\to 0$$

なので，定常点 (a, b) は漸近安定と分かる．

次に $\lambda_2<0<\lambda_1$ の場合を考えると，$t\to\infty$ のときに $e^{\lambda_1 t}\to\infty$，$e^{\lambda_2 t}\to 0$ である．このとき，$c_1=0$ ならば

$$x-a\to 0 \quad,\quad y-b\to 0$$

であるが，$c_1\neq 0$ のときは

$$|x-a|\to\infty \quad,\quad |y-b|\to\infty$$

となる．c_1, c_2 は初期値に依存する値なので，初期値によっては (a, b) に収束することがあるが，多くの場合は発散する．このような定常点を鞍点というが，鞍点はリャプノフ安定ではない定常点なので不安定定常点である．

$0<\lambda_2<\lambda_1$ の場合は，$t\to\infty$ のときに $e^{\lambda_1 t}\to\infty$，$e^{\lambda_2 t}\to\infty$ である．したがって，定常点ではない任意の初期値から出発した軌道について

$$|x-a|\to\infty \quad,\quad |y-b|\to\infty$$

となるので定常点は完全不安定である．

固有値が 0 となるマイナーケースを調べておくと，$0=\lambda_2<\lambda_1$ の場合は，$t\to\infty$ のときに $e^{\lambda_1 t}\to\infty$，$e^{\lambda_2 t}=1$ である．したがって，$c_1\neq 0$ のときに

$$|x-a|\to\infty \quad,\quad |y-b|\to\infty$$

となるので定常点は不安定である．

$\lambda_2<0=\lambda_1$ の場合は，$t\to\infty$ のときに $e^{\lambda_1 t}\to 1$，$e^{\lambda_2 t}\to 0$ である．このとき

$$x-a\to c_1 A_1 \quad,\quad y-b\to c_1 B_1$$

なので線形近似の際の誤差項が全くゼロならば，定常点はリャプノフ安定である．しかし，少しでも誤差項がある場合には，誤差項の値によって漸近安定の場合も，不安定の場合もリャプノフ安定の場合もいずれの場合もありうる．こ

の場合は，局所安定性解析では安定性の判定はできない．

以上をまとめると

> 最大固有値＜0のとき　漸近安定
> 最大固有値＞0のとき　不安定
> 最大固有値＝0のとき　判定できない

となる．

7.2.2.4　固有値が複素数の場合の安定性

固有方程式が二次方程式なので，固有値は複素数のこともありうる．この場合，固有方程式の解は互いに共役な複素数となるので，一方の固有値を

$$\lambda = \lambda_1 + i\lambda_2$$

とするともう一方は

$$\overline{\lambda} = \lambda_1 - i\lambda_2$$

と書くことが出来る．以下，共役な複素数には ¯ をつけて表すことにする．

ここで，固有値 λ に対応する固有ベクトルを (A, B) とすると，$(\overline{A}, \overline{B})$ は固有値 $\overline{\lambda}$ に対応する固有ベクトルとなる（証明は略）．

このとき，任意の複素数 c とその共役複素数 $\overline{c}$ を考えると，

$$x - a = cAe^{\lambda t} + \overline{c}\overline{A}\, e^{\overline{\lambda} t}$$
$$y - b = cBe^{\lambda t} + \overline{c}\overline{B}\, e^{\overline{\lambda} t}$$

(式7.20)

は**微分方程式7.16**の解となる．

また

$$A = A_1 + iA_2$$
$$B = B_1 + iB_2$$
$$c = c_1 + ic_2$$

とすると（A_1〜c_2は実数），$t = 0$ のとき

$$x(0)-a = cA + \bar{c}\bar{A}$$
$$= (c_1+ic_2)(A_1+iA_2) + (c_1-ic_2)(A_1-iA_2)$$
$$= 2c_1A_1 - 2c_2A_2$$
$$y(0)-b = 2c_1B_1 - 2c_2B_2$$

となるので，任意の実数値の初期値 $x(0)$，$y(0)$ について 式7.20を満たす実数 c_1, c_2 を求めることができる．解の一意性より 式7.20は 式7.16の任意の実数解を表すことが分かる．

では，式7.19はどのような軌道を表しているのであろうか．ここで，

$$ce^{\lambda t} = \xi_1(t) + i\xi_2(t) \quad \text{(式7.21)}$$

とすると

$$\bar{c}\,e^{\bar{\lambda} t} = \xi_1(t) - i\xi_2(t)$$

である．

このとき

$$x-a = (A_1+iA_2)(\xi_1(t)+i\xi_2(t))$$
$$+ (A_1-iA_2)(\xi_1(t)-i\xi_2(t))$$
$$= 2A_1\xi_1(t) - 2A_2\xi_2(t)$$

$$y-b = 2B_1\xi_1(t) - 2B_2\xi_2(t)$$

である．

これを行列表記を用いて書き直すと

$$\begin{pmatrix} x-a \\ y-b \end{pmatrix} = \begin{pmatrix} 2A_1 & -2A_2 \\ 2B_1 & -2B_2 \end{pmatrix} \begin{pmatrix} \xi_1(t) \\ \xi_2(t) \end{pmatrix}$$

となる．これより

$$\begin{aligned} X &= \xi_1(t) \\ Y &= \xi_2(t) \end{aligned} \quad \text{(式7.22)}$$

第7章 数学的な補足

の表す軌道を，行列

$$\begin{pmatrix} 2A_1 & -2A_2 \\ 2B_1 & -2B_2 \end{pmatrix}$$

を用いて変換すると式7.20の軌道となることがわかる．

以下，$\xi_1(t)$，$\xi_2(t)$ の中味を書き下して 式7.22の軌道を明らかにしていこう．

式7.21において

$$\begin{aligned} ce^{\lambda t} &= (c_1 + ic_2) e^{(\lambda_1 + i\lambda_2)t} \\ &= e^{\lambda_1 t}(c_1 + ic_2) e^{i\lambda_2 t} \\ &= e^{\lambda_1 t}(c_1 + ic_2)(\cos\lambda_2 t + i\sin\lambda_2 t) \\ &= e^{\lambda_1 t}(c_1\cos\lambda_2 t - c_2\sin\lambda_2 t + i(c_1\sin\lambda_2 t + c_2\cos\lambda_2 t)) \end{aligned}$$

なので

$$\begin{aligned} \xi_1(t) &= e^{\lambda_1 t}(c_1\cos\lambda_2 t - c_2\sin\lambda_2 t) \\ &= e^{\lambda_1 t} r \cos(\lambda_2 t + \alpha) \end{aligned}$$

$$\begin{aligned} \xi_2(t) &= e^{\lambda_1 t}(c_1\sin\lambda_2 t + c_2\cos\lambda_2 t) \\ &= e^{\lambda_1 t} r \sin(\lambda_2 t + \alpha) \end{aligned}$$

ただし　$r = \sqrt{(c_1{}^2 + c_2{}^2)}$

α は　$\tan\alpha = c_2/c_1$　を満たす値

である．

ここで，$\lambda_1 = 0$ とすると

$$X = r\cos(\lambda_2 t + \alpha)$$
$$Y = r\sin(\lambda_2 t + \alpha)$$

の軌道は原点を中心とする半径 r の円となる．これより，式7.20は定常点 (a, b) の周囲を巡る閉じた軌道になる．

$\lambda_1 > 0$ のときは

$$X = re^{\lambda_1 t}\cos(\lambda_2 t + \alpha)$$
$$Y = re^{\lambda_1 t}\sin(\lambda_2 t + \alpha)$$

の軌道は原点からの距離 $re^{\lambda_1 t}$ が t の増加につれて指数関数的に増加する対数螺旋になる．これより，$t \to \infty$ のとき，式7.20は定常点 (a, b) の周囲を巡りながら無限に遠ざかる軌道となる．したがって，定常点 (a, b) は不安定である．

$\lambda_1 < 0$ のときは式7.21の軌道は，原点からの距離 $re^{\lambda_1 t}$ が指数関数的に減少する対数螺旋になる．これより，$t \to \infty$ のとき，式7.20は定常点 (a, b) の周囲を巡りながら定常点に接近する軌道となる．したがって，定常点 (a, b) は漸近安定である．

線形近似の際の誤差項が全くゼロならば，$\lambda_1 = 0$ のとき，定常点はリャプノフ安定である．実際には，この場合は誤差項の作用が無視できなくなるため，定常点の安定性はこの分析だけでは判定できない．

以上をまとめると，ヤコビ行列の固有値が

$$\lambda = \lambda_1 + i\lambda_2$$
$$\overline{\lambda} = \lambda_1 - i\lambda_2$$

の場合は，固有値の実部 λ_1 の正負で安定性の判定ができて

> $\lambda_1 < 0$　のとき　漸近安定
> $\lambda_1 > 0$　のとき　不安定
> $\lambda_1 = 0$　のとき　判定できない

となる．

練習問題略解

練習2.1
1　$x=0$　　　が不安定定常点，$x=3$　　が漸近安定点
2　$x=0, 1$　が不安定定常点，$x=2/3$ が漸近安定点
3　$x=1/2$　が不安定定常点，$x=0, 1$が漸近安定点

練習2.3
1　$f'(0)=2>0$　　　より　$x=0$　は不安定定常点
　$f'(2)=-2<0$　　より　$x=2$　は漸近安定点
2　$f'(2)=4>0$　　　より　$x=2$　　は不安定定常点
　$f'(-2)=-4<0$　より　$x=-2$　は漸近安定点
3　$f'(0)=2>0$　　　より　$x=0$　は不安定定常点
　$f'(1)=-1<0$　　より　$x=1$　は漸近安定点
　$f'(2)=2>0$　　　より　$x=2$　は不安定定常点

練習3.1
1　$dx/dt=-x(x-1)(3x-1)$
　　$x=0, 1$　が漸近安定点
　　$x=1/3$　が不安定定常点
　したがって，AばかりかBばかりの状態が安定
2　$dx/dt=x(x-1)(x+1)$
　　$x=0$　が漸近安定点
　　$x=1$　が不安定定常点
　　（$x=-1$は状態空間の範囲外）
　したがって，Bばかりの状態が唯一の安定状態

練習3.2
1　$x=0, 1, 2/5$　が定常点
2　$(x_h, x_d, x_b)=(1, 0, 0), (0, 1, 0), (0, 0, 1),$
　　　　　　　$(2/3, 1/3, 0)$が定常点

練習問題略解

練習3.3

1. 頂点 H は安定，
   頂点 D は不安定(H，B が侵入可能)
   頂点 B は不安定(H が侵入可能)
2. どの頂点も不安定
   (頂点 G には P，頂点 T には G，頂点 P には T がそれぞれ侵入可能)

練習3.4

ベクトル図の概形は図3.14となる．

練習3.6

内点定常点$(1/4, 5/12, 1/3)$のヤコビ行列は
$$\begin{pmatrix} 11/48 & 9/16 \\ -125/144 & -15/48 \end{pmatrix}$$
で，固有値は
$$-1/24 \pm \sqrt{239}/24 \, i$$
である．
複素固有値の実数部分がマイナスなので，この内点定常点は漸近安定

練習4.1

1. $dx/dt = -rx(x-1)(2x^2-2x+1)$ より
   $x=0$ が不安定定常点
   $x=1$ が漸近安定点
2. $dx/dt = rx(x-1)(2x-1)$ より
   $x=0, 1$ が不安定定常点
   $x=1/2$ が漸近安定点

練習4.2

$$dx/dt = 0.7x(x-1)(x^2+x-1)$$
$$= 0.7x(x-1)(x-\alpha)(x-\beta)$$
ただし $\alpha = (-1-\sqrt{5})/2 \fallingdotseq -1.62$
$\beta = (-1+\sqrt{5})/2 \fallingdotseq 0.62$
より
$x=0, 1$ が不安定定常点
$x \fallingdotseq 0.62$ が漸近安定点

練習4.3

1. $dx/dt = r(1-x)$ より
   $x=1$ が漸近安定点
   あとはすべて不安定点

2. $x<2/3$ のとき $dx/dt = r(1-x)$
   $x=2/3$ のとき $dx/dt = r(1-2x)/2$
   $x>2/3$ のとき $dx/dt = -rx$
   より，$x=2/3$に向けて収束していくが，
   $x=2/3$が定常ではないため厳密な漸近安定点は存在しない．
   実質，$x=2/3$よりわずかに小さな値に収束する．

練習4.4

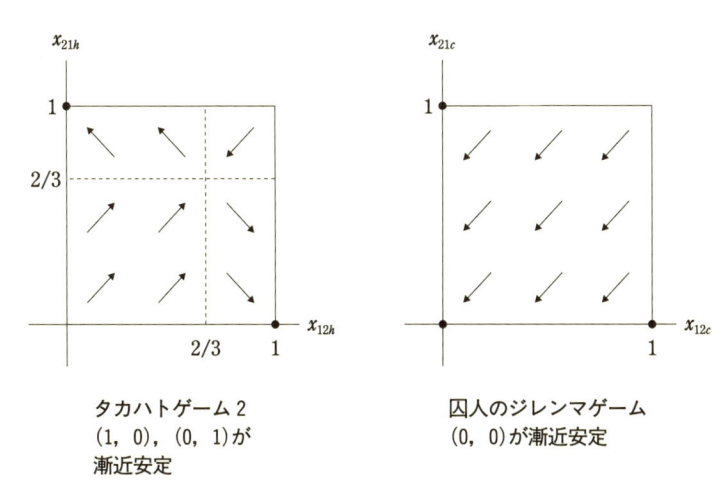

タカハトゲーム2
$(1, 0), (0, 1)$が
漸近安定

囚人のジレンマゲーム
$(0, 0)$が漸近安定

練習4.5

利得計算に誤差がある場合，式4.13，式4.14は

$$E[\Delta x_{12a}] = (\Phi(u_{2a}(t) - u_{2b}(t)) - x_{12a}(t))/\text{分母}$$
$$E[\Delta x_{21a}] = (\Phi(u_{1a}(t) - u_{1b}(t)) - x_{21a}(t))/\text{分母}$$

これより，たとえば調整ゲームのベクトル図は

練習問題略解

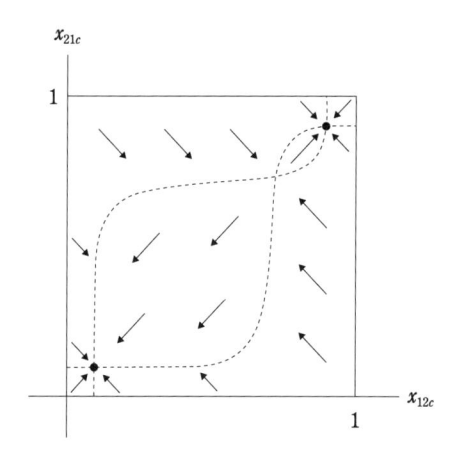

となり，誤差が小さい場合には strict ナッシュ均衡に対応する頂点付近が漸近安定となる．

練習5.1

レプリケーターダイナミクス方程式は
$$dx/dt = 8/3 r_1 x(x-1)(y-3/4)$$
$$dy/dt = 22/3 r_2 y(y-1)(x-3/11)$$
これより図5.2のようなベクトル図となり
$(x, y) = (1, 0)$，$(0, 1)$が漸近安定点となる．

練習7.1

1. $dx/dt = 6t - 4$
2. 積の公式より
   $$dx/dt = 3(2t+3) + 2(3t-4)$$
   $$= 12t + 1$$
3. 逆数の公式より
   $$dx/dt = -2/(2t+1)^2$$
4. 商の公式より
   $$dx/dt = (5(3t-2) - 3(5t+2))/(3t-2)^2$$
   $$= -16/(3t-2)^2$$

348

練習7.2

1. $dx/dt = 3/(3t+4)$
2. $dx/dt = (3t^2-2)/(t^3-2t)$
3. $dx/dt = 8t(t^2+3)$

練習7.3

1. $F(t) = 3/2 t^2 + 4t + C$
2. $F(t) = 1/4 t^4 - 2t^2 + C$
3. $F(t) = \log(t+3) + C$

練習7.4

1. $x(t) = 1/2 t^2 + 2$
2. $x(t) = 1/3 t^3 - 3t + 1$
3. $x(t) = \log(t+2) + 3 - \log 2$

練習7.5

1. $x(t) = x(0) e^t$
2. $x(t) = (x(0)-3) e^{-t} + 3$
3. $x(t) = -((x(0)-2) e^{3t} + 2x(0) + 2)/((x(0)-2) e^{3t} - x(0) - 1)$

文献案内

　進化ゲーム理論についてさらに詳しく学びたい人は，やはりウェイブルの *Evolutionary Game Theory*（Weibull 1995.）を読んでほしい．ダイナミクスの一般論について学ぶことができるであろう．また，ギントゥスの *Game Theory Evolving*（Gintis 2000.）は，大量の練習問題をこなすことで進化ゲーム理論を身につけることができる．『進化的意思決定』（石原・金井 2002.）は生物進化も含めた進化ゲーム理論の考え方をコンパクトにまとめた好著である．

　微分方程式によるダイナミクスを詳しく学びたい人は，ホフバウアーとシグモンドの *Evolutionary Games and Population Dynamics*（Hofbauer and Sigmund 1998.）がよい．リャプノフ関数を用いた安定性解析や，漸近安定以外の安定軌道について知ることができる．学習ダイナミクスについては，フューデンバーグとレビンの *The Theory of Learning in Games*（Fudenberg and Levine 1998.）が詳しい．最適反応よりも洗練された学習アルゴリズムや，展開形ゲームにおける自己拘束均衡について解説されている．展開形ゲームについての最近の話題はクレスマンの *Evolutionary Dynamics and Extensive Form Games*（Cressman 2003.）で見ることができる．

　本書では微分方程式を用いたダイナミクスモデルのみを紹介しているが，確率過程を用いて戦略プロファイルの遷移や吸収状態（漸近安定に相当）を調べるモデルはペイトン・ヤングの *Individual Strategy and Social Structure*（Young 1998.）で学ぶことができる．この理論は確率進化ゲーム理論と呼ばれ，複数の漸近安定状態のうちどの状態が実現しやすいかを主な考察対象としている．

　メイナード=スミスの *Evolution and the Theory of Games*（Maynard Smith 1982.）は進化ゲーム理論の古典であるが，タカハトブルジョアゲームや持久戦などの資源を巡る闘争の分析は社会科学的にも意味がある．協力の進化については，アクセルロッドの *Evolution of Cooperation*（Axelrod 1984.）が古典的な文献である．アクセルロッドはその後，*The Complexity of Cooperation*（Axelrod 1997.）でエージェントベースのシミュレーションを用いてこのテーマを展開している．エージェントベースのシミュレーションは生天目の『ゲーム理論と進化ダイナミクス』（生天目 2004.）にも詳しい．

　協力の進化についての，実証研究を含めた最近の知見は『進化ゲームとその展

文献案内

開』（佐伯・亀田 2002.）やハーマーシュタインの編集した *Genetic and Cultural Evolution of Cooperation*（Hammerstein. ed. 2003.）に詳しい．進化心理学的な研究や間接互恵性についての研究が収められている．サンクションと協力の共進化については，拙著『人間行動に潜むジレンマ』（大浦 2007.）も参照されたい．

参考文献

安藤寿康 2000. 『心はどのように遺伝するか』講談社.
Axelrod, R. 1984. *Evolution of Cooperation*, Basic Books. (=松田裕之訳 1998.『つきあい方の科学』ミネルヴァ書房.)
Axelrod, R. 1997. *The Complexity of Cooperation: Agent-based Models of Competition and Collaboration*, Princeton University Press.
Bonacich. P., G.Shure, J. Kahan, and R.Meeker 1976. "Cooperation and Group Size in the n-person Prisoner's Dillemma," *Journal of Conflict Resolution* 20 : 687 -706.
Brown, G. W. 1951. "Iterative Solutions of Games by Fictitious Play," In *Activity Analysis of Production and Allocation*, T. C. Koopmans (ed.), Wiley.
Cressman, R. 2003. *Evolutionary Dynamics and Extensive Form Games*, MIT Press.
Dawes, R. 1980. "Social Dilemmas," *Annual Review of Pychology* 31: 169-193.
Davis, M. D. 1970. *Game Theory: A Nontechnical Introduction*, Basic Books. (=桐谷維・森克美訳 1973.『ゲームの理論入門:チェスから核戦略まで』講談社.)
Erev, I. and A. E. Roth 1998. "Predicting How People Play Games: Reinfoecement Learning in Experimental Game with Unique, Mixed Strategy Equilibria," *The American Economic Review* 88(4): 848-881.
Fudenberg, D. and D. K. Levine 1998. *The Theory of Learning in Games*, MIT Press.
Fehr, E. and S.Gähter 2002. "Altruistic Punishment in Humans," *Nature* 415:137- 140.
Gibbons, R. 1992. *Game Theory for Applied Economists*, Princeton University Press. (=福岡正夫・須田伸一訳 1995.『経済学のためのゲーム理論入門』創文社.)
Gintis, H. 2000. "Strong Reciprocity and Human Sociality," *Journal of Theoretical Biology* 206:169-179.

参考文献

──── 2000. *Game Theory Evolving: A Problem-Centerd Introduction to Modeling Strategic Behavior,* Princeton University Press.

Hammerstein, P. (ed.) 2003. *Genetic and Cultural Evolution of Cooperation,* MIT Press.

Harley, C. B. 1981. "Learning the Evolutionarily Stable Strategy," *Journal of Theoretical Biology* 89: 611-633.

Hofbauer, J. and K. Sigmund 1998. *Evolutionary Games and Population Dynamics,* Cambridge University Press. (=竹内康博・宮崎倫子・佐藤一憲訳 2001.『進化ゲームと微分方程式』現代数学社.)

──── 2003. "Evolutionary Game Dynamics," *Bulletin of the American Mathematical Society* 40: 479-519.

今井晴雄・岡田章（編）2002. 『ゲーム理論の新展開』勁草書房.

今田寛 1996.『学習の心理学』培風館.

Isaac R. M. and J. Walker 1988. "Group Size Effects in Public Goods Provision: the Voluntary Contribution Mechanism," *Quarterly Journal of Economics* 103: 179-199.

石原英樹・金井雅之 2002.『進化的意思決定』朝倉書店.

神信人・山岸俊男・清成透子 1996.「双方向依存性と"最小条件集団パラダイム"」『心理学研究』67: 77-83.

金井雅之 2003.「進化ゲームにおける選択的相互作用の意義と課題」『理論と方法』18(2): 153-167.

Karp, D., N. Jin, T. Yamagishi, and H. Shinotsuka 1993. "Raising the Minimum in the Minimal Group Paradigm," *Japanese Journal of Experimental Social Psychology* 32:231-240.

Klandermans, B. 1986. "Individual Behavior in Real Life Social Dilemmas: A Theory and Some Reserch Results," In *Experimental Social Dilemmas,* Wilke, Messick Rutte (eds.), Verlag Peter Lang.

Kollock. P. 1998. "SOCIAL DILEMMAS:The Anatomy of Cooperation," *Annual Review of Sociology* 24: 183-214.

Komorita. S. S., J. Sweeney, and D. A. Kravits 1980. "Cooperative Choice in the n-person Dilemma Situation," *Japanese Papers of Social Pychology* 38: 504-516.

Komorita. S. S.and C. D. Parks 1995 "Interpersonal Relations:Mixed-Motive

Interaction," *Annual Review of Pychology* 46:183-207.

Komorita, S. S.and C. W. Lapworth 1982. "Cooperative Choice Among Individuals versus Groups in an *n*-person Dilemma Situation," *Japanese Papers of Social Pychology* 42: 487-496.

小山友介・小林盾・藤山英樹・針原素子・谷口尚子・大浦宏邦 2004 「社会的ジレンマ問題への学際的接近」『オペレーションズ・リサーチ』49(12): 733-740.

Kramer R. M. and M. B. Brewer 1984. "Effects of Group Identity on Resource Use in a Simulated Commons Dilemma," *Japanese Papers of Social Pychology* 46: 1044-1056.

Liebrand W. B. G. 1984. "The Effect of Social Motives, Communication and Group Size on Behavior in an *n*-person Multi-stage mixed-motive Game," *European Journal of Social Psychology* 14: 239-264.

松井彰彦 2002.『慣習と規範の経済学:ゲーム理論からのメッセージ』東洋経済新報社.

Maynard Smith, J. 1982. *Evolution and the Theory of Games*, Cambridge University Press. (=寺本英・梯正之訳 1985.『進化とゲーム理論:闘争の論理』産業図書.)

Maynard Smith,J. and G.R.Price 1973. "The Logic of Animal Conflict," *Nature*, 246: 15-18.

生天目章 2004.『ゲーム理論と進化ダイナミクス:人間関係に潜む複雑系』森北出版.

Nash, J. F. 1951. "Non-Cooperative Games," *Annals of Mathematics* 54: 289-295.

夏野剛 2000.『i モード・ストラテジー:世界はなぜ追いつけないか』日経BP.

NHK放送文化研究所・日本放送協会放送文化研究所(編) 2004.『現代日本人の意識構造 第六版』日本放送出版協会.

NHK放送文化研究所・日本放送協会放送文化研究所(編) 2006.『日本人の生活時間:NHK 国民生活時間調査〈2005〉』日本放送出版協会.

Nowak, M. 2006. *Evolutionary Dynamics: Exploring the Equations of Life*, Belknap Press.

Nowak, M. and K. Sigmund 1993. "A Strategy of Win-stay, Lose-shift that Outperforms Tit-For-Tat in the Prisoner's Dilemma Game," *Nature* 364: 56-58.

Orbell, J., R.Dawes, and A. Kragt 1990. "The Limits of Multilateral Promising,"

Ethics 100: 616-627.

大浦宏邦 1996.「霊長類における群れの成立メカニズムについて」『理論と方法』11: 129-144.

—— 2001.「進化ゲーム理論の理論的射程」『帝京社会学』14:105-131.

—— 2003.「農耕戦略の進化モデル:生産のジレンマとその回避」『帝京社会学』16:97-120.

—— 2003.「秩序問題への進化ゲーム理論的アプローチ」『理論と方法』18(2): 61-89.

—— 2005.「サンクションの進化モデル」『帝京社会学』18:61-89.

—— 2007.『人間行動に潜むジレンマ:自分勝手はやめられない?』化学同人.

大浦宏邦・蔵琢也 1999.「シグナリング理論と順位制」『理論と方法』13(2):225-240.

ポントリャーギン 千葉克裕訳 1965=1968.『常微分方程式 新版』共立出版.

Roth, A. E. and I. Erev 1995. "Learning in Extensive-Form Games: Experimental Data and Simple Dynamic Models in the Intermediate Term," *Games and Economic Behavior* 8: 164-212.

佐伯胖・亀田達也(編)2002.『進化ゲームとその展開』共立出版.

Sell, J. and R. K. Wilson 1991. "Levels of Information and Contributions to Public Goods.," *Social Forces* 70: 107-124.

篠原彰一 1998.『学習心理学への招待』サイエンス社.

総務省通信利用動向調査:報告書(世帯編)
(http://www.johotsusintokei.soumu.go.jp/statistics/statistics05b1.html)

Tajfel, H. 1970. "Experiments in Intergroup Discrimination," *Scientific American* 223:96-102.

von Neumann, J. and Morgenstern, O. 1944. *Theory of Games and Economic Behavior,* Princeton University Press. (=銀林浩ほか監訳 1972.『ゲームの理論と経済行動』東京図書.)

Weibull, J. 1995. *Evolutionary Game Theory,* MIT Press. (=大和瀬達二監訳 1998.『進化ゲームの理論』オフィス カノウチ.)

Wilson, D. S. 1998. "Hunting, Sharing, and Multilevel Selection," *Current Anthropology* 31:73-97.

Wilson, D. S. and E. Sober 1994. "Reintroducing Group Selection to the Human Behavioral Science," *Behavioral and Brain Sciences* 17: 585-654.

山岸俊男 2000.『社会的ジレンマ』PHP 研究所.
── 2002.「社会的ジレンマ研究の新しい動向」今井晴雄・岡田章（編）『ゲーム理論の新展開』勁草書房.
Young, H.P. 1998. *Individual Strategy and Social Structure: An Evolutionary Theory of Institutions,* Princeton University Press.

索引
太字箇所を中心に

英字

N 人囚人のジレンマゲーム　302
strict ナッシュ均衡　18, 267, 268

あ

安定渦状点　66
鞍点　65

い

一般模倣ダイナミクス　162

う

後ろ向き推論法　274, 275

お

オフパス　291

か

解軌道　46, 49
解の一意性　47
学習ダイナミクス　26, 145
家事分担ゲーム　27, 268
渦心点　66
仮想プレイ　195

き

逆演算　35
逆説的な安定状態　221
強化　167
共役複素数　78, 340
協力　299

協力ゲームの理論　16
局所安定性解析　68, 70, 334

く

繰り返しゲーム　146, 294, 295
繰り返しゲームの繰り返し　296

け

傾向　167
傾向性の認知　194
ゲーム状況　9, 13
ゲームの3要素　14
ゲームの解　15
ゲームの繰り返し　146, 294, 295
ゲーム理論　6
原始関数　323

こ

コイン当てゲーム　222
構造安定　143
構造不安定　143
効用　14
合理性　18, 20, 39, 40
固有値　75
固有ベクトル　75
根拠のない脅し　279

さ

最適応手　16
最適反応ダイナミクス　184, 270

索引

し

時間微分　45, 323
試行錯誤　166
試行錯誤ダイナミクス　165, 270
自然対数の底　320
しっぺ返し戦略　296, 300
収束　48, 328
集団モデル　26, 180, 214, 270
順演算　35
条件付応報戦略　302
状態空間　49
初期状態　46, 53
自律系　45, 325
進化的に安定な戦略　24, 86
新規参入ゲーム　272
侵入可能性　125

す

数理モデル　6

せ

静学　10, 18, 266
漸近安定　55, 328
線形近似　333
戦略　13
戦略修正アルゴリズム　146
戦略の爆発　290

た

対称ゲーム　98, 213
ダイナミクス　43
タカ戦略　82
タカハトゲーム　81
多型安定　25, 89
単位単体　106, 107, 108
端点　100

ち

長手数ゲーム　290

つ

追跡・逃走ゲーム　221, 238

て

定常点　51, 112
適応度　81
展開形　274, 287

と

動学　10, 20, 22, 24, 38, 266

な

内点　100, 114
ナッシュ均衡　10, 16, 267, 268

に

二人モデル　180

の

ノード　287

は

ハト戦略　82
パブロフ戦略　301

ひ

非対称ゲーム　98, 213
非対称タカハトゲーム　235
微分　315
微分方程式　45, 323
微分方程式の解　46
標準形　275
非協力ゲームの理論　16
非集団モデル　26, 180, 214, 270

ふ

不安定　54, 329
不安定渦状点　66
不定積分　323
不満・羽振りモデル　154
ブルジョア戦略　119
プレーヤー　13

へ

ベクトル図　51, 59
変数　43
偏微分　73, 335

ほ

忘却　167

ま

街角模倣モデル　150

み

ミニマックス解　15

も

モデル外要因　53, 143, 329
模倣ダイナミクス　148, 270

や

ヤコビ行列　75, 337

り

離合集散モデル　310
利得表　14
リプシツ連続　47, 330
リャプノフ安定　55, 327

れ

レプリケーターダイナミクス　24, 91

ろ

ロスとエレブのモデル　165

著者略歴

1962年京都府生まれ．1987年京都大学大学院理学研究科修士課程修了（植物分類学）．1992年京都大学文学部卒業（心理学）．1997年京都大学大学院人間・環境学研究科博士課程修了．帝京大学文学部教授．博士（人間・環境学）．数理社会学，進化ゲーム理論，社会的ジレンマ，秩序問題．『人間行動に潜むジレンマ：自分勝手はやめられない？』（化学同人，2007年），『社会を＜モデル＞でみる：数理社会学への招待』（共著，勁草書房，2004年）ほか．

社会科学者のための進化ゲーム理論
基礎から応用まで

2008年9月25日　第1版第1刷発行
2010年5月10日　第1版第2刷発行

著　者　大浦　宏邦（おおうら　ひろくに）
発行者　井村　寿人
発行所　株式会社　勁草書房（けいそう）

112-0005　東京都文京区水道2-1-1　振替 00150-2-175253
（編集）電話 03-3815-5277／FAX 03-3814-6968
（営業）電話 03-3814-6861／FAX 03-3814-6854
港北出版印刷・青木製本

© OURA Hirokuni　2008

ISBN978-4-326-60213-1　Printed in Japan

JCOPY ＜(社)出版者著作権管理機構　委託出版物＞
本書の無断複写は著作権法上での例外を除き禁じられています．複写される場合は，そのつど事前に，(社)出版者著作権管理機構（電話 03-3513-6969，FAX 03-3513-6979，e-mail: info@jcopy.or.jp）の許諾を得てください．

＊落丁本・乱丁本はお取替いたします．
http://www.keisoshobo.co.jp

今井晴雄・岡田章編著
ゲーム理論の応用 A5判 3,360円
50268-4

今井晴雄・岡田章編著
ゲーム理論の新展開 A5判 3,255円
50227-1

中山幹夫
社会的ゲームの理論入門 A5判 2,940円
50267-7

鈴木光男
社会を展望するゲーム理論 四六判 3,570円
若き研究者へのメッセージ 55057-9

鈴木光男
ゲーム理論の世界 四六判 2,625円
55037-1

鈴木光男
新ゲーム理論 A5判 5,040円
50082-6

I. ギルボア, D. シュマイドラー／浅野貴央・尾山大輔・松井彰彦訳
決め方の科学 A5判 3,360円
事例ベース意思決定理論 50259-2

R. J. オーマン／丸山徹・立石寛訳
ゲーム論の基礎 A5判 3,465円
93198-9

———————————————勁草書房刊

＊表示価格は2010年5月現在, 消費税は含まれております。